Egger / Neureiter / Peschel / Goll

In Alternativen denken – Kritik, Reflexion und Transformation im Sachunterricht

Probleme und Perspektiven des Sachunterrichts
Band 34

Christina Egger
Herbert Neureiter
Markus Peschel
Thomas Goll
(Hrsg.)

In Alternativen denken – Kritik, Reflexion und Transformation im Sachunterricht

Verlag Julius Klinkhardt
Bad Heilbrunn • 2024

Schriftenreihe der
Gesellschaft für Didaktik des Sachunterrichts e.V.

Die Gesellschaft für Didaktik des Sachunterrichts (GDSU) e.V. ist ein Zusammenschluss von Lehrenden aus Hochschule, Lehrerfortbildung, Lehrerweiterbildung und Schule. Ihre Aufgabe ist die Förderung der Didaktik des Sachunterrichts als wissenschaftliche Disziplin in Forschung und Lehre sowie die Vertretung der Belange des Schulfaches Sachunterricht.
www.gdsu.de

Bibliografische Information der Deutschen Nationalbibliothek
Die Deutsche Nationalbibliothek verzeichnet diese Publikation
in der Deutschen Nationalbibliografie; detaillierte bibliografische Daten
sind im Internet abrufbar über http://dnb.d-nb.de.

2024. Verlag Julius Klinkhardt.

Druck und Bindung: AZ Druck und Datentechnik, Kempten.
Printed in Germany 2024. Gedruckt auf chlorfrei gebleichtem alterungsbeständigem Papier.

Das Werk einschließlich aller seiner Teile ist urheberrechtlich geschützt.
Die Publikation (mit Ausnahme aller Fotos, Grafiken und Abbildungen) ist veröffentlicht unter der Creative Commons-Lizenz: CC BY-NC-SA 4.0 International
https://creativecommons.org/licenses/by-nc-sa/4.0/

ISBN 978-3-7815-6077-2 digital   doi.org/10.35468/6077
ISBN 978-3-7815-2623-5 print

Inhaltsverzeichnis

Christina Egger, Herbert Neureiter, Markus Peschel und Thomas Goll
Editorial 7

Hochschullehre und Hochschuldidaktik im Kontext von Kritik, Reflexion und Transformation

Claus Bolte, Nils Machts, Jens Möller und Sascha Wittchen
Analyse diagnostischer Kompetenzen angehender Grundschullehrer*innen
mit Studienfach Sachunterricht / Naturwissenschaften 15

Anne Reh, Max Thevißen, René Schroeder, Susanne Miller und Eva Blumberg
Didaktisch-diagnostische Potentiale inklusionsorientierten Sachunterrichts:
Alternative Zugangsweisen partizipativer Forschung und diagnostischen
Handelns von Lehrkräften 27

Beate Blaseio und Kerstin Schmidt-Hönig
Sachunterricht und Natur, Mensch und Gesellschaft – Internationaler
Vergleich der Lehrkräftebildung in Deutschland, Österreich und der Schweiz ... 37

Kritik, Reflexion und Transformation in der sachunterrichtlichen Praxis

Sarah Gaubitz
Kritisches Denken im Kontext von BNE in Lehrplänen
für den Sachunterricht 53

Katja Andersen, Pascal Kihm, Brigitte Neuböck-Hubinger und Markus Peschel
Kommunikationsaspekte der Zukunft im Klassenraum 62

Lena Magdeburg
Vorstellungen von Grundschulkindern zu Sterben und Tod –
eine qualitative Untersuchung 73

Julia Elsner, Claudia Tenberge und Sabine Fechner
Analyse des Modellierprozesses von Grundschüler*innen
zum Thema Löslichkeit 83

Anja Omolo, Katharina von Maltzahn und Johanna Zelck
Transformatives Potenzial für sachunterrichtsdidaktische Forschung –
entwickelt an der UN-Kinderrechtskonvention als normativer Bezugspunkt 93

Denk-, Arbeits- und Handlungsweisen zum Denken in Alternativen

Julia Kantreiter, Barbara Lenzgeiger, Katrin Lohrmann, Simon Meyer, Christian Elting und Johannes Jung
Alternativen im Sachunterricht abwägen – für welche Denk-, Arbeits- und
Handlungsweisen entschieden sich Lehrkräfte während der COVID-19-
Pandemie? 107

Günther Laimböck, Jurik Stiller, Detlef Pech, Nina Skorsetz und Thorsten Kosler
Wissenschaftliches Denken im vielperspektivischen Sachunterricht 117

Die Rolle von Medien beim Denken in Alternativen

Katja Würfl, Daniela Schmeinck, Markus Peschel, Thomas Irion, Michael Haider und Inga Gryl
Digitalisierung als Vernetzungsbeispiel im Sachunterricht –
Digitalisierung und Vernetzung beim Lernen *über* Medien 131

Saskia Knoth
Alternativen beim Experimentieren – Transformation von Hilfestellungen
durch den Einsatz digitaler Medien 146

Brigitte Neuböck-Hubinger und Markus Peschel
Der Wandel von Schulbuchbildern – Eine Analyse am Beispiel von
österreichischen Schulbüchern 155

Autorinnen und Autoren 165

Christina Egger, Herbert Neureiter, Markus Peschel und Thomas Goll

Editorial

Herausforderungen, Probleme und Krisen als Gegenstand sachunterrichtlichen Lernens dienten als Ausgangspunkt der Überlegungen für die GDSU-Jahrestagung 2023 in Salzburg, die das Denken von Alternativen in den Mittelpunkt stellte und Fragen der Kritik, Reflexion und Transformation im Sachunterricht in den Blick nahm. Dabei lag das Augenmerk nicht zuletzt auf der Frage, welche Rolle dem Sachunterricht im Rahmen von sozial-ökologischen Transformationsprozessen zukommen kann. Kritisches Denken, Selbstreflexion und transformatives Lernen sind dabei als breit gefasster Orientierungsrahmen gedacht, der für den Sachunterricht in seiner Vielperspektivität relevant ist. Folgende Fragen erschienen besonders bedeutsam und wurden diskutiert: Was bedeutet kritisches Denken, Selbstreflexion und transformatives Lernen im Kontext der Hochschullehre bzw. Hochschuldidaktik im Sachunterricht? Welche Rolle spielen Kritik, Reflexion und Transformation in der sachunterrichtlichen Praxis? Welche Denk-, Arbeits- und Handlungsweisen erscheinen beim Denken in Alternativen besonders bedeutsam und welche Herausforderungen ergeben sich daraus mit Blick auf Grundschulkinder und ihre kognitiven Fähigkeiten? Müssen bei einer verstärkten Orientierung von sachunterrichtlichen Lehr-Lernprozessen am Ziel transformativen Lernens die einschlägigen Kompetenzmodelle einer Modifikation unterzogen werden und bspw. Digitalisierung und Mediatisierung eine größere Rolle spielen?

Orientiert an den dazu eingereichten Beiträgen zur Jahrestagung 2023 in Salzburg gliedert sich der vorliegende Jahresband in vier Hauptkapitel, die die formulierten Fragen adressieren und das Tagungsthema „In Alternativen denken – Kritik, Reflexion und Transformation im Sachunterricht" aus den angeführten Blickwinkeln beleuchten:

- Hochschullehre und Hochschuldidaktik im Kontext von Kritik, Reflexion und Transformation
- Kritik, Reflexion und Transformation in der sachunterrichtlichen Praxis
- Denk-, Arbeits- und Handlungsweisen zum Denken in Alternativen
- Die Rolle von Medien und Digitalisierung beim Denken in Alternativen

Dieser Jahresband ist darüber hinaus durch einen österreichischen Blick auf den Sachunterricht und seine Didaktik geprägt; im Jahr 2023 fand erstmals eine Jahrestagung der GDSU in Österreich statt. Österreich entwickelt sich – nicht nur ausgehend von der Jahrestagung 2023, die vielleicht einen Impuls oder eine Initialzündung hervorgebracht hat – derzeit im Bereich der Didaktik des Sachunterrichts deutlich weiter. Der fachliche Diskurs und inhaltliche Austausch auf der Tagung verdeutlichten einmal mehr die besondere Situation der österreichischen Pädagogischen Hochschulen (Neuböck-Hubinger et al. 2019; Holub & Neuböck-Hubinger 2019; Huber 2019) und die Unterschiede zur Ausbildung in Deutschland (Giest 2019) oder der Schweiz (Peschel, Favre & Mathis 2013; Breitenmoser, Mathis & Tempelmann 2020). Als 2019 Hartmut Giest in seinem „Kommentar von außen" die Frage stellte „Was braucht der Sachunterricht – auch in Österreich?" formulierte er abschließend „Es bleibt noch viel zu tun; packen wir es an!" (Giest 2019, 184). Dieses Credo gilt fünf Jahre später immer noch. So fehlt es den österreichischen Pädagogischen Hochschulen im Gegensatz zu Deutschland nach wie vor zumindest am Promotionsrecht, um beispielsweise mit Blick auf den Sachunterricht Nachwuchs ausbilden zu können.

Die Impulse der Tagung nutzend entwickelte sich in den letzten Monaten erfreulicherweise ein reger Diskurs zwischen den österreichischen Pädagogischen Hochschulen, der in die Gründung der Österreichischen Gesellschaft des Sachunterrichts und seine Didaktik (ÖGSU) mündete. Eine explizit formulierte Aufgabe liegt in der Förderung des wissenschaftlichen Nachwuchses in der Didaktik des Sachunterrichts. Es bleibt zu hoffen, dass es gelingt, ein Unterstützungsnetzwerk für junge Kolleg*innen zu etablieren, um ihnen den Weg für zukünftige Aufgaben im Sachunterricht zu ebnen, ihnen zu helfen, bestehende Herausforderungen professionell vorbereitet anzunehmen und Transformationsprozesse erfolgreich bewältigen zu können.

Hochschullehre und Hochschuldidaktik im Kontext von Kritik, Reflexion und Transformation

Das erste Hauptkapitel des vorliegenden Tagungsbandes enthält Beiträge zu unterschiedlichen Fragestellungen in Bezug auf die Ausbildung von angehenden Lehrpersonen. Die Diagnose von Schülerleistungen stellt eine Kernaufgabe von Lehrkräften dar. Der Beitrag der Autor*innengruppe von **Claus Bolte, Nils Machts, Jens Möller und Sascha Wittchen** nimmt daher *diagnostische Kompetenzen angehender Grundschullehrer*innen mit Studienfach Sachunterricht/Naturwissenschaften* in den Blick, welche mit Hilfe des Simulierten Klassenzimmers (SCR) erfasst wurden. Sie erläutern, dass die diagnostischen Kompetenzen der untersuchten Studierenden des Grundschullehramts mit Fach Sachunterricht/Naturwissenschaften dringend weiterer Förderung bedürfen. **Anne Reh, Max Thevißen, René**

Schroeder, Susanne Miller** und **Eva Blumberg nutzen in ihrem Beitrag „*Didaktisch-diagnostische Potentiale inklusionsorientierten Sachunterrichts: Alternative Zugangsweisen partizipativer Forschung und diagnostischen Handelns von Lehrkräften*" den Ansatz der Design Based Research. Sie versuchen, didaktisch-diagnostische Handlungspotenziale in den Mikroprozessen des inklusionsorientierten Sachunterrichts zu identifizieren und für die Aus- und Weiterbildung von Lehrkräften aufzubereiten. Die *Lehrkräftebildung Sachunterricht im internationalen Vergleich in Deutschland, Österreich und der Schweiz* steht im Beitrag von **Beate Blaseio** und **Kerstin Schmidt-Hönig** im Mittelpunkt. Das vergleichende Forschungsprojekt kommt zu dem Ergebnis, dass es stark unterschiedliche Studienmodelle, Studienzeiten sowie willkürlich erstellte Studieninhalte für den Sachunterricht gibt.

Kritik, Reflexion und Transformation in der sachunterrichtlichen Praxis

Das zweite Hauptkapitel fasst Beiträge zusammen, die sich mit der sachunterrichtlichen Praxis und ihren gesetzlichen Grundlagen befassen. So untersucht **Sarah Gaubitz** in ihrer Lehrplananalyse deutscher Lehrpläne für den Sachunterricht *kritisches Denken im Kontext von BNE*. Erste Analyseergebnisse zeigen, dass kritisches Denken als Schlüsselkompetenz für kritisch-emanzipatorische BNE in den untersuchten Lehrplänen nicht explizit formuliert ist, mit Ausnahme des Lehrplans für Schleswig-Holstein. Das Schulbuch, welches umgangssprachlich mancherorts als „geheimer Lehrplan" bezeichnet wird, steht im Fokus des Beitrages „*Kommunikationsaspekte der Zukunft im Klassenraum*" von **Katja Andersen, Pascal Kihm, Brigitte Neuböck-Hubinger** und **Markus Peschel**. Sie diskutieren am Beispiel des Themas „Schwimmen und Sinken", welchen Einfluss die Sprache in naturwissenschaftlichen Schulbüchern auf den Erwerb naturwissenschaftlicher Inhalte durch (mehrsprachige) Schüler hat. „*Vorstellungen von Grundschulkindern zu Sterben und Tod – eine qualitative Untersuchung*" heißt der Beitrag von **Lena Magdeburg**. Sie untersucht kindliche Vorstellungen von Sterben und Tod mit Hilfe von Kinderzeichnungen und Einzelinterviews. Erste Ergebnisse zeigen, dass die Kinder in den Zeichnungen zum Thema Tod ihre eigenen Prioritäten setzen. *Modellierprozesse von Grundschüler*innen zum Thema Löslichkeit* stehen im Mittelpunkt des Beitrages von **Julia Elsner, Claudia Tenberge** und **Sabine Fechner**. Sie untersuchen im Rahmen ihrer Prä-Post-Studie mit Viertklässlern, ob der Modellierungsprozess durch analoges Schließen zwischen mehreren Phänomenen unterstützt werden kann, und ob chemische Konzepte zum Thema Löslichkeit erlernt werden können. Die Ergebnisse zeigen, dass Grundschüler*innen ihre mentalen Modelle in einem Modell ausdrücken und teilweise revidieren können. In einigen Fällen werden die Modelle reflektiert und Grenzen erkannt. **Anja Omolo, Katharina v. Maltzahn** und **Johanna Zelck** diskutieren schließlich im Beitrag

„*Transformation in sachunterrichtsdidaktischer Forschung – entwickelt an der UN-Kinderrechtskonvention als normativer Bezugspunkt*" den Ansatz der partizipativen Forschung mit Kindern als eine Möglichkeit zur Passung von Totalität und Normativität in der Forschung zur Didaktik des Sachunterrichts beizutragen.

Denk-, Arbeits- und Handlungsweisen zum Denken in Alternativen

Um in Alternativen Denken zu können, sind verschiedene Denk-, Arbeits- und Handlungsweisen hilfreich. Diese stehen im Fokus dieses dritten Hauptkapitels des Jahresbandes. So blicken **Julia Kantreiter, Barbara Lenzgeiger, Katrin Lohrmann, Simon Meyer, Christian Elting** und **Johannes Jung** auf den Unterricht während der COVID-19-Pandemie zurück und untersuchen in ihrem Beitrag „*Alternativen im Sachunterricht abwägen – für welche Denk-, Arbeits- und Handlungsweisen entschieden sich Lehrkräfte während der COVID-19-Pandemie?*" den Einsatz wissenschaftlicher Praktiken im Sachunterricht. Es zeigt sich, dass vor allem Lerngelegenheiten zur Förderung von „selbstständigem Arbeiten" und „Bewerten/Reflektieren" realisiert wurden. Anschließend diskutieren **Günther Laimböck, Jurik Stiller, Detlef Pech, Nina Skorsetz** und **Thorsten Kosler** *Wissenschaftliches Denken im vielperspektivischen Sachunterricht*. Sie suchen nach Gemeinsamkeiten und Unterschieden perspektivenspezifischer kognitiver Interessen und Werkzeugen und entwickeln daraus ein Modell des wissenschaftlichen Denkens im Sachunterricht.

Die Rolle von Medien beim Denken in Alternativen

Digitale und analoge Medien können beim Denken in Alternativen unterstützen. Das vierte Hauptkapitel enthält Beiträge, die sich mit dem Lernen über Medien, der Transformation von Hilfestellungen durch den Einsatz digitaler Medien und dem Wandel vom Schulbuch als analoges Medium befassen. So fokussiert der Beitrag „*Digitalisierung als Vernetzungsbeispiel im Sachunterricht – Digitalisierung und Vernetzung beim Lernen über Medien*" von **Katja Würfl, Daniela Schmeinck, Markus Peschel, Thomas Irion, Michael Haider** und **Inga Gryl** Digitalitätsbildung im naturwissenschaftlichen Grundschulunterricht. Sie fordern, dass Phänomene der Digitalisierung in der naturwissenschaftlichen Grundbildung perspektivisch vernetzt behandelt werden sollten, um die digitale Kompetenz von Grundschulkindern zu fördern. Es werden Anforderungen an konzeptionelle Modelle für eine erfolgreiche Integration in den Unterricht genannt. **Saskia Knoth** diskutiert in ihrem Beitrag „*Alternativen beim Experimentieren – Transformation von Hilfestellungen durch den Einsatz digitaler Medien*" Gelingensbedingungen für den Einsatz digitaler Medien im Kontext des Themenfeldes Experimentieren. Es wird untersucht, inwiefern unterschiedlich variierte, medial umgesetzte Lernunterstützung nachhaltig Einfluss auf inhaltlichen Wissenszuwachs und experimentelle Kompetenz haben. Das Schulbuch als analoges Medium steht schließlich im Fokus des Beitrages *„Der Wandel von Schulbuchbildern – Eine Analyse am Beispiel von österreichischen Schulbüchern"* von **Brigitte Neuböck-Hubinger** und **Markus Peschel**. Sie analysieren, wie grafische Darstellungen in österreichischen Schulbüchern über einen Zeitraum von 50 Jahren, von 1972 bis 2022, verwendet wurden.

Literatur:

Breitenmoser, P., Mathis, C. & Tempelmann, S. (Hrsg.) (2020): Natur, MensCH, GesellsCHaft unterrichten. Standortbestimmungen zu den sachunterrichtsdidaktischen Studiengängen der Schweiz (Bd. 13, Dimensionen des Sachunterrichts – Kinder.Sachen.Welten). Hohengehren.

Giest, H. (2019): Was braucht der Sachunterricht – auch in Österreich? In: Neuböck-Hubinger, B., Steiner, R., Holub, B. & Egger, C. (Hrsg.): Sachunterricht in Bewegung. Einblicke und Ausblicke zur Situation der Sachunterrichtsdidaktik in Österreich. Hohengehren, S. 175-186.

Holub, B. & Neuböck-Hubinger, B. (2019): Sachunterricht in Österreich. In: Neuböck-Hubinger, B., Steiner, R., Holub, B. & Egger, C. (Hrsg.): Sachunterricht in Bewegung. Einblicke und Ausblicke zur Situation der Sachunterrichtsdidaktik in Österreich. Hohengehren, S. 19-29.

Huber, A. (2019): Ein Blick in die Zukunft – Ein Fach mit Entwicklungspotenzialen. In: Neuböck-Hubinger, B., Steiner, R., Holub, B. & Egger, C. (Hrsg.): Sachunterricht in Bewegung. Einblicke und Ausblicke zur Situation der Sachunterrichtsdidaktik in Österreich. Hohengehren, S. 187-188

Neuböck-Hubinger, B.,Steiner, R., Holub, B. & Egger, C. (Hrsg.) (2019): Sachunterricht in Bewegung. Einblicke und Ausblicke zur Situation der Sachunterrichtsdidaktik in Österreich (Bd. 10, Dimensionen des Sachunterrichts – Kinder.Sachen.Welten). Hohengehren.

Peschel, M., Favre, P. & Mathis, C. (2013): Sachunterricht im Wandel. In: Peschel, M. , Favre, P. & Mathis, C. (Hrsg.). SaCHen unterriCHten – Beiträge zur Situation der Sachunterrichtsdidaktik in der deutschsprachigen Schweiz (Bd. 6, Dimensionen des Sachunterrichts – Kinder.Sachen.Welten). Hohengehren, S. 7-20.

doi.org/10.35468/6077-01

Hochschullehre und Hochschuldidaktik im Kontext von Kritik, Reflexion und Transformation

Claus Bolte, Nils Machts, Jens Möller und Sascha Wittchen

Analyse diagnostischer Kompetenzen angehender Grundschullehrer*innen mit Studienfach Sachunterricht / Naturwissenschaften

> The diagnosis of student performance is one of the most important tasks of teachers. On the one hand, performance diagnoses form the basis for adaptive instructional planning, and on the other hand, performance-related assessments and prognoses (e.g., the recommendation for subsequent schooling) influence the students' educational pathways and thus their future. The analysis of teachers' diagnostic competencies, however, is very difficult due to the large number of variables relevant to practice. One possibility to obtain reliable information about diagnostic competencies of (prospective) teachers is the use of the Simulated Classroom (SCR), a digital tool for simulating complex and dynamic interactions during classroom discussions. In this article, we pursue the question: what is the state of diagnostic competencies of elementary student teachers majoring in integrated science? For this purpose, we developed the SCR Integrated Science (SCR Science) and asked N = 72 elementary student teachers of integrated science to conduct a classroom discussion with 12 simulated students in the SCR Science. Beforehand, the student teachers were given the task of judging the difficulties of the tasks used in the SCR Science. During the simulated classroom discussion, the task was to judge the qualities of individual student answers. At the end of the simulation, the students' overall performances were to be judged by the student teachers. In this contribution, we present the SCR Science and selected results.

1 Einleitung

Das akkurate Diagnostizieren der Leistungen von Schüler*innen gehört wohl zu den wichtigsten Aufgaben von Lehrer*innen (Kaiser & Möller 2017); denn einerseits sollten diese Diagnosen die Grundlage bei der Auswahl passender Unterrichtsmaterialien und / oder bei der Wahl geeigneter Maßnahmen zur Binnendifferenzierung bilden (Lorenz & Artelt 2009, 212); andererseits beeinflussen leistungsdiagnostische Beurteilungen und Prognosen (z. B. im Zuge der weiterführenden Schulempfehlung zum Ende der Grundschulzeit) maßgeblich die schulischen Bildungsgänge von Schüler*innen (Schrader 2013). Die Frage: *Wie ist es um die diagnostischen Kompetenzen von (angehenden) Grundschullehrer*innen mit Fach Sachunterricht/Naturwissenschaften bestellt?* ist daher von großer professionsbezogener Relevanz.

Die Analyse diagnostischer Kompetenzen (angehender) Lehrer*innen gestaltet sich hingegen wegen der Vielzahl der in der Praxis kaum zu kontrollierenden Variablen als sehr schwierig. Allein die Leistungsheterogenität einer Klasse übt einen starken Einfluss auf die Urteilsgenauigkeit aus und kann die Güte der Diagnose beeinträchtigen (Schrader 2013). Eine Möglichkeit, zuverlässige Aussagen über diagnostische Kompetenzen z. b. von (angehenden) Grundschullehrer*innen treffen zu können, stellt der Einsatz des Simulierten Klassenraums (kurz: SKR) dar – ein digitales Tool zur Simulation komplexer und dynamischer Interaktionen zwischen Lehrer*innen und Schüler*innen (Südkamp, Möller & Pohlmann 2008). Zur Beantwortung der oben allgemein formulierten Forschungsfrage haben wir den SKR-Nawi herangezogen, um eine weiter ausdifferenzierte und ökologisch valide(re) Version dieses Instruments zu entwickeln. Erprobt haben wir den SKR-Nawi in der Ausbildung angehender Grundschullehrer*innen. Im folgenden Abschnitt umreißen wir theoretische Grundlagen, auf denen die Entwicklung des SKR-Nawi basiert. Ferner stellen wir Kriterien vor, die das Konstrukt diagnostischer Kompetenzen näher beschreiben und unsere Forschungsfragen konkretisieren.

2 Theorie

2.1 Diagnostische Kompetenz und Urteilsgenauigkeit

Laut Schrader (2013, 154) bezieht sich der Terminus *Diagnostische Kompetenz* „auf die Fähigkeit, die im Lehrberuf anfallenden diagnostischen Aufgabenstellungen erfolgreich zu bewältigen, und auf die Qualität der dabei erbrachten Diagnoseleistungen". Anders, als diese recht allgemein gehaltene Definition suggerieren mag, handelt es sich bei der diagnostischen Kompetenz von Lehrer*innen keineswegs um ein unitäres Konstrukt, sondern um eine Vielzahl individueller Kompetenzen (Spinath 2005), die, wie Lorenz und Artelt (2009) zeigen konnten, vor allem fachspezifischer Natur sind.

Zu dieser Fülle eigenständiger fachspezifischer Kompetenzen von Lehrer*innen zählt in erster Linie die Fähigkeit, die *Leistungen von Schüler*innen* zutreffend zu beurteilen (Schrader 1989; Südkamp, Kaiser & Möller 2012). Allein diese Kompetenz bezieht verschiedene Beurteilungskriterien ein: Zum einen gilt es, jede einzelne Äußerung eines Schülers/einer Schülerin hinsichtlich ihrer fachlich-sachlichen und altersgemäßen Angemessenheit (Qualität) korrekt einzuordnen;

wir bezeichnen diese Kompetenz „Kompetenz zur Beurteilung der Antwortqualität". Da Schüler*innen in der Regel keine druckreifen Antworten formulieren, die als eineindeutig und in Gesamtheit als fachlich richtig zu beurteilen wären, sind mit Blick auf dieses Beurteilungskriterium bereits qualitätsdifferenzierende Teilkompetenzen erforderlich (siehe weiter unten). Darüber hinaus sind die verschiedenen Äußerungen der Schüler*innen insgesamt und in Summe akkurat zu beurteilen („Beurteilung der Gesamt-Performanz der jeweiligen Schülerin / des jeweiligen Schülers"). Im Zuge der Festlegung der Schüler*innen-Leistungen in Tests und Klausuren dürfte dies keine allzu große Herausforderung darstellen; Leistungsbeurteilungen im Zuge komplexer und hoch dynamischer Unterrichtsgespräche stellen diesbezüglich die Lehrer*innen vor deutlich größere Probleme. Um die Qualität von Schüler*innen-Äußerungen differenziert zu bestimmen, ist zusätzlich der Schwierigkeitsgrad der Aufgabe bzw. die Komplexität und Tragweite der jeweiligen Schüler*innen-Antwort oder auch die Passung der jeweils vorgeschlagenen Problemlösung in die Beurteilung einzubeziehen. Dies setzt folgerichtig voraus, dass (angehende) Lehrer*innen auch über Fähigkeiten zur korrekten Einschätzung von *Aufgabenschwierigkeiten* verfügen (Schrader 1989; Südkamp, Kaiser & Möller 2012).

In der empirischen Bildungsforschung hat sich das Vorgehen bewährt, diagnostische Kompetenzen anhand von *Urteilsgenauigkeiten*, d. h. über das Maß der Übereinstimmungen von Beurteilungen im Vergleich zu den tatsächlich gezeigten Ausprägungen der zu beurteilenden Merkmale, zu bestimmen (Schrader 1989; Spinath 2005; Südkamp, Möller & Pohlmann 2008, Südkamp, 2020; Südkamp, Kaiser & Möller 2012). Schrader (1989) unterscheidet, unter Bezugnahme auf Cronbach (1955), drei *Komponenten der Urteilsgenauigkeit*: die *Rang-, Niveau-* und *Differenzierungskomponente*.

Die *Rangkomponente* quantifiziert, inwiefern die Beurteilungen der individuellen Leistungen von Schüler*innen die tatsächliche leistungsbezogene Rangfolge der Schüler*innen abbilden (Schrader 1989, 88).

Da Schüler*innen, die in einer bestimmten Klasse im interindividuellen Vergleich als vergleichsweise besonders leistungsstark oder -schwach zu beurteilen sind und diese Zuordnung jedoch in einer anderen Klasse deutlich anders ausfallen könnte, ist es ebenfalls wichtig zu wissen, inwiefern die individuellen Leistungsbeurteilungen von Lehrer*innen das mittlere Leistungsniveau einer Klasse abbilden. Die Genauigkeit der Abbildung des mittleren Leistungsniveaus einer Klasse wird anhand der *Niveaukomponente* beschrieben (Schrader 1989, 87).

Darüber hinaus ist es, mit Blick auf die Auswahl geeigneter binnendifferenzierender Maßnahmen, von Bedeutung, inwiefern die Beurteilung der individuellen Schüler*innen-Leistungen die Leistungsheterogenität der Klasse widerspiegelt. Die Genauigkeit der Abbildung der Leistungsheterogenität wird mit Hilfe der *Differenzierungskomponente* diskutiert (Schrader 1989, 87-88).

Die *Urteilsgenauigkeit* im Allgemeinen und damit verbunden auch die drei *Komponenten der Urteilsgenauigkeit* im Speziellen werden in der Praxis durch eine Vielzahl von Variablen beeinflusst. Südkamp, Kaiser & Möller (2012) veranschaulichen mit Hilfe des *Heuristischen Modells der Akkuratheit diagnostischer Urteile von Lehrkräften* (s. Abb. 1), welche Variablen die Urteilsgenauigkeit unmittelbar und / oder mittelbar beeinflussen und inwiefern der Einfluss dieser Variablen von den Ausprägungen jeweils anderer Variablen abhängig sein könnte.

Das *Heuristische Modell der Akkuratheit diagnostischer Urteile von Lehrkräften* (Abb. 1) beschreibt zwei Gruppen von Merkmalen, die das Urteil einer Lehrperson beeinflussen; unterschieden werden: Lehrermerkmale (z. B. die diagnostischen Kompetenzen) und Urteilsmerkmale (z. B. die Spezifität des Urteils). Darüber hinaus beschreibt das Modell zwei weitere Gruppen von Merkmalen, die die Schülerleistungen beeinflussen. Hierbei handelt es sich um Schülermerkmale (z. B. die Ausprägung bestimmter Teilkompetenzen) und Testmerkmale (z. B. die Schwierigkeit unterschiedlicher Testaufgaben). Allen vier Gruppen von Merkmalen ist gemein, dass sie die Urteilsgenauigkeit von Lehrer*innen unmittelbar oder zumindest mittelbar beeinflussen.

Das Modell beschreibt außerdem mögliche Interdependenzen zwischen den Variablen, die Einfluss auf die Urteilsgenauigkeit ausüben (können). So ist es z. B. denkbar, dass Wechselwirkungen zwischen Lehrer- und Schülermerkmalen (beispielsweise bedingt durch Geschlechtsidentität oder ethnische Zugehörigkeit) auftreten. Vergleichbare Wechselwirkungen könnten zwischen den Urteils- und den Testmerkmalen bestehen. Unterscheiden sich beispielsweise die Spezifität der Merkmalsbeurteilung und die der Erfassung des Merkmals durch einen Test, so wirkt sich dies negativ auf die Urteilsgenauigkeit aus (Südkamp et al. 2012).

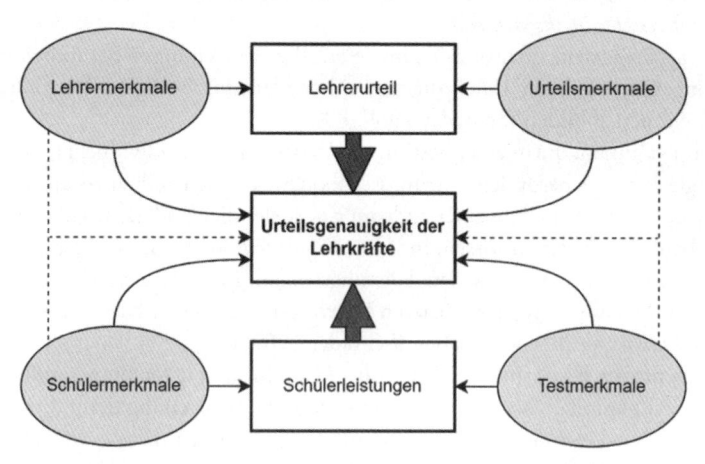

Abb. 1: Heuristisches Modell der Akkuratheit diagnostischer Urteile von Lehrkräften von Südkamp, Kaiser & Möller (2012, 756).

2.2 Der Simulierte Klassenraum

Aufgrund der Vielzahl der in empirischer Forschung kaum zu kontrollierenden Variablen, die die Urteilsgenauigkeit in der Praxis beeinflussen, und angesichts der zahlreichen potentiellen Wechselwirkungen zwischen diesen, liegt es nahe, auf Simulationen diagnostischer Situationen zurückzugreifen, da diese ein hohes Ausmaß an Variablenkontrolle ermöglichen (Machts, Chernikova, Jansen, Weidenbusch, Fischer & Möller 2023).

Ein Bespiel einer solchen Simulation diagnostischer Aktivitäten ist der *Simulierte Klassenraum* (Fiedler, Walther, Freytag & Plessner 2002; Südkamp, Möller & Pohlmann 2008; Bolte, Köppen, Möller & Südkamp 2011; Kaiser et al. 2017; Wittchen, Bolte, Machts & Möller 2022). Im *Simulierten Klassenraum* (*SKR*) übernehmen die Teilnehmer*innen die Rolle von Lehrer*innen, die simulierten Unterrichtsgespräche mit den virtuell animierten Schüler*innen führen, indem sie diesen Fragen stellen oder Aufgaben geben. Die simulierten Schüler*innen beantworten die an sie gerichteten Fragen und Aufgaben entsprechend ihrer vorab festgelegten Leistungsparameter. Nach Beendigung des Unterrichtsgespräches werden die Teilnehmer*innen gebeten, die Leistungen der simulierten Schüler*innen zu beurteilen. Basierend auf den Leistungsbeurteilungen und den "empirisch erbrachten" Leistungen der simulierten Schüler*innen können nun die *Urteilsgenauigkeiten* der Teilnehmer*innen berechnet werden. Die auf diesem Wege bestimmten Ergebnisse erlauben wiederum Rückschlüsse auf die diagnostischen Kompetenzen der Teilnehmer*innen.

In der Vergangenheit konnte bereits gezeigt werden, dass sich der *SKR* sowohl durch eine hohe interne Validität als auch durch eine vergleichsweise hohe ökologische Validität auszeichnet (Kaiser et al. 2017).

2.3 Forschungsfragen

Vor dem Hintergrund der hier dargelegten Überlegungen verfolgen wir in diesem Beitrag die folgenden theoriegeleiteten Forschungsfragen: *Wie akkurat beurteilen Studierende des Grundschullehramts mit Studienfach Sachunterricht/Naturwissenschaften...*

- die Schwierigkeit der jeweiligen Aufgaben für SKR-Naturwissenschaften?
- die fachliche Qualität der Aussagen der (simulierten) Schüler*innen im SKR-Nawi?
- die von den simulierten Schüler*innen im Verlauf des Unterrichtsgesprächs gezeigten Leistungen?

3 Methode

Zur Beantwortung der Forschungsfragen haben wir den *SKR* adaptiert und den *Simulierten Klassenraum Integrierte Naturwissenschaften 5/6* (*SKR-Nawi*), eine fach- und schulformspezifische Version des *SKR*, entwickelt. Im *SKR-Nawi* übernehmen die Versuchsteilnehmer*innen die Rolle von Nawi-Lehrer*innen, die *Aufgabenschwierigkeiten,* einzelne *Aussagen von Schüler*innen* sowie die *Gesamtleistung simulierten Schüler*innen* nach Ablauf eines (in dieser Studie 20-minütigen) Unterrichtsgesprächs beurteilen sollen.

3.1 Aufgaben und Schülerantworten für den SKR-Nawi

Für den *SKR-Nawi* haben wir 45 Aufgaben entwickelt, die sich für den Integrierten Naturwissenschaftlichen Anfangsunterricht der Jahrgangsstufe 5/6 eignen. Die Konstruktion der Aufgaben erfolgt entsprechend der Vorgaben der KMK (2013) sowie des Rahmenlehrplans Naturwissenschaften Jahrgangsstufe 5/6 (SenBJF & MinBJS 2015). Darüber hinaus haben wir uns bei der Entwicklung der Aufgaben an den fachlichen Inhalten und thematischen Schwerpunkten des Schulbuches Natur und Technik – Naturwissenschaften 5/6 von Bresler et al. (2017) orientiert. Um eine möglichst gleichmäßige Repräsentation der drei "klassischen naturwissenschaftlichen Disziplinen" zu gewährleisten, entfallen jeweils 15 Aufgaben auf die Themenbereiche *Aggregatzustände & Teilchenmodell* (Chemie/Physik), *Sinne & Messen* (Biologie/Physik) und *Körper & Gesundheit* (Biologie/Chemie). Von diesen 15 Aufgaben pro Themenfeld bilden jeweils fünf Aufgaben die Schwierigkeitsniveaus *leicht, mittelmäßig anspruchsvoll* und *schwierig* ab. Die Abbildung der Schwierigkeitsniveaus erfolgte konzeptionell in Anlehnung an die Leitlinien der KMK (2013) und auf Basis der Arbeiten von Kauertz (2008) zur Abhängigkeit von Aufgabenschwierigkeiten sowohl von der Anzahl der zu verknüpfenden Elemente als auch von der Qualität der Verknüpfung vorgenommen. Für jede der insgesamt 45 Aufgaben wurden drei mögliche Schüler*innen-Antworten konzipiert, die die Antwortqualitäten *richtig, in Teilen richtig/unvollständig* und *falsch* abbilden sollen.

3.2 Der Simulierte Klassenraum Naturwissenschaften 5/6

Vor Beginn des simulierten Unterrichtsgesprächs werden die Teilnehmer*innen gebeten, die Aufgaben, die sie später für die Interaktionen mit den simulierten Schüler*innen verwenden werden, hinsichtlich ihrer *Aufgabenschwierigkeiten* zu beurteilen. Anschließend führen die Teilnehmer*innen der hier berichteten Studie je zwei zwanzigminütige Unterrichtsgespräche mit denselben 12 simulierten Schüler*innen durch (Abb. 2).

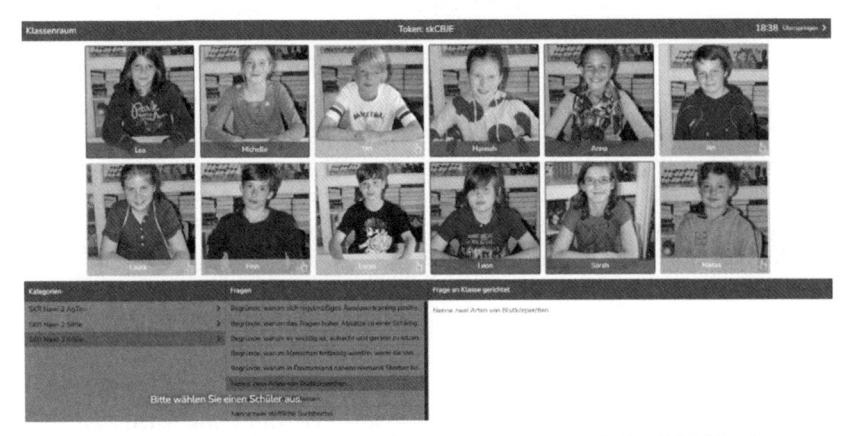

Analyse diagnostischer Kompetenzen angehender Grundschullehrer*innen | 21

Abb. 2: Benutzeroberfläche des Simulierten Klassenraum Naturwissenschaften (SKR-Nawi)

Die simulierten Interaktionen sind so gestaltet, dass die Teilnehmer*innen Fragen auswählen, die die aufgerufenen Schüler*innen entsprechend ihrer voreingestellten Leistungsparameter *richtig, in Teilen richtig bzw. unvollständig oder falsch* beantworten. Die Teilnehmer*innen werden nach jeder Interaktion gebeten, die *Antwortqualität* (s. o.) zu beurteilen. Am Ende jedes Unterrichtsgespräches werden die Teilnehmer*innen aufgefordert, die *Gesamtleistungen* der simulierten Schüler*innen in Form prozentualer Lösungsanteile zu beurteilen.

4 Ergebnisse und Diskussion

72 Studierende des Grundschullehramts mit Studienfach Sachunterricht / Naturwissenschaften haben an der Studie teilgenommen ($n = 50$ Bachelorstudierende und $n = 22$ Masterstudierende).
Die Ergebnisse zeigen, dass die Beurteilungen der *Aufgabenschwierigkeiten* sowohl den Bachelor- ($\bar{K}_W = 0.47$) als auch den Masterstudierenden ($\bar{K}_W = 0.45$) mit *moderater* Genauigkeit gelungen sind (vgl. Landis & Koch, 1977).
Auch die Beurteilungen der *Antwortqualitäten* während der Interaktionen mit den simulierten Schüler*innen sind von Bachelor- ($\bar{K}_{W.1} = 0.44$; $\bar{K}_{W.2} = 0.55$) und Masterstudierenden ($\bar{K}_{W.1} = 0.45$; $\bar{K}_{W.2} = 0.51$) mit *moderater* Genauigkeit (vgl. Landis & Koch, 1977) vorgenommen worden.
Die Genauigkeit der Beurteilungen der Gesamtleistungen der simulierten Schüler*innen differiert hinsichtlich der drei *Beurteilungskomponenten* nach Schrader (1989); die Ergebnisse sind Tabelle 1 zu entnehmen.
Die *Rangkomponente* wird über den personenbezogenen Zusammenhang zwischen den Beurteilungen der Schüler*innen und deren tatsächlich gezeigten

Leistungen in Form der relativen Häufigkeit vollständig korrekter Antworten bestimmt. Im Zuge dieser Analysen wird die Pearson Korrelation verwendet, bei der theoretisch ein maximaler Genauigkeitswert von $r = 1$ erzielt werden kann. Die Werte der *Rangkomponente* zeigen, dass es den Studierenden nur in geringfügigem Maß gelungen ist, die Leistungsvarianz der simulierten Schüler*innen akkurat einzuschätzen. Die Bachelorstudierenden urteilten nach dem zweiten Durchlauf signifikant genauer ($p < 0.05$) als nach dem ersten Durchlauf. Diese Steigerung ist den Masterstudierenden nicht zu bescheinigen.

Die *Niveaukomponente* wird über die personenbezogene Differenz der mittleren Beurteilungen und der mittleren Leistungen aller Schüler*innen einer Klasse berechnet. Im Zuge der Berechnung wird die Mittelwertdifferenz bestimmt; der theoretisch bestmöglich zu erzielende Wert ist gleich null ($\Delta M = 0$). Werte kleiner null bringen strengere, Werte größer null mildere Leistungseinschätzungen zum Ausdruck. Die Ergebnisse zur Bestimmung der *Niveaukomponente* zeigen, dass beide Teilstichproben das mittlere Leistungsniveau der Klasse deutlich (zwischen 13 und 24 Prozentpunkten) überschätzen. Die inferenzstatistischen Vergleiche der Beurteilungen beider Gruppen belegen, dass die Bachelorstudierenden das mittlere Leistungsniveau der simulierten Klasse für beide Durchläufe akkurater bewertet haben ($p < 0.05$) als die Masterstudierenden (s. Tab. 1).

Tab. 1: Mittelwerte und *Standardabweichungen* der drei Komponenten der Leistungsbeurteilung – in Anlehnung an Schrader (1989).

Stichprobe	n	Rangkomponente: M_{RK} (SD)		Niveaukomponente: M_{NK} (SD)		Differenzierungskomponente M_{DK} (SD)	
Durchgang		DG 1	DG 2	DG 1	DG 2	DG 1	DG 2
Bachelor	50	0.14 (*0.36*)	0.27 (*0.29*)	0.14 (*0.14*)	0.13 (*0.20*)	0.47 (*0.22*)	0.44 (*0.21*)
Master	22	0.17 (*0.31*)	0.17 (*0.25*)	0.22 (*0.14*)	0.24 (*0.11*)	0.47 (*0.26*)	0.43 (*0.30*)
Gesamt	72	0.15 (*0.34*)	0.24 (*0.28*)	0.16 (*0.14*)	0.16 (*0.18*)	0.47 (*0.23*)	0.44 (*0.24*)

Die *Differenzierungskomponente* wird über den personenbezogenen Abgleich von Beurteilungsstreuung und Leistungsstreuung über alle Schüler*innen einer Klasse bestimmt. Dabei wird der Quotient aus den jeweiligen Standardabweichungen gebildet, bei dem der theoretisch bestmöglich zu erzielende Wert der Zahl eins entspricht ($SD_{Beurteilung} : SD_{Leistung} = 1$). Werte kleiner eins sprechen für eine Tendenz zur Mitte und (besonders) hohe Werte für extreme(re) Einschätzungen. Den Werten der *Differenzierungskomponente* zur Folge haben die Proband*innen die von den simulierten Schüler*innen gezeigte Leistungsheterogenität zwischen 43 % und 47 % der Fälle korrekt eingeschätzt. Die t-Test-Analysen weisen keine statistisch signifikanten Unterschiede zwischen den Teilstichproben und den zwei Testdurchläufen aus (s. Tab. 1).

5 Interpretation der Ergebnisse – Fazit

Insgesamt belegen die Ergebnisse dieser Studie, dass die hier untersuchten Studierenden des Grundschullehramts mit Fach Sachunterricht / Naturwissenschaften hinsichtlich ihrer diagnostischen Kompetenzen dringend weiterer Förderung bedürfen. Dieses Fazit zeigt sich bereits in den Ergebnissen zur Beurteilung der *Aufgabenschwierigkeiten*. Offensichtlich wurde die Fähigkeit zur systematisch angelegten Analyse von Aufgabenschwierigkeiten mit den Studierenden nicht oder nicht umfassend genug erarbeitet und eingeübt. Zwei Parameter spielten in der Konstruktion der Aufgaben eine schwierigkeitsbestimmende Rolle; zum einen die Anzahl korrekter Aufzählungen und sachgemäßer Verknüpfung von Antwortelementen und zum anderen das Anforderungsniveau des verwendeten Operators (benenne, beschreibe, erkläre). Fehleinschätzungen können daher rühren, dass subjektive und fachinhaltlich motivierte Schwierigkeitseinschätzungen vorgenommen wurden; im Sinne: physikalisch anmutende Aufgaben könnten als schwerer erachtet worden sein als Aufgaben aus dem Bereich der Biologie.

Größere Sorgen bereiten uns die lediglich als moderat zu beurteilenden Fähigkeiten der Proband*innen, die *Antwortqualitäten der simulierten Schüler*innen* korrekt einschätzen zu können. Dass im Mittel strenggenommen nur jede zweite Schüler*innen-Antwort korrekt beurteilt und den simulierten Schüler*innen entsprechend zurückgemeldet wurde, gibt zu denken. Da die Antworten der simulierten Schüler*innen aus den Wissensbereichen der Jahrgangsstufen 5 / 6 stammen und die Antworten der simulierten Schüler*innen bildungssprachlich korrekt und wohl verständlich formuliert gewesen sind, scheint sich hier ein ernstzunehmendes Qualifikationsproblem zu offenbaren. Sucht man die Ursachen für dieses Problem nicht ausschließlich in den "ausbaufähigen" fachwissenschaftlichen Kompetenzen seitens der Studierenden, so stellt sich schon die Frage: Inwiefern werden in grundlegenden fachwissenschaftlichen Lehrveranstaltungen des Studiengangs die Basiskonzepte thematisiert und erfolgreich vermittelt, deren professionsbezogene Beherrschung für angehende Grundschullehrer*innen in der Praxis des Sach- bzw. des naturwissenschaftlichen Unterrichts als zwingend notwendig erachtet wird? Mit anderen Worten: Wird – wenn auch in guter Absicht – zu viel vom Falschen gelehrt und von den Studierenden schlussendlich nicht genügend sinnstiftend gelernt?

Mit Blick auf die Ergebnisse zu den drei zentralen Komponenten akkurater Leistungsbeurteilungen, *der Rang-, Niveau- und Differenzierungskomponente*, dürfen und wollen wir mit den Teilnehmer*innen dieser Untersuchung nicht zu streng ins Gericht gehen. Die Aufgabenstellung in dieser experimentell angelegten Studie war und ist herausfordernd. Die simulierten Schüler*innen waren eben keine lebhaften Kinder mit eindrucksvollen Verhaltensweisen und einprägsamen Charaktereigenschaften. Außerdem ist zu bedenken, dass es sich für die Proband*innen um eine völlig ungekannte Schulklasse gehandelt hat, und dass die Leistungsbeurteilung schon nach einer verhältnismäßig kurzen Zeit zu erfolgen hatte. Auch die Testsituation an sich könnte zu Verunsicherungen geführt und so die Befunde fehlerhaft beeinflusst haben.

Diese Bedenken und Limitationen sollen aber die Ergebnisse der Studie nicht per se in Frage stellen. Die in diesem Beitrag zur Diskussion gestellten Ergebnisse decken sich mit Befunden vorangegangener Studien (siehe Kap. 2). Sie regen, wie wir gerade versucht haben deutlich zu machen, zu (selbst-)kritischen Reflexionen an, u. a. wie das Grundschullehramtsstudium mit Schwerpunkt Sachunterricht / Naturwissenschaften sowohl fach- als auch berufswissenschaftlich optimiert werden könnte. Außerdem sind die Anlässe zur kritischen Selbstreflexion auf Seiten der Studienteilnehmer*innen u. E. nicht zu unterschätzen, die wir durch die gemeinsame Diskussion der Untersuchungsergebnisse mit den Seminarteilnehmer*innen eröffnen.

Im angeleiteten Selbstversuch zu erleben, wie schwer und herausfordernd es ist, das Leistungsniveau von Schulklassen *nicht* zu über- und die Leistungsheterogenität von Lerngruppen *nicht* zu unterschätzen, ist professionsbezogen betrachtet von hohem Wert. Ebenso wertvoll und lehrreich ist es u. E., wenn (angehende) Grundschullehrer*innen am eigenen Leib erfahren, wie häufig ihnen unzutreffende oder zumindest zum Teil unzutreffende Leistungsrückmeldungen an Schüler*innen unterlaufen. Blinde Flecke und vorhandene Unzulänglichkeiten zu identifizieren, aber vor allem Optimierungspotenziale aufzudecken, um diese entsprechend in Angriff zu nehmen, sind wichtige Meilensteine im Prozess kontinuierlich betriebener Professionalisierung. Die Anwendung des Tools der Simulierte Klassenraum Naturwissenschaften 5 / 6 in Forschung und Lehre stellen hierfür gewinnbringende Orientierungshilfen in Aussicht.

Literatur

Bresler, S, Heepmann, B., Kuck, C., Lichtenberger, J. & Rau, V. (2017): Natur und Technik – Naturwissenschaften. Berlin/Brandenburg 5./6. Schuljahr. Schülerbuch. Neubearbeitung. Berlin.

Bolte, C., Köppen, G., Möller, J. & Südkamp, A. (2011): Kompetenzdiagnostik im virtuellen naturwissenschaftlichen Unterricht. In: Höttecke, D. (Hrsg.): Naturwissenschaftliche Bildung als Beitrag zur Gestaltung partizipativer Demokratie. Münster, S. 146-148.

Cronbach, L. J. (1955): Processes affecting scores on "understanding of others" and "assumed similarity". In: Psychological Bulletin, 52, No. 3, 177-193. https://doi.org/10.1037/h0044919.

Fiedler, K., Walther, E., Freytag, P. & Plessner, H. (2002): Judgment Biases in a Simulated Classroom - A Cognitive-Environmental Approach. In: Organizational Behavior and Human Decision Processes, 88, No. 1, 527-561. https://doi.org/10.1006/obhd.2001.2981.
Landis, J. R. & Koch, G. G. (1977): The Measurement of Observer Agreement for Categorical Data. In: Biometrics, 33, No. 1, 159-174. https://doi.org/10.2307/2529310.
Lorenz, C. & Artelt, C. (2009): Fachspezifität und Stabilität diagnostischer Kompetenz von Grundschullehrkräften in den Fächern Deutsch und Mathematik. In: Zeitschrift für Pädagogische Psychologie, 23, Nr. 34, 211–222. https://doi.org/10.1024/1010-0652.23.34.211.
Kaiser, J. & Möller, J. (2017): Diagnostische Kompetenz von Lehramtsstudierenden. In: Gräsel, C. & Trempler, K. (Hrsg.): Entwicklung von Professionalität pädagogischen Personals. Wiesbaden, S. 55-75. https://doi.org/10.1007/978-3-658-07274-2_4.
Kaiser, J., Südkamp, A. & Möller, J. (2017): The Effect of Student Characteristics on Teachers' Judgement Accuracy: Disentangling Ethnicity, Minority Status, and Achievement. In: Journal of Educational Psychology, 109, 871-888. https://doi.org/10.1037/edu0000156.
KMK – Sekretariat der ständigen Kultusministerkonferenz der Länder in der Bundesrepublik Deutschland (2013): Operatoren für die naturwissenschaftlichen Fächer (Physik, Biologie, Chemie) an den Deutschen Schulen im Ausland. https://www.kmk.org/fileadmin/ Dateien/pdf/Bildung/Auslandsschulwesen/Kerncurriculum/Auslandsschulwesen-Operatoren-Naturwissenschaften-02-2013.pdf [05.2023].
Kauertz, A. (2008): Schwierigkeitserzeugende Merkmale physikalischer Leistungstestaufgaben. Logos.
Machts, N., Chernikova, O., Jansen, T., Weidenbusch, M., Fischer, F. & Möller, J. (in press): Categorization of Simulated Diagnostic Situations and the Salience of Diagnostic Information: Conceptual Framework. In: Zeitschrift für Pädagogische Psychologie, 1-14. https://doi.org/10.1024/1010-0652/a000364.
Schrader, F.-W. (1989): Diagnostische Kompetenzen von Lehrern und ihre Bedeutung für die Gestaltung und Effektivität des Unterrichts. Frankfurt am Main.
Schrader, F.-W. (2013): Diagnostische Kompetenz von Lehrpersonen. In: Beiträge zur Lehrerbildung, 31, Nr. 2, 154-165.
SenBJF & MBJS: Senatsverwaltung für Bildung, Jugend & Familie, & Ministerium für Bildung, Jugend & Sport. (2015): Rahmenlehrplan Teil C Naturwissenschaften Jahrgangsstufen 5/6. https:// bildungsserver.berlin-brandenburg.de/fileadmin/bbb/unterricht/rahmenlehrplaene /Rahmenlehrplanprojekt/…2015_11_16_web.pdf [05.2023].
Spinath, B. (2005): Akkuratheit der Einschätzung von Schülermerkmalen durch Lehrer und das Konstrukt der diagnostischen Kompetenz. In: Zeitschrift für pädagogische Psychologie, 19, Nr. 1/2, 154-165. https://doi.org/10.1024/1010-0652.19.12.85.
Südkamp, A. (2010): Diagnostische Kompetenz: Zur Genauigkeit der Beurteilung von Schülerleistungen durch Lehrkräfte. Dissertation zur Erlangung des Doktorgrades der Philosophischen Fakultät der Christian-Albrechts-Universität zu Kiel.
Südkamp, A., Möller, J. & Pohlmann, B. (2008): Der Simulierte Klassenraum: Eine experimentelle Untersuchung zur diagnostischen Kompetenz. In: Zeitschrift für pädagogische Psychologie, 22, Nr. 34, 261-276. https://doi.org/10.1024/1010-0652.22.34.261.
Südkamp, A., Kaiser, J. & Möller, J. (2012): Accuracy of teachers' judgements of students' academic achievement: A meta-analysis. In: Journal of Educational Psychology, 104, 743-762.
Wittchen, S., Bolte, C., Machts, N. & Möller, J. (2022): Erfassung diagnostischer Kompetenzen Lehramtsstudierender des Faches Chemie. In: Habig, S. (Hrsg.): Unsicherheit als Element von naturwissenschaftsbezogenen Bildungsprozessen. Universität Duisburg-Essen, S. 444-447.

Autorenangaben

Prof. Dr. Claus Bolte
Didaktik der Chemie
Freie Universität Berlin
claus.bolte@fu-berlin.de

Dr. Nils Machts
https://orcid.org/0000-0001-6829-3602
Institut für Pädagogisch-Psychologische Lehr- und Lernforschung
Christian-Albrechts-Universität zu Kiel
nmachts@ipl.uni-kiel.de

Sascha Wittchen
Freie Universität Berlin (bis 30.06.2023)

Anne Reh, Max Thevißen, René Schroeder, Susanne Miller und Eva Blumberg

Didaktisch-diagnostische Potentiale inklusionsorientierten Sachunterrichts: Alternative Zugangsweisen partizipativer Forschung und diagnostischen Handelns von Lehrkräften

> Teaching-learning processes have special subject- and development-related potentials and challenges; this is especially true for inclusion-oriented teaching. Conceptually and empirically, approaches of inclusion-oriented didactics are already available very early for Sachunterricht. Nevertheless, didactic-diagnostic action potentials in the micro processes of inclusion-oriented subject teaching have so far neither been precisely identified nor prepared for training and further education. According to the approach of design-based research, the project "Didaktisch-diagnostische Potentiale im inklusionsorientierten Sachunterricht (DiPoSa)" addresses this desideratum through an iterative research process in research-practice-partnerships.

1 Einleitung

Lehr-Lernprozesse im Sachunterricht bergen besondere fach- und entwicklungsbezogene Potentiale und Herausforderungen (Schroeder et al. 2021), dies gilt vertiefend für inklusionsorientierten Sachunterricht. Konzeptionell und empirisch liegen für den Sachunterricht bereits sehr früh Ansätze einer inklusionsorientierten Didaktik vor (u. a. Schomaker 2007; Seitz 2005; Blumberg & Mester 2018). Dies trägt damit auch der Tatsache Rechnung, dass es in vielen Grundschulen bereits eine langjährig etablierte Sachunterrichtspraxis in integrativen bzw. stark heterogenen Lerngruppen gibt (Seitz & Simon 2018). Dennoch ist das von Simon (2020) konstatierte „Desiderat fachdidaktischer Forschung" (ebd. 72) dahingehend zu konkretisieren, dass didaktisch-diagnostische Handlungspotentiale in den Mikroprozessen inklusionsorientierten Sachunterrichts bisher weder genau identifiziert noch für die Aus- und Fortbildung aufbereitet wurden. Gemäß dem

Ansatz des Design-Based-Research (DBR) (McKenney & Reeves 2019) bearbeitet das Projekt „DiPoSa – Didaktisch-diagnostische Potentiale im inklusionsorientierten Sachunterricht" (Schroeder et al. 2021; 2023) dieses Desiderat über einen iterativen Forschungsprozess in enger Wissenschafts-Praxis-Kooperation (Schroeder & Reh 2023). Ziel ist es, die bereits im Feld vorliegenden praktischen Erfahrungen von Lehrkräften zu ermitteln und gemeinsam mit diesen weiterzuentwickeln. Der Fokus des folgenden Beitrags liegt auf transferorientierter Forschung, die der Frage nachgeht, wie Transformationspotentiale aus der Praxis für die Aus- und Weiterbildung von Sachunterrichtslehrkräften genutzt werden können. Ausgehend vom DBR-Ansatz werden erste Projektergebnisse im Kontext einer durchgeführten Bedarfsanalyse und einer anschließenden Toolentwicklung vorgestellt, die aufzeigen, wie eine kritisch-reflexive Auseinandersetzung mit diagnostischen Potentialen sowie eine adaptive Lernunterstützung im Sachunterricht gelingen kann.

2 Design-Based-Research als Transferstrategie

Mit dem DBR-Ansatz wird der Anspruch verfolgt, durch einen iterativen und rekursiven Prozess empirische Theoriebildung und praxisnahe Interventionsgestaltung miteinander zu verknüpfen, um daraus praxiswirksame Interventionen zu generieren (Easterday, Lewis & Gerber 2014; Reinmann & Sesink 2014). Insbesondere Forschungszugänge, die in diesem Kontext als „classical model of research und development" (Easterday et al. 2014, 317) benannt werden und ausgehend von Grundlagenforschung zu einer anwendungsbezogenen Forschung übergehen sowie in der Entwicklung und Bereitstellung von Produkten enden, ohne das Anwendungsfeld und die darin handelnden Akteur*innen umfänglich in den Forschungsprozess einzubinden, werden kritisch betrachtet (Easterday et al. 2014). Diese kritische Betrachtung vollzieht sich vor allem im Kontext von Implementations- und Transferprozessen, welchen oftmals ein Theorie-Praxis-Bruch attestiert wird, der als „Kluft zwischen evidenzbasierter Praxis und erfahrungsbasiertem Handlungswissen von Lehrkräften" (Schroeder & Reh i.E., 272; Euler 2014) beschrieben wird. Als Antwort auf das auch für die Sachunterrichtsdidaktik beschriebene Theorie-Praxis- bzw. Transferproblem (Giest 2022; Kahlert 2022), wird eine didaktische Entwicklungsforschung eingefordert (Einsiedler 2011; Kahlert 2022). Mit Blick auf die Notwendigkeit von nachhaltiger und transferorientierter Forschung wird dem DBR-Ansatz aufgrund der systematischen Zusammenarbeit in Research-Practice-Partnerships dahingehend ein großes Potential zugeschrieben (Gräsel 2011; Reusser 2011).

Grundlage der Arbeit mit dem DBR-Ansatz bildet ein iterativer Forschungs- und Entwicklungsprozess (McKenney & Reeves 2019), der in einer engen Kooperation von Wissenschaft und Praxis umgesetzt wird (Dilger & Euler 2018). Die dazu notwendigen Research-Practice Partnerships (Coburn & Penuel 2016), die die intensive Zusammenarbeit von Forscher*innen und Praktiker*innen beschreiben, bilden das spezifische Potential dieses Forschungsansatzes und sind zugleich besonders voraussetzungsvoll. So werden in der Literatur zentrale Erfolgskriterien für die Zusammenarbeit formuliert, die es in der praktischen Umsetzung zu berücksichtigen gilt (s. Tabelle 1) und die einer projektspezifischen Umsetzung bedürfen.

Tab. 1: Herausforderungen für Wissenschafts-Praxis-Kooperationen (Coburn & Penuel 2016; Penuel & Gallagher 2017; Penuel et al. 2021; Lai & McNaughton 2022; Steffens et al 2019; Schroeder & Reh 2023)

Problemstelle	Erfolgskriterien
Unterschiedliche Zielvorstellungen, Erfolgserwartungen und -kriterien	Vereinbarung über die Art der praktischen Probleme, die Gegenstand der Kooperation sein sollen.
	Erfolgreiche frühe Testung der Intervention
Einseitige Richtung des Transfers mit Expertenstatus der Wissenshaft	Alle Beteiligten haben ein Mitspracherecht
	Dialogorientierung
Unterschiedliche Auffassungen zu Normen, Rollen und Verantwortlichkeiten	Koordinierte Zeitschiene, klare Rollenverteilung
Unzureichende gemeinsame Kommunikationsgrundlage	Regelmäßiger Austausch sowie Bewusstsein für wechselseitige Übersetzungsaufgaben

Wie eine entsprechende Umsetzung gelingen kann, wird im Folgenden am Projekt DiPoSa illustriert und es werden erste Ergebnisse aus der gemeinsamen Arbeit vorgestellt.

3 Umsetzung im Projekt DiPoSa

Das BMBF-geförderte Projekt DiPoSa hat zum Ziel: 1. Didaktische und diagnostische Potentiale bestehender sachunterrichtsdidaktischer Praxis sichtbar zu machen, 2. davon ausgehend Bedarfe der Praxis zu ermitteln und 3. diese im Rahmen von videogestützten Aus- und Weiterbildungsmodulen zu bearbeiten und für die Praxis nutzbar zu machen. Ausgangspunkt der gemeinsamen Entwicklungsarbeit bildet eine Ist-Stand- und Bedarfsanalyse. Entsprechende Daten wurden mittels Gruppendiskussionen ($N = 8$) erhoben, die mit Sachunterrichtslehrkräften und Sonderpädagog*innen an den beteiligten Projektschulen geführt wurden. Mittels dieser wurden Potentiale und Herausforderungen didaktisch-diagnostischen

Handelns im Sachunterricht identifiziert. Diese wurden im weiteren Verlauf in Arbeitsgruppen mit Praktiker*innen und Wissenschaftler*innen zur Ausgestaltung von Aus- und Weiterbildungsmodulen bearbeitet, die sich bis 2024 in der Evaluation befinden.

Zur Umsetzung des DBR-Ansatzes und der darin beschriebenen Research-Practice-Partnerships wurden die Lehrkräfte nicht nur im Rahmen der Datenerhebungsprozesse, sondern immer auch im Kontext der Auswertung mit einbezogen. Zudem wurden alle grundlegenden Entscheidungen im Prozess gemeinsam mit den Lehrkräften abgestimmt. Diese gemeinsame Arbeit fand im Rahmen sogenannter „Entwicklungskonferenzen" statt. Im Folgenden werden Ergebnisse einer zu Projektbeginn erhobenen Ist-Stand- und Bedarfsanalyse vorgestellt und ein Einblick in den Aufbau der Aus- und Weiterbildungsmodule gegeben. Dabei wird ebenso aufgezeigt, welche Faktoren zu einer gelingenden Umsetzung des DBR-Ansatzes beigetragen haben (s. Tabelle 1) und wie diese im Projekt konkret umgesetzt wurden.

3.1 Erste Ergebnisse zu Bedarfen aus der Praxis

Die Gruppendiskussionen wurden leitfadengestützt durch Projektmitarbeiter*innen erhoben und qualitativ-inhaltsanalytisch (Kuckartz & Rädiker 2022; Schroeder et al. 2023) ausgewertet. Dabei konnten zentrale Kategorien erarbeitet werden, die sich jeweils in Potentiale und Herausforderungen untergliedern. Insbesondere ist auffällig, dass alle Potentiale, die der Sachunterricht zur inklusiven Gestaltung bietet, auch gewisse Herausforderungen im didaktisch-diagnostischen Handeln von Lehrkräften beinhalten. So wird beispielsweise mit Blick auf den *Themenkomplex Sprache und sprachliche Voraussetzungen* das besondere Potential des Sachunterrichts hervorgehoben, dass durch eine dialogische Auseinandersetzung mit den Sachen Sprachförderung im Fachunterricht verstärkt stattfinden kann, da sich hier viele Sprachanlässe für die Kinder bieten. Gleichzeitig werden aber auch im Verlauf derselben Gruppendiskussion zum gleichen Thema mit Bezug auf Inklusion Herausforderungen markiert: So wird konstatiert, dass „gerade Kinder mit Förderbedarf… mitmachen können". Gleichzeitig ist es für die Lehrkraft aber offensichtlich, dass gerade Kinder mit „Sprachauffälligkeiten" „hinten rüber kippen". Insbesondere werden hierzu Situationen des gemeinsamen Austauschs der Schüler*innen untereinander genannt. So beschreibt die Lehrkraft weiter, dass eben jene Kinder Probleme hätten, dem Unterricht inhaltlich zu folgen.

Im Kontext dieser Befunde, die sich für die weiteren Themenfelder in analogen Spannungsfeldern von Potential und Herausforderung aufzeigen lassen, wurden in einem gemeinsamen Abstimmungsprozess mit den beteiligten Lehrkräften und den Wissenschaftler*innen insgesamt acht Themenfelder identifiziert, die im Weiteren zu so genannten *Bausteinen* für das Fort- und Weiterbildungstool ausgearbeitet werden. Neben dem Baustein *Sprache* gehören dazu die Bausteine: *Leistungsbeurteilung, Experimentieren, Handlungsorientierung, Kooperation, Differenzsensibilität, Unterrichtseinstiege* und *Vorwissen*.

Als erste Grundstruktur wurde ausgehend von bestehenden theoretisch-empirischen Zugängen in Zusammenarbeit mit den Lehrer*innen ein vorläufiges Diagnosetool entwickelt (siehe dazu: Schroeder et al. 2021; 2023)[1], das für die weitere Analyse und Reflexion der einzelnen identifizierten Bausteine folgende verschiedene Perspektiven berücksichtigt: Ressourcen der Kinder, sachunterrichtsdidaktische Spezifika, professionelles Handeln der Lehrkraft sowie unterrichtliche Rahmenstrukturen. Exemplarisch wird im Folgenden ein Überblick über den *Baustein Sprache* gegeben, um einerseits einen Einblick in die gemeinsame Arbeit der Wissenschafts-Praxis-Akteur*innen und andererseits in die übergreifende Struktur der Bausteine zu geben.

3.2 Baustein „Sprache"

Unter dem Begriff „Sprache" versammeln sich im Kontext des inklusiven Sachunterrichts viele unterschiedliche Schwerpunkte, sodass die erste Aufgabe der Bausteingruppe darin bestand, eine pointierte und begründete Auswahl der für die didaktisch-diagnostische Kompetenz im inklusiven Sachunterricht relevanten Inhalte zu treffen. Grundlegend für die Entscheidungsfindung war hierzu die Einnahme der unterschiedlichen professionsbezogenen Theorie- und Praxisperspektiven. Die ausgewählten inhaltlichen Schwerpunkte wurden als „Diagnostische Indikatoren" identifiziert, und bilden die theoriebasierte Grundlage jedes Bausteins (siehe Abb. 1). Zusätzlich werden „Unterstützungspotentiale" aufgeführt. Gemeint sind damit konkrete Materialien sowie Strategien, u. a. aus dem Schulalltag der Lehrkräfte, die praxisrelevante Hinweise auf eine produktive Bearbeitung möglicher didaktischer Herausforderungen geben.

---

[1] Unter Berücksichtigung eines weiten Inklusionsbegriffs fokussiert das Diagnosetool nicht eine defizitorientierte Individualdiagnose im Sinne einer medizinisch-psychologischen Diagnostik. Vielmehr wird im Projekt eine inklusionsorientierte Diagnostik im Sinne aller Kinder verfolgt (Simon & Simon 2014).

Abb. 1 Inhalt

Diagnostische Indikatoren
- Sprachliches Scaffolding
- Unterstützung der Lehr- und Lernprozesse
- BICS/ CALPS
- Formulierung von Fragen und Arbeitsanweisungen

Didaktisch-diagnostische Schlüsselstellen
- Videosequenz I
  Thema: Bauernhof
  Klasse: 1/2
  Plenumsgespräch
- Videosequenz II
  Thema: Werbung
  Klasse: 2
  Partnerarbeit
- Videosequenz III
  Thema: Strom
  Klasse: 4

Unterstützungspotentiale
- Lerntandems
- Helferkinder
- Arbeit mit Hilfs-/Tippkarten
- Einsatz von Erklärvideos/ Audios
- Einsatz von Erklärbildern
- Übersetzungs-App
- Ritualisierte Sprachhandlungen
- ...

Baustein Sprache

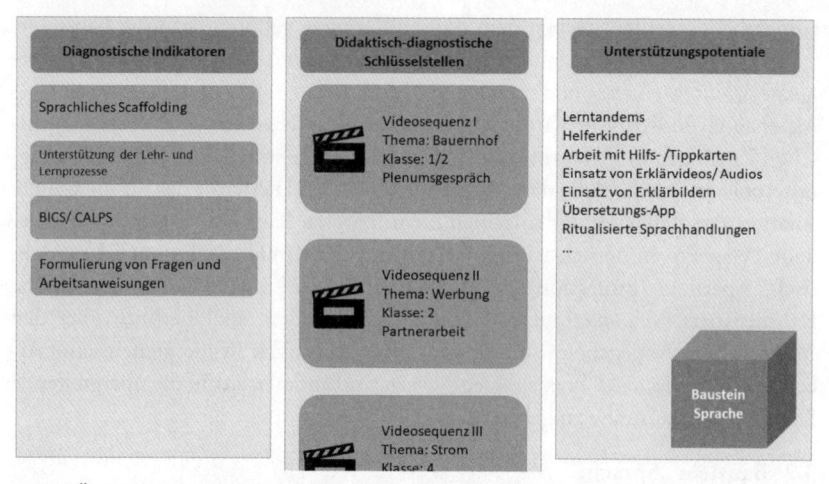

Abb. 1: Übersicht Baustein Sprache (eigene Abbildung, derzeitiger Planungsstand).

Die zentrale Besonderheit der entwickelten Aus- und Weiterbildungsmodule bilden kurze Videosequenzen („Diagnostische Schlüsselstellen") aus unterschiedlichen Perspektiven des Sachunterrichts, anhand derer theoretische Modelle und Bezüge erörtert und reflektiert werden können. So sind zu jeder videobasierten Unterrichtssequenz Analyseaufgaben, passend zu den Diagnostischen Indikatoren hinterlegt. Die Beantwortung der Analysefragen benötigt fachdidaktisches Hintergrundwissen, welches sich die Studierenden in dem Diagnosetool durch passend hinterlegte Texte und Materialien bedarfsorientiert erarbeiten können. Dieses fachdidaktische Hintergrundwissen ist orientiert an den zuvor von der Bausteingruppe festgelegten „Diagnostischen Indikatoren". Die Studierenden können bei Analyseschwierigkeiten auf die im Baustein exemplarisch genannten Schlüsselstellen zurückgreifen, um erste Ansatzpunkte für eine Analyse zu erkennen. Die „Unterstützungspotentiale" geben Hinweise zu möglichen Planungs- oder Handlungsalternativen und sollen auch zeigen, wie konkrete Materialien zur Arbeit im Unterricht gestaltet sein können. Diese Art der Seminararbeit soll die Transformationsprozesse theoretischer Erkenntnisse auf eine mögliche unterrichtliche Praxis erleichtern und ein anwendungsorientiertes Training der didaktisch-diagnostischen Kompetenz der Studierenden ermöglichen. Die Übertragbarkeit der Struktur der Ausbildungsmodule auf die Entwicklung der Weiterbildungsmodule für ausgebildete Lehrkräfte wird in einem nächsten Schritt gemeinsam durch die am Projekt beteiligten Wissenschafts-Praxis-Akteur*innen geprüft.

Die Unterrichtsvideos wurden im Rahmen des Projekts erhoben und umfassen 14 Unterrichtseinheiten aus einem vielfältigen Themenspektrum des Sachunterrichts in verschiedenen Klassen bei zwölf verschiedenen Lehrer*innen. Eine Herausforderung für die Bausteingruppen war die Reduktion des Rohdatenmaterials auf einzelne, kurze Unterrichtssequenzen, die eine möglichst große Schnittmenge mit den zuvor definierten Inhalten des Bausteins aufweisen. Die in einem methodisch strukturierten, ko-konstruktiven Prozess ausgewählten Videosequenzen zielen auf die Vermittlung didaktisch-diagnostischer Kompetenzen auf der Basis fachdidaktischen Handlungswissens (Diagnostische Indikatoren). Ausgehend von dieser Grundstruktur wurden alle Ausbildungsmodule konzipiert.

3.3 Wissenschafts-Praxis-Kooperation im Projekt DiPoSa

Alle dargestellten Arbeitsschritte und -ergebnisse wurden gemeinsam mit den projektbeteiligten Lehrkräften vollzogen. Insbesondere erfolgte die Abstimmung über Rollenverteilung, Aufgabengebiete, mögliches einzubringendes Expert*innenwissen und auch Erwartungen an die jeweils andere Perspektive im Rahmen eines kooperativen Austauschformats, den so genannten Entwicklungskonferenzen, die zwei Mal im Semester stattfanden. Dabei erfolgt auch hier eine gemeinsame zeitliche Abstimmung, die es erlaubt, die kollaborative Arbeit mit den Terminen und Zeitschienen im laufenden Schulbetrieb zu integrieren. In diesem Rahmen wurden Ergebnisse aus den Datenerhebungen oder auch theoretische Konstrukte zur Fundierung durch die Forschenden in die gemeinsame Arbeit eingebracht. Die Lehrkräfte brachten - mit Blick auf die Praxisrelevanz - notwendige Anpassungen der theoretischen Konstrukte ein und waren ebenso in die Organisation der Datenerhebungen stark eingebunden. Zudem besteht ihre Aufgabe auch in der Kommunikation mit den Schulleitungen und Schulkolleg*innen vor Ort, die das Projekt ebenfalls unterstützen, aber nicht direkt als Mitarbeitende im Projekt beteiligt sind.

Weiterhin sind die projektbeteiligten Lehrkräfte durch die Arbeit in Kleingruppen, die sich asynchron zu den Entwicklungskonferenzen organisieren, in die Konzeption der Aus- und Weiterbildungsmodule eingebunden. Dabei fällt auf, dass eine andauernde Aushandlung und explizite Adressierung der jeweiligen Gruppen und Aufgabengebiete eine notwendige Transparenz herstellt, die eine gelingende Zusammenarbeit ermöglicht. Dies ist umso wichtiger, weil die Evaluation der Entwicklungskonferenzen ergab, dass die Lehrkräfte zu Beginn der Zusammenarbeit noch keine Vorstellungen darüber hatten, wie das Projekt und die damit verbundene Zusammenarbeit im Weiteren verlaufen könnte. Dies liegt sicherlich auch daran, dass Forschungsprojekte, die nach dem DBR-Ansatz organisiert sind, bisher an den beteiligten Schulen noch nicht durchgeführt wurden und auf beiden Seiten keine Erfahrungen vorlagen.

4 Fazit und Ausblick

Im Beitrag wurde aufgezeigt, wie im Rahmen des DBR-Ansatzes und damit unter Berücksichtigung einer stetigen Wissenschafts-Praxis-Kooperation die gemeinsame Erarbeitung von Aus- und Weiterbildungsmodulen, sowie die Weiterentwicklung theoretischer Zugänge gelingen kann und wie diese im Projekt DiPoSa gestaltet sind. Das dargestellte Vorgehen ist projektspezifisch und hat somit einen eher exemplarischen Charakter. Es ist darauf zu verweisen, dass insbesondere für die Erhebung der verwendeten Unterrichtsvideos, die das Herzstück des vorliegenden Aus- und Weiterbildungstools bilden, die intensive Zusammenarbeit mit den Lehrkräften von entscheidender Relevanz war. So war es möglich ganze Klassenverbände zu filmen und authentische Videoaufnahmen aus dem Gemeinsamen Lernen[2] im Sachunterricht anzufertigen. Auch wurde in der Zusammenarbeit immer wieder deutlich, welche Bedarfe die Praxis an Forschung stellt, die dann in der konkreten Umsetzung berücksichtigt werden konnten.

Bisher findet der DBR-Ansatz in noch eher wenigen Forschungsprojekten Anwendung (Schroeder & Reh 2023). Mit dem Ziel eines guten Theorie-Praxis Transfers stellt sich dieser Zugang für das Projekt DiPoSa als sehr gewinnbringend heraus. Zugleich erhalten Lehrkräfte nochmal einen Zugang zu Forschung und aktuellen Forschungsbefunden und können sich mit ihren Bedarfen direkt in laufende Forschungsprojekte einbringen. Ebenso stoßen erarbeitete Inhalte in der Praxis auf eine große Akzeptanz. Für zukünftige Schul-Forschungsprojekte wäre eine Sammlung und empirische Überprüfung von Gelingensbedingungen für die erfolgreiche Zusammenarbeit von Schule und Universität sehr gewinnbringend, sodass die Transformationspotentiale, die der DBR-Ansatz ermöglicht, möglichst wirkungsvoll genutzt werden können.

Literatur

Blumberg, E. & Mester, T. (2018): Kognitiv inhaltsbezogenes Lernen im inklusiven naturwissenschaftlich-technischen Sachunterricht. In: Miller, S., Holler-Nowitzki, B., Kottmann, B., Lesemann, S., Letmathe-Henkel, B. & Meyer, N. (Hrsg.): Profession und Disziplin. Grundschulpädagogik im Diskurs Jahrbuch Grundschulforschung. Bd. 22, Wiesbaden, S. 178–184.

Coburn, C. E. & Penuel, W. R. (2016): Research–Practice Partnerships in Education: Outcomes, Dynamics, and Open Questions. Educational Researcher, 45, No. 1, 48-54.

Dilger, B. & Euler, D. (2018): Wissenschaft und Praxis in der gestaltungsorientierten Forschung - ziemlich beste Freunde? bwp@ Berufs- und Wirtschaftspädagogik – online, 33, 1-18.

Easterday, M., Lewis, D. & Gerber, E. (2014): Design-Based-Research Process: Problems, Phases, and Applications. ICLS 2014 Proceedings, 317-324.

Einsiedler, W. (2011): Was ist Didaktische Entwicklungsforschung? In: Einsiedler, W. (Hrsg.): Unterrichtsentwicklung und Didaktische Entwicklungsforschung. Bad Heilbrunn, S. 41-70.

---

2 Schulen des Gemeinsamen Lernens in NRW: Schulen, in denen Kinder mit und ohne Förderbedarf unter gemeinsamer Verantwortung von Regellehrkräften und Sonderpädagog*innen lernen.

Euler, D. (2014): Design research – a paradigma under development. In: Euler, D. & Sloane, P. (Hrsg.): Design-Based-Research: Zeitschrift für Berufs- und Wirtschaftspädagogik. Stuttgart, S. 15-44.

Giest, H. (2022): Methodologie und Methodik in der Forschung zum Sachunterricht. In: widerstreit sachunterricht, 26, o. S.

Gräsel, C. (2011): Die Verbreitung von Innovationen als Aufgaben der Unterrichtsforschung. In: Zlatkin-Troitschanskaia, O. (Hrsg.): Stationen Empirischer Bildungsforschung. Wiesbaden, S. 320-328.

Kahlert, J. (2022): Pragmatik. In: Kahlert, J., Fölling-Albers, M., Götz, M., Hartinger, A., Miller, S. & Wittkowske, S. (Hrsg.): Handbuch Didaktik des Sachunterrichts. 3. Aufl. Bad Heilbrunn, S. 55-62.

Kuckartz, U. & Rädiker, S. (2022): Qualitative Inhaltsanalyse. Methoden, Praxis, Computerunterstützung (Grundlagentexte Methoden). 5. Aufl. Weinheim, Basel.

Lai, M. K. & McNaughton, S. (2022): Professional Learning Networks in Design-Based Research Interventions. Emerald Publishing Limited. Bingley, 109-122.

McKenney, S. & Reeves, T. C. (2019): Conducting Educational Design Research. 2. Aufl. London, New York.

Penuel, W. R., Furtak, E. M. & Farrell, C. C. (2021): Research-practice partnerships in education. Advancing an evolutionary logic of systems improvement. In: Die deutsche Schule, 113, Nr. 1, 45-62.

Penuel, W. R. & Gallagher, D. J. (2017): Creating Research-Practice Partnerships in Education. Cambridge.

Reinmann, G. & Sesink, W. (2014): Begründungslinien für eine entwicklungsorientierte Bildungsforschung. Jahrbuch Medienpädagogik 10: Methodologie und Methoden medienpädagogischer Forschung, 75-89.

Reusser, K. (2011): Von der Unterrichtsforschung zur Unterrichtsentwicklung - Probleme, Strategien, Werkzeuge. In: Einsiedler, W. (Hrsg.): Unterrichtsentwicklung und didaktische Entwicklungsforschung. Klinkhardt, S. 11-40.

Schomaker, C. (2007): Der Faszination begegnen. Ästhetische Zugangsweisen im Sachunterricht für alle Kinder. Carl von Ossietzky Universität Oldenburg.

Schroeder, R., Blumberg, E., Kottmann, B., Miller, S. & Reh, A. (2021): Chancen des inklusionsorientierten Sachunterrichts für didaktisch-diagnostisches Handeln – Konzeptionelle und methodologisch-methodische Grundlagen eines forschungsbasierten Entwicklungsansatzes für die Lehrer*innenbildung. In: QfI - Qualifizierung für Inklusion, 3, Nr. 2, 1-18.

Schroeder, R., Franzen, K. & Reh, A. (2023): Diagnostische Potentiale von Lernaufgaben im Sachunterricht fach- und entwicklungsbezogen analysieren und nutzbar machen. In: Qualifizierung für Inklusion, 5, Nr. 1, 1-17.

Schroeder, R. & Reh, A. (2023): Design-Based-Research als Innovationsstrategie in der Sonderpädagogik. In: Grummt, M., Kulig, W., Lindmeier, C., Oelze, V. & Sallat, S. (Hrsg.): Partizipation, Wissen und Kommunikation im sonderpädagogischen Diskurs. Bad Heilbrunn, S. 272-278.

Seitz, S. (2005): Zeit für inklusiven Sachunterricht. Baltmannsweiler.

Seitz, S. & Simon, T. (2018): Grundlagen und Prinzipien diagnostischen Handelns im inklusiven Sachunterricht. In: Pech, D., Schomaker, C. & Simon, T. (Hrsg.): Sachunterrichtsdidaktik & Inklusion, Baltmannsweiler, S. 80-95.

Simon, J. & Simon, T. (2013): Inklusive Diagnostik – Wesenszüge und Abgrenzung von traditionellen „Grundkonzepten" diagnostischer Praxis. Eine Diskussionsgrundlage. Zeitschrift für Inklusion, (4). https://www.inklusion-online.net/index.php/inklusion-online/article/view/194 [30.11.2023].

Simon, T. (2020): Sachunterricht(sdidaktik) auf dem Weg zur Inklusion? Rück-, Ein- und Ausblicke. In: k:On – Kölner Online Journal für Lehrer*innenbildung, 2, Nr. 2, 70–93.

Steffens, U., Heinrich, M. & Dobbelstein, P. (2019): Praxistransfer Schul- und Unterrichtsforschung - eine Problemskizze. In: Schreiner, C., Wiesner, C., Breit, S., Dobbelstein, P., Heinrich, M. & Steffens, U. (Hrsg.): Praxistransfer Schul- und Unterrichtsentwicklung. New York, Münster, S. 11-26.

Autor:innenangaben

Dr. Anne Reh
https://orcid.org/0000-0001-6568-0797
Fakultät für Erziehungswissenschaft
Universität Bielefeld
anne.reh@uni-bielefeld.de

Max Thevißen
https://orcid.org/0009-0006-7946-9881
Universität Paderborn
maxthe@mail.uni-paderborn.de

Univ.-Prof. Dr. René Schroeder
https://orcid.org/0000-0001-5200-6904
Universität zu Köln
Humanwissenschaftliche Fakultät
Didaktik des inklusiven Unterrichts
rene.schroeder@uni-koeln.de

Prof. Dr. Susanne Miller
https://orcid.org/0000-0002-7925-4323
Fakultät für Erziehungswissenschaft
Universität Bielefeld
susanne.miller@uni-bielefeld.de

Prof. Dr. Eva Blumberg
https://orcid.org/0009-0004-1651-541X
Didaktik des naturwissenschaftlichen Sachunterrichts
Universität Paderborn
eva.blumberg@uni-paderborn.de

Beate Blaseio und Kerstin Schmidt-Hönig

Sachunterricht und Natur, Mensch und Gesellschaft – Internationaler Vergleich der Lehrkräftebildung in Deutschland, Österreich und der Schweiz

> The article provides an up-to-date overview of the teacher training courses for elementary schools with General Studies (Sachunterricht) in three countries: Germany, Austria and Switzerland. The comparative research project comes to the result, that there are strongly different study models, study times as well as arbitrarily created study contents for General Studies.

1 Lehrkräftebildung Sachunterricht – international

Wie werden Lehrkräfte für das frühe Sachlernen in der Primarstufe in den drei deutschsprachigen Ländern ausgebildet? Zu dieser Fragestellung liegen bisher keine komparatistischen Forschungsergebnisse vor.

Alle drei Länder verfügen über ein integratives Sachfach in der Unterrichtspraxis der Primarstufe (Blaseio 2022, 291). Während in Deutschland und Österreich das sachintegrative Fach Sachunterricht 4 Jahre in den Grundschulen unterrichtet wird, heißt dieses Fach in der Schweiz „Natur, Mensch, Gesellschaft" (NMG) und wird im Gegensatz zu Deutschland und Österreich 6 Jahre erteilt.

Insgesamt können zur formalen Lehrkräftebildung Sachunterricht für die deutschsprachigen Staaten nur einige wenige aktuelle Publikationen nachgewiesen werden, die sich fachspezifisch mit der Primarstufen-Lehrkräfteausbildung beschäftigen. Für Deutschland liegt eine vergleichende Untersuchung für die 16 Bundesländer vor (Blaseio 2021). Hier wird dokumentiert und komparatistisch ausgewertet, wie die Sachunterrichts-Lehrkräfteausbildung an den Universitäten und Hochschulen in den einzelnen deutschen Bundesländern konzeptionell und inhaltlich etabliert ist. Der Qualitätsrahmen Lehrerbildung Sachunterricht und seine Didaktik der GDSU (2019) gibt weitere wichtige Einblicke in die Vielfalt der Ansätze der Sachunterrichtslehrkräfteausbildung in Deutschland. Zudem wurde ein Qualifikationsmodell für das Studienfach Sachunterricht und seine Didaktik entwickelt.

doi.org/10.35468/6077-04

Für Österreich findet man grundlegende Informationen zur Primarstufenlehrkräfteausbildung mit dem Fokus auf den Sachunterricht im Beitrag von Holub & Neuböck-Hubinger (2019). Für die Schweiz informiert die Publikation von Breitenmoser, Mathis & Tempelmann (2021a) über die Lehrpersonenausbildung von Studiengängen mit dem Fach NMG übergreifend sowie umfassend auch für einzelne Hochschulstandorte. Baumgardt & Kaiser (2022, 90) skizzieren in ihrem Beitrag im Abschnitt „Ein Blick über die Grenzen" zudem einige grundlegende Studien-Rahmenbedingungen des Faches Sachunterricht für Österreich und für das Fach NMG der deutschsprachigen Schweiz und greifen auch die Situation in den verschiedenen Bundesländern Deutschlands auf.

Da Sachunterricht immer eingebunden ist in das Gesamtstudium des Primarstufenlehramtes (bzw. Sonderschullehramtes) sind auch allgemeine Rahmenbedingungen des Studiums in den drei Ländern für die Untersuchung heranzuziehen. In allen drei Ländern sind die Studiengänge Primarstufe modularisiert, so dass eine Vergleichbarkeit des Studienumfangs für den Sachunterricht möglich ist. In Deutschland, Österreich und der Schweiz wird zur Studienaufnahme ein Sekundarstufe II-Abschluss allgemein vorausgesetzt (Abitur, Matura), teilweise gibt es weitere grundlegende Aufnahmeverfahren (Österreich) oder Aufnahmeprüfungen für bestimmte Fächer (Deutschland).

2 Forschungsprojekt

Eingebettet ist das Forschungsprojekt in die international-vergleichende Lehrkräftebildungsforschung. Das Ziel ist ein komparatistischer Vergleich der Lehramtsstudiengänge Primarstufe für das sachbezogene Fach bzw. die sachbezogenen Fächer.

Das Forschungsprojekt zur Lehrkräftebildung Sachunterricht in Europa ist dreistufig angelegt: Der erste Schritt war die Erfassung der bundesdeutschen Situation (Blaseio 2021). Die nächste Stufe erfolgt mit der Erweiterung auf die beiden Nachbarstaaten Österreich und Schweiz (deutschsprachige Kantone) und wird in diesem Beitrag dokumentiert und diskutiert. Da die GDSU als Fachgesellschaft für die Didaktik des Sachunterrichts sich in den letzten Jahren von einer fast ausschließlich bundesdeutschen zu einer deutschsprachigen Fachgesellschaft entwickelt hat (Jahrestagungen fanden bereits auch in der Schweiz und in Österreich statt), ist die Notwendigkeit zu belastbarem Wissen und komparatistischen Ansätzen zur Sachunterrichtsdidaktik in den drei Ländern gestiegen. Im dritten Schritt erfolgt zu einem späteren Zeitpunkt eine Erfassung der sachbezogenen Lehrkräfteausbildung für den Primarbereich in den EU-Ländern – analog zur Dokumentation der Grundschulsachfächer in den unteren Klassenstufen (Blaseio 2022).

3 Fragestellung, Methoden und Vorgehensweise

In der zweiten Stufe des Forschungsprojektes wird der Frage nachgegangen, in welchen Studienstrukturen das sachbezogene Fach bzw. die sachbezogenen Fächer an den Universitäten bzw. Hochschulen in Deutschland, Österreich und der deutschsprachigen Schweiz studiert werden und welchen zeitlichen Umfang diese jeweils einnehmen. Da für Deutschland die Untersuchung bereits vorliegt (Blaseio 2021), werden in diesem Schritt die Daten nur für Österreich und die deutschsprachige Schweiz neu erfasst. Für Deutschland werden beim komparatistischen Vergleich die Daten des Wintersemesters 2020/21 herangezogen.

Als Methode wird die Inhaltsanalyse gewählt, wie sie bei Mayring (2015) und Merten (1995) beschrieben wird. Die Kategorien werden durch ein deduktiv-induktives Verfahren gewonnen und orientieren sich auch an der Untersuchung zu den bundesdeutschen Studiengängen (Blaseio 2021).

Als Untersuchungsgegenstand werden die Studieninformationen der Studienstandorte für das Primarstufenlehramt erfasst, wie sie auf den Homepages der betreffenden Hochschulen (Stand: Dezember 2022; Wintersemester 2022/23) dokumentiert sind. Inhaltsanalytisch ausgewertet werden digital publizierte Studienordnungen sowie Modulübersichten und -kataloge (Modulhandbücher). Praktika, wenn sie mit Creditpoints (CP) für den Sachunterricht ausgewiesen sind, werden mitberücksichtigt. CPs für Abschlussarbeiten (Master- oder Bachelorthesis) werden nicht berücksichtigt, da diese zumeist individuell von den Studierenden aus vielen Bereichen oder Fächern des Studiums ausgewählt werden können.

Wenn nicht alle Daten den digitalen Hochschulseiten zu entnehmen waren und auch nicht in Publikationen oder weiteren amtlichen Dokumenten ermittelt werden konnten, wurden Kollegen und Kolleginnen des Sachunterrichts der jeweiligen Standorte um gezielte Information gebeten.

Die ermittelten Informationen wurden in Datenblättern anhand ausgewählter Kategorien für jeden Standort eigens dokumentiert. Folgende Daten wurden für jede Hochschule systematisch erfasst: Lehramtsbezeichnung und Studienabschluss (BA/MA), Dauer des Gesamtstudiums (Semester/Credit Points), die Verortung des Sachunterrichts als Wahl- oder Pflichtfach, der zeitliche Umfang (CP) des Studiums für sachbezogene Aspekte, Ausweisung von sachunterrichtsdidaktischen und fachwissenschaftlichen Anteilen, besondere Merkmale der Studienanteile des Sachfachs.

4 Ergebnisse

Die Untersuchungsergebnisse aus den erfassten Daten werden zunächst für die einzelnen Länder vorgestellt. Danach erfolgt eine komparatistische Gesamtauswertung der drei Länder (5.) mit nachfolgender Diskussion (6.).

4.1 Deutschland

Die Daten und die Auswertung für Deutschland liegen bereits publiziert vor (Blaseio 2021), so dass nur einige wenige Ergebnisse hier zusammenfassend aufgenommen werden, die für die komparatistischen Ergebnisse und Diskussionen relevant sind.

Durch den Föderalismus im Bereich der Bildung existieren in Deutschland 16 verschiedene Konzeptionen für das Primarstufenstudium. Seit 2020 bieten alle Bundesländer jedoch einheitlich ein eigenständiges Grundschulstudium an: zumeist für die Klasse 1 bis 4 (Berlin und Brandenburg 1 bis 6). Das Studium an Universitäten (Baden-Württemberg: Pädagogische Hochschulen mit Promotionsrecht) dauert 7, 8, 9 oder 10 Semester zu je 30 CP pro Semester. 10 Bundesländer bieten ein Bachelor-Master-System an und 6 Bundesländer ein modularisiertes Staatsexamen. Ein Wechsel während des Studiums ist oft problematisch, da die Studieninhalte und Fächervertiefungen unterschiedlich sind (Blaseio 2021).

Alle deutschen Bundesländer bieten an allen 43 Standorten Sachunterrichtsmodule an. In 11 Bundesländern kann Sachunterricht als Wahlfach gewählt werden und ist in 6 Bundesländern ein Pflichtfach im Rahmen des Grundschullehramtes. Durch Wahl oder Nichtwahl kann der Studienumfang für den Sachunterricht zwischen 0 CP und 80 CP liegen. In einigen Bundesländern werden neben sachunterrichtsdidaktischen Anteilen auch fachwissenschaftliche Module in Bezugsfächern belegt (Blaseio 2021). Die Untersuchung zeigt, dass in Deutschland eine große Strukturvielfalt des Primarstufenlehramtes mit dem Fach Sachunterricht vorliegt (Blaseio 2021, 40).

4.2 Österreich

Zukünftige Primarstufenlehrkräfte für die Klassenstufen 1 bis 4 studieren in Österreich seit dem Studienjahr 2015/16 ein 8semestriges Bachelorstudium und ein 2 Semester umfassendes Masterstudium (Holub & Neuböck-Hubinger 2019, 23). Das Konzept „PädagogInnenbildung NEU" veränderte die Lehrkräftebildung für Volksschulen durch eine verstärkte Forschungs- und Wissenschaftsorientierung. Es erfolgte eine Aufwertung der Ausbildung durch neu gegründete Pädagogische Hochschulen im Jahr 2007 (Hofmann, Hagenauer & Martinek 2020, 230).

Die Auswertung der Datenblätter der Pädagogischen Hochschulen Österreichs zeigt, dass landesweit einheitlich 10 Semester mit einem Studienumfang von 300

CP vorgesehen sind: Nach dem Bachelor ist die Aufnahme einer Lehrtätigkeit an einer Primarstufe bereits möglich; der Master muss innerhalb der ersten fünf Dienstjahre dann berufsbegleitend erlangt werden (Holub & Neuböck-Hubinger 2019, 23).

Der übergreifende Studienrahmen Primarstufe ist für alle neun Bundesländer Österreichs einheitlich. Es gibt 13 Pädagogische Hochschulen, die in vier Verbünde geclustert sind, in denen das Primarstufenlehramt studiert werden kann (siehe Tabelle 1). Trotz der Verbünde und eines gemeinsamen landesweiten Rahmens der Primarstufenlehrkräfteausbildung sieht die konkrete Situation des Sachunterrichts an den einzelnen PHs unterschiedlich aus: An jeder PH gibt es eine eigene Systematik des Studienaufbaus und des Studienumfangs der konkreten Module für Sachunterricht.

Tab. 1: Studienanteile Sachunterricht in der Primarstufenlehrkräfteausbildung an den 13 PHs Österreichs

Verbund Nord-Ost	
	PH Wien
Pflicht SU	BA: 14,83 CP - MA: 5 CP - BAMA: 19,83 CP = 6,6%
Schwerpunkt / Wahl	Schwerpunkt BA 80 CP: Science and Health - Wahlpflicht MA: Politische Bildung = max. 85 CP = 28,3%
Berechnung	BAMA: 19,83 bis 104,83 CP - Spannbreite: 6,6 bis 34,9%
	PH Niederösterreich Baden
Pflicht SU	BA: 19 CP - MA: 0 CP - BAMA: 19 CP = 6,3%
Schwerpunkt / Wahl	Schwerpunkt BA 60 CP: Naturbegegnung - MA: SU naturwissenschaftlich oder SU historisch und raumbezogen - max. 70 CP = 23,3%
Berechnung	BAMA: 19 bis 89 CP - Spannbreite: 6,3 bis 29,6%
	KPH Wien & Krems
Pflicht SU	BA: 16,5 CP - MA: 0 CP - BAMA: 16,5 CP = 5,5%
Schwerpunkt / Wahl	Schwerpunkte BA 62 CP: Mathematik und Naturwissenschaften oder Mensch in Gesellschaft, Kultur, Raum und Zeit – MA: 10 CP SU; max. 5 CP, wenn Schwerpunkt SU - max. 67 CP – 22,3%
Berechnung	BAMA: 16,5 bis 83,5 CP - Spannbreite: 5,5 bis 27,8%

Verbund Süd-Ost	
	PH Steiermark Graz
Pflicht SU	BA: 12 CP - MA: 0 CP - BAMA: 12 CP = 4%
Schwerpunkt / Wahl	Schwerpunkt BA 60 CP: Entdeckungsreise Natur und Technik - Freie Wahlfächer: 5 CP SU - MA: 15 CP SU Vertiefung - BAMA: max. 80 CP = 26,7%
Berechnung	BAMA: 12 bis 92 CP- Spannbreite: 4 bis 30,7%
	PH Kärnten Viktor Frankl Klagenfurt
Pflicht SU	BA: 12 CP - MA: 0 CP - BAMA: 12 CP = 4%
Schwerpunkt / Wahl	Schwerpunkt BA: 60 CP: Interdisziplinär Forschen, Entdecken, Verstehen im Kontinuum: Kindergarten – Primarstufe – Sekundarstufe - Freie Wahlfächer: 5 CP SU - MA: 15 CP SU Vertiefung wählbar; BAMA: max. 80 CP = 26,7%
Berechnung	BAMA: 12 bis 92 CP- Spannbreite: 4 bis 30,7%
	PPH Burgenland Eisenstadt
Pflicht SU	BA: 13 CP - MA: 0 CP - BAMA: 13 CP = 4,3%
Schwerpunkt / Wahl	Schwerpunkt BA: 60 CP: Lernraum Natur oder sozial.kompetent.engagiert - Freie Wahlfächer 2 CP SU - MA: 15 CP Wahlpflichtmodul SU - BAMA: max. 77 CP = 25,7%
Berechnung	BAMA: 13 bis 90 CP- Spannbreite: 4,3 bis 30%
	KPH Augustinum Graz
Pflicht SU	BA: 16 CP- MA: 0 CP - BAMA: 16 CP = 5,3%
Schwerpunkt / Wahl	Kein Schwerpunkt SU im BA - MA: 15 CP SU Vertiefung BAMA: max. 15 CP = 5%
Berechnung	BAMA: 16 bis 31 CP- Spannbreite 5,3 bis 10,3%
Verbund Mitte	
	PH Oberösterreich Linz
Pflicht SU	BA: 21 CP - MA: 0 CP - BAMA: 21 CP = 7%
Schwerpunkt / Wahl	Schwerpunkt BA: 63 CP: Mathematisch-naturwiss. und technische Bildung oder Sozial- und kulturwissenschaftliche Bildung - MA: 6 CP – BAMA: max. 69 CP = 23%
Berechnung	BAMA: 21 bis 90 CP - Spannbreite: 7 bis 30%
	PH Salzburg Stefan Zweig
Pflicht SU	BA: 18 CP - MA: 3,7 CP - BAMA: 21,7 CP = 7,2%
Schwerpunkt / Wahl	Schwerpunkt BA: 72 CP: Gesellschaftliches Lernen oder Naturwissenschaft und Technik – max. 72 CP = 24%
Berechnung	BAMA: 21,7 bis 93,7 CP - Spannbreite 7,2 bis 31,2%

	PPH Diözese Linz
Pflicht SU	BA. 15 CP - MA: 0 CP - BAMA: 15 CP = 5%
Schwerpunkt/Wahl	Schwerpunkt BA: 63 CP: Mathematik – Naturwissenschaft - Technik oder Soziale Vielfalt: Sozial -und Kulturwissenschaften - MA: 6 CP – BAMA: max. 69 CP = 23%
Berechnung	BAMA: 15 bis 84 CP - Spannbreite 5 bis 28%
Verbund West	
	PH Tirol Innsbruck
Pflicht SU	BA: 15 CP - MA: 0 CP - BAMA: 15 CP = 5%
Schwerpunkt/Wahl	Schwerpunkt BA: 60 CP: Sachunterricht – Mensch, Natur, Gesellschaft - MA: 5 CP (nicht wenn SU im Schwerpunkt) max. 60 CP = 20%
Berechnung	BAMA: 15 bis 75 CP - Spannbreite: 5 bis 25%
	PH Vorarlberg Feldkirch
Pflicht SU	BA: 15 CP - MA: 0 CP - BAMA: 15 CP = 5%
Schwerpunkt/Wahl	Schwerpunkt BA: 60 CP: MINT und Nachhaltigkeit = max. 60 CP = 20%
Berechnung	BAMA: 15 bis 75 CP - Spannbreite: 5 bis 25%
	KPH Edith Stein Stams
Pflicht SU	BA: 13 CP - MA: 1,25 CP - BAMA: 14,25 CP = 4,75%
Schwerpunkt/Wahl	Kein Schwerpunkt SU im BA
Berechnung	BAMA: 14,25 CP - 4,75%
Abkürzungen:	BA = Bachelorstudium MA = Masterstudium BAMA = Bachelor- und Masterstudium gesamt CP = Creditpoints

An allen Standorten ist im Rahmen des Primarstufenlehramtes die Belegung von Lehrveranstaltungen des Sachunterrichts obligatorisch. Die Auswertung der Datenblätter ergibt für alle 13 Hochschulen einen unterschiedlichen Pflichtumfang des Sachunterrichts von 12 bis 21,7 CP. Das entspricht dabei mindestens 4 Prozent des gesamten Studiengang-Workloads.

Ein besonderes Kennzeichen der Primarstufenlehrkräfteausbildung ist die Wahl eines Schwerpunkts durch jede Studentin bzw. jeden Studenten ab dem 3., 4. oder 5. Semester (je nach Standort) bis zum Ende des Bachelorstudiums. Hierfür steht ein hoher Workload von 60 bis 80 CP zur Verfügung. Alle PHs bieten unterschiedliche Schwerpunkte an: An 11 der 13 PHs kann ein Schwerpunkt mit Sachunterrichts-Anteilen gewählt werden (siehe Tabelle 1). So ist es möglich, einen eigenen Studienschwerpunkt im Sachunterricht im Bachelorstudium zu setzen und den Studienanteil in diesem Bereich in Bezug auf das gesamte Studium auf bis zu 35 Prozent des Gesamtstudiums auszuweiten.

In Österreich werden die Lehrkräfte für die Klassen 1 bis 4 also als „spezialisierte Generalistinnen und Generalisten" ausgebildet (Soukup-Altrichter 2020, 47-48). Das bedeutet, dass eine Vielfächerausbildung stattfindet und Sachunterrichtsanteile von allen Studierenden verpflichtend belegt werden müssen. Es kann jedoch durch den umfangreich mit CP ausgestatteten Schwerpunkt ein individuelles Studienprofil entwickelt werden.

Im Studium stehen sachunterrichtsdidaktische Anteile im Zentrum. Bezugsfächer des Sachunterrichts werden fast ausschließlich nicht mit ihren fachwissenschaftlichen Bereichen ausgewiesen; fachwissenschaftliche Aspekte können aber integriert werden und enthalten sein; vor allem bei einer Schwerpunktwahl im Umfeld des Sachunterrichts.

Mit dem Abschluss des Masters für Primarstufe an einer österreichischen PH kann eine Promotion angestrebt werden. An diesen selbst kann jedoch nicht promoviert werden (Holub & Neuböck-Hubinger 2019, 22;). Diese Situation ist für den wissenschaftlichen Bereich des Sachunterrichts problematisch, da so kein eigener fachdidaktischer Forschungsnachwuchs gefördert wird. An den österreichischen Universitäten sind hingegen keine Professuren für primarstufenbezogene Forschungen des Sachunterrichts vorhanden, so dass zahlreiche Personen dann bevorzugt im Ausland ihr Promotionsvorhaben realisieren (Giest 2019, 182). Im Zuge der weiteren Professionalisierung und Akademisierung der PHs sollte über ein eigenes Promotionsrecht nachgedacht werden.

4.3 Schweiz

In der deutschsprachigen Schweiz gibt es einheitliche Rahmenvorgaben für die Ausbildung Primarstufe für die Klassen 1 bis 6. Diese wurden Ende des 20. Jahrhunderts von der EDK (Schweizerische Konferenz der kantonalen Erziehungsdirektoren) für den Transformationsprozess festgelegt (Herzog & Makarova 2020, 238, Criblez & Quiering 2020, 35). An den Pädagogischen Hochschulen des Landes gibt es auch eine weitere Ausbildung für Kindergarten inkl. Klassenstufe 1 und 2 (Kalcsics & Conrad 2021, 17); diese bleibt in dieser Untersuchung jedoch unberücksichtigt.

Mit dem erfolgreich abgeschlossenen 6semestrigen Studium wird das Lehrdiplom für die Primarstufe der Schweiz sowie ein Bachelor of Arts erworben. Der modularisierte Studienumfang beträgt einheitlich 180 CP (Criblez & Quiering 2020, 38-39). Ein Master wird diskutiert, ist aber gegenwärtig nicht umgesetzt (Criblez & Quiering 2020, 39). Im Studium ist Natur, Mensch, Gesellschaft (NMG) neben vielen anderen Fächern ein Pflichtbereich für alle Studierenden der Primarstufe.

Tab. 2: Studienanteile NMG an der Primarstufenlehrkräfteausbildung an den 12 deutschsprachigen PHs der Schweiz

PH Bern	
Pflicht NMG	11,25 CP = 6,3 %
Wahl NMG	2 CP - Wahlmodul MINT = 1,1 %
Berechnung	11,25 oder 13,25 CP = 6,3 oder 7,4 %
PH Freiburg (dt.)	
Pflicht NMG	9 CP = 5 %
Wahl NMG	keine
Berechnung	Alle: 9 CP = 5 %
PH St. Gallen	
Pflicht NMG	10 CP = 5,6 %
Wahl NMG	1 bis 12 CP - 2 Wahlpflichtmodule zu 4 CP: u. a. Lernen am Phänomen; 4 Freifächer zu 1 CP = 0,6 bis 6,7 %
Berechnung	Spannbreite: 10 bis 22 CP = 5,6 bis 12,2 %
PH Graubünden	
Pflicht NMG	14 CP = 7,8 %
Wahl NMG	Nur im Rahmen der Pflicht CP NMG sind bei 6 CP inhaltliche Wahlmöglichkeiten gegeben.
Berechnung	Alle: 14 CP = 7,8 %
PH Luzern	
Pflicht NMG	11 CP = 6,1 %
Wahl NMG	6 CP Spezialisierungsstudien ein Bereich: Geschichte, MINT oder Natur- und Umweltbildung = 3,3 %
Berechnung	11 oder 17 CP = 6,1 oder 9,4 %
PH der FHNW Schweiz	
Pflicht NMG	10 CP = 5,6 %
Wahl NMG	11 CP bei Studienschwerpunkt NMG u. a. mit BNE, Schulgarten, Außerschulische Lernorte = 6,1 %
Berechnung	10 oder 21 CP = 5,6 oder 11,7 %
PH Schaffhausen	
Pflicht NMG	9 CP = 5 %
Wahl NMG	2 CP Wahlmodul NMG = 1,1 %
Berechnung	9 oder 11 CP = 5 oder 6,1 %
PH Schwyz	
Pflicht NMG	8 CP = 4,4 %
Wahl NMG	2 CP Wahlbereich NMG = 1,1 %
Berechnung	8 bis 10 CP = 4 bis 5,6 %

PH Thurgau	
Pflicht NMG	11 CP = 6,1 %
Wahl NMG	7 CP bei Studienschwerpunkt NMG = 3,9 %
Berechnung	11 bis 18 CP = 6,1 bis 10 %
PH Wallis	
Pflicht NMG	8,5 CP = 4,7 %
Wahl NMG	2 CP Wahlkurs NMG = 1,1 %
Berechnung	8,5 bis 10,5 CP = 4,7 bis 5,8 %
PH Zug	
Pflicht NMG	9,5 CP = 5,3 %
Wahl NMG	2 bis 4 CP = 1,1 bis 2,2 %
Berechnung	Spannbreite: 9,5 bis 13,5 CP = 5,3 bis 7,5 %
PH Zürich	
Pflicht NMG	11 CP = 6,1%
Wahl NMG	2 bis 11 CP NMG-Wahlmodule: 2 CP Außerschulische Lernorte, je 3 CP-Module NMG = 1,1 bis 6,1 %
Berechnung	11 bis 22 CP = 6,1 bis 12,2 %
Abkürzungen:	BA = Bachelorstudium MA = Masterstudium BAMA = Bachelor- und Masterstudium gesamt CP = Creditpoints

Für die Erhebung der Daten wurden neben den Studieninformationen und Modulkatalogen der PHs auch die Daten aus dem Buch von Breitenmoser, Mathis und Tempelmann (2021a) verwendet bzw. mit diesen abgeglichen. Abweichungen der Daten ergeben sich dadurch, dass in der vorliegenden Veröffentlichung nur die reinen NMG-Anteile erfasst sind und in der bereits publizierten Übersicht die Inhalte des Bereichs ERG (Ethik, Religionen, Gemeinschaft) zusätzlich berücksichtigt sind. Dieses Verfahren ist notwendig, um eine internationale Vergleichbarkeit des Sachunterrichtsstudiums möglich zu machen.

Die Untersuchung hat offengelegt, dass an jeder deutschsprachigen PH der Schweiz eine eigene Systematik des Studienaufbaus vorliegt. Auch die konkreten inhaltlichen Module für NMG wurden von den Hochschulen eigenständig und unabhängig von gegebenenfalls zentralen Vorgaben erstellt, da sie keine erkennbaren Schnittmengen aufweisen. Darauf weisen auch Breitenmoser, Mathis & Tempelmann (2021b, 222) hin und zeigen auf, dass die Ausbildungskonzeptionen durch unterschiedliche Einflüsse und Rahmenbedingungen geprägt sind. Die Ausbildung ist generalistisch und muss nach staatlichen Vorgaben mindestens 6 Fächer umfassen (Criblez & Quiering 2020, 39).

Die Pflichtanteile für das Fach NMG liegen an den 12 PHs zwischen 8 und 14 CP – entsprechend 4,4 bis 7,8 Prozent des gesamten Studienumfangs. An 10 Hochschulen können noch weitere CP für NMG im Rahmen von Wahlmöglichkeiten in einem zumeist geringen Umfang belegt werden. Lediglich an drei PHs kann ein größerer Umfang von 11 bzw. 12 CP zusätzlich zum NMG-Pflichtbereich studiert werden, so dass die Gesamtanteile dann auf über 10 Prozent der Studienzeit steigen. NMG-Bezugsfächer werden nicht explizit ausgewiesen: In zahlreichen Modulen wird aber aufgrund der Modultitel und -beschreibungen deutlich, dass neben fachdidaktischen Ansätzen auch fachwissenschaftliche Anteile enthalten sind, wobei sich diese zumeist deutlich auf fachdidaktische Kontexte beziehen (Breitenmoser, Mathis & Tempelmann 2021b, 225).

Die kurze Ausbildungszeit (6 Semester Bachelor, kein Master) wird für das komplexe und facettenreiche Fach NMG in der Literatur kritisiert (Breitenmoser, Mathis & Tempelmann 2021b, 219/223; Kalcsics & Conrad 2021, 26). Mit dem Abschluss des BA-Primarstufenlehramts ist daher noch kein Promotionsrecht erworben (Criblez & Quiering 2020, 40). Hierfür ist ein aufbauender Masterstudiengang notwendig, wie beispielsweise der gemeinsam neu an der PH Bern & PH Luzern geschaffene Studiengang Fachdidaktik NMG und NE (Nachhaltige Entwicklung) in Verbindung mit Universitäten (Wilhelm et al. 2021). Nach dem Master kann ein Promotionsstudium an einer Universität aufgenommen werden – die PHs verfügen selbst nicht über ein Promotionsrecht.

5 Gesamtergebnis

In allen drei Ländern können Sachunterrichts- bzw. NMG-Module im Rahmen des Primarstufenlehramtes auf tertiärer Ebene studiert werden. Während in Österreich, der Schweiz und in 6 deutschen Bundesländern alle Studierenden das Fach belegen müssen, gibt es 10 deutsche Bundesländer, in denen Sachunterricht aktiv von den Studierenden gewählt werden kann. Erfolgt keine Wahl des Sachunterrichts, dann kommen Grundschullehrkräfte in Deutschland ohne sachunterrichtsdidaktisch erworbene Kompetenzen in den Schuldienst. Wird das Fach gewählt, dann werden zum Teil sehr umfangreiche Sachunterrichtsanteile im Studium belegt (u.a. 70 oder 80 CP). In Deutschland gibt es in einigen Bundesländern eine Spezialisten-Ausbildung für den Sachunterricht (ähnlich wie für die Sekundarstufe I und II), aber auch Bundesländer, die wie Österreich und die Schweiz auf den generalistischen Ansatz setzen (Holzinger 2020, 19).

Auch in Österreich ist zusätzlich zum Pflichtbereich die Wahl eines CP-starken Schwerpunktes mit Sachunterrichtsanteilen möglich. So werden sie als „spezialisierte Generalistinnen und Generalisten" (Soukup-Altrichter 2020, 47-48) ausgebildet. In der Schweiz sind die Wahlmöglichkeiten deutlich geringer und nur vereinzelt möglich – ein NMG-Profil ist in dem dreijährigen Studium nicht realisierbar.

In der Schweiz werden in 6 Semestern Generalistinnen und Generalisten für die Primarstufe ausgebildet und auch das Fach NMG an allen Standorten mit einem geringen verbindlichen Studienanteil von 8 bis 14 CP berücksichtigt. In Österreich fällt der verbindliche Sachunterrichts-Studienanteil mit 12 bis 21 CP höher als in der Schweiz aus – sie verteilen sich dabei auf eine 10semestrige Studienzeit. In Deutschland weisen die sechs Bundesländer mit Pflichtfach Sachunterricht 9 bis 34 CP aus (Blaseio 2021, 37).

Giest (2019, 181) bringt das Dilemma bezüglich des generalistischen versus des spezialisierten Primarstufenstudium auf den Punkt, indem er formuliert: „Wird ein hoher wissenschaftlicher Anspruch an die fachlichen Strukturen gestellt, können nicht alle Bildungsbereiche der Primarstufe studiert werden, wodurch das Studium diesbezüglich exemplarisch wird. Werden andererseits alle Bildungsbereiche studiert, so muss dies auf Kosten der fachwissenschaftlichen Tiefe und Breite der Studien gehen, denn Abstriche an den bildungswissenschaftlichen und fachdidaktischen Studien können wegen des erforderlichen Professionsbezugs nicht hingenommen werden".

6 Diskussion

Die zentrale Frage aus Sicht der Sachunterrichtsdidaktik ist, welche Art von Qualifikation und welchen CP-Umfang zukünftige Lehrkräfte benötigen, um das integrative Sachfach im Studium zu durchdringen und eine „Fachidentität Sachunterricht" (GDSU 2019, 34) zu entwickeln.

Stellt man den Studienumfang des Sachunterrichts den Qualifikationszielen des Qualitätsrahmens Lehrerbildung Sachunterricht und seine Didaktik (GDSU 2019, 36-40) gegenüber, so wird deutlich, dass die geringen sachunterrichtlichen Studieninhalte in Österreich, der Schweiz und in einigen deutschen Bundesländern den vielfältigen Fachanforderungen kaum gerecht werden können. Für die Ausbildung der Fachidentität sollten mindestens 50 CP für das Fach vorgesehen werden (Blaseio 2021, 44-45). Damit wird dieses Ziel formal nur in einigen deutschen Bundesländern erreicht und in Österreich, wenn ein sachunterrichtlicher Schwerpunkt gewählt wird.

Die zweite Phase des Forschungsprojektes zeigt, dass eine große Vielfalt der inneren Struktur des Sachunterrichts-Studiums an den untersuchten Standorten im Rahmen der jeweiligen länderspezifischen Vorgaben vorhanden ist. Der gewählte Aufbau und die berücksichtigten Inhalte wirken beliebig gesetzt. Nicht um die Ausbildung in den drei Ländern zu vereinheitlichen, sondern um die grundlegenden Standards deutlicher zu skizzieren, empfehlen wir über den Qualitätsrahmen Lehrerbildung Sachunterricht und seine Didaktik (GDSU 2019) hinaus die Entwicklung modellhafter Studienstrukturen, die die Basics des Studienbereichs Sachunterricht aufnehmen. Diese könnten von Fachdidaktikerinnen und

Fachdidaktikern der drei Staaten gemeinsam entwickelt werden. Vorstellbar sind beispielsweise vier verschiedene Studienmodelle: für sehr kurze Studienanteile bis 10 CP, für kurze Studienanteile von 10 bis 20 CP, für mittlere Studienanteile von 20 bis 40 CP und für große Fächer mit über 40 CP. Ähnlich wie der Perspektivrahmen Sachunterricht (GDSU 2013), der eine etablierte und vielgenutzte Grundlage bei der Entwicklung neuer Lehrpläne darstellt, könnten die von Fachdidaktikerinnen und Fachdidaktikern entwickelten Studienmodelle für den Sachunterricht bei Neukonzeptionen oder Überarbeitungen von Studienanteilen des Sachunterrichts an Hochschulen bzw. Universitäten als Referenzrahmen herangezogen werden. Das wäre ein wichtiger nächster Schritt in Richtung Professionalisierung des Sachunterrichts in allen drei Ländern.

Literatur

Baumgardt, I. & Kaiser, A. (2022): Lehrer- und Lehrerinnenbildung. In: Kahlert, J., Fölling-Albers, M., Götz, M., Hartinger, A., Miller, S. & Wittkowske, S. (Hrsg.): Handbuch Didaktik des Sachunterrichts. 3. Aufl. Bad Heilbrunn, S. 84-93.

Blaseio, B. (2022): Sachunterricht in Europa – ein Überblick. In: Kahlert, J., Fölling-Albers, M., Götz, M., Hartinger, A., Miller, S. & Wittkowske, S. (Hrsg.): Handbuch Didaktik des Sachunterrichts. 3. Aufl. Bad Heilbrunn, S. 288-297.

Blaseio, B. (2021): Vielfalt statt Einheit an den deutschen Universitäten - Eine aktuelle Bestandsaufnahme der Lehramtsstudiengänge Grundschule mit Sachunterricht. In: GDSU-Journal H. 12, 26-46.

Breitenmoser, P., Mathis, C. & Tempelmann, S. (2021a) (Hrsg.): Natur, Mensch, Gesellschaft (NMG). Standortbestimmungen zu den sachunterrichtsdidaktischen Studiengängen der Schweiz. Hohengehren.

Breitenmoser, P., Mathis, C. & Tempelmann, S. (2021b): Standortbestimmung zu den sachunterrichtsdidaktischen Studiengängen der Schweiz. In: Breitenmoser, P., Mathis, C. & Tempelmann, S. (Hrsg.): Natur, Mensch, Gesellschaft (NMG). Standortbestimmungen zu den sachunterrichtsdidaktischen Studiengängen der Schweiz. Hohengehren, S. 219-231.

Criblez, L. & Quiring, N. (2020): Lehrer*innenbildung für die Primarstufe in der Schweiz. In: Journal für LehrerInnenbildung, 20, Nr. 3, 34-43.

GDSU (Hrsg.) (2019): Qualitätsrahmen Lehrerbildung Sachunterricht und seine Didaktik. Bad Heilbrunn.

GDSU (Hrsg.) (2013): Perspektivrahmen Sachunterricht. Bad Heilbrunn.

Giest, H. (2019): Was braucht der Sachunterricht – auch in Österreich? In: Neuböck-Hubinger, B., Steiner, R., Holub, B. & Egger, C. (Hrsg.): Sachunterricht in Bewegung. Einblicke und Ausblicke zur Situation der Sachunterrichtsdidaktik in Österreich. Hohengehren, S. 175-185.

Herzog, W. & Makarova, E. (2020): Entwicklung und Struktur der Lehrerinnen- und Lehrerbildung in der Schweiz. In: Cramer, C., König, J., Rothland, M. & Blömeke, S. (Hrsg.): Handbuch Lehrerinnen- und Lehrerbildung. Bad Heilbrunn, S. 237-246.

Hofmann, F., Hagenauer, G. & Martinek, D. (2020): Entwicklung und Struktur der Lehrerinnen- und Lehrerbildung in Österreich. In: Cramer, C., König, J., Rothland, M. & Blömeke, S. (Hrsg.): Handbuch Lehrerinnen- und Lehrerbildung. Bad Heilbrunn, S. 227-236.

Holub, B., Neuböck-Hubinger, B. (2019): Sachunterricht in Österreich. In: Neuböck-Hubinger, B., Steiner, R., Holub, B. & Egger, C. (Hrsg.): Sachunterricht in Bewegung. Einblicke und Ausblicke zur Situation der Sachunterrichtsdidaktik in Österreich. Hohengehren, S. 19-29.

doi.org/10.35468/6077-04

Holzinger, A. (2020): Ausbildung von Lehrpersonen der Primarstufe. Ein internationaler Vergleich. In: Journal für LehrerInnenbildung, 20, Nr. 3, 34-43.

Kalcsics, K. & Conrad, S. (2021): Natur, Mensch, Gesellschaft (NMG) im Studiengang 'Vorschule und Primarstufe' an der PH Bern. In: Breitenmoser, P., Mathis, C. & Tempelmann, S. (Hrsg.): Natur, Mensch, Gesellschaft (NMG). Standortbestimmungen zu den sachunterrichtsdidaktischen Studiengängen der Schweiz. Hohengehren, S. 17-28.

Kucharz, D. (2020): Lehrer*innenbildung für die Primarstufe in Deutschland. In: Journal für LehrerInnenbildung, 20, Nr. 3, 26-33.

Mayring, P. (2015): Qualitative Inhaltsanalyse. 12. Aufl. Weinheim, Basel.

Merten, K. (1995): Inhaltsanalyse. 2. Aufl. Opladen.

Soukup-Altrichter, K. (2020): Lehrer*innenbildung für die Primarstufe in Österreich. Spezialisierte Generalisten für die Volksschule. In: Journal für LehrerInnenbildung, 20, Nr. 3, 44-52.

Vogt. M. & Scholz, J. (2020): Entwicklung und Struktur der Lehrerinnen – und Lehrerbildung in Deutschland. In: Cramer, C., König, J., Rothland, M. & Blömeke, S. (Hrsg.): Handbuch Lehrerinnen- und Lehrerbildung. Bad Heilbrunn, S. 217-226.

Wilhelm, M., Kalcsics, K., Bättig, M., Helbling, S. & Adamina, M. (2021): Der Masterstudiengang Fachdidaktik NMG + NE der Pädagogischen Hochschule Bern und der Pädagogische, Hochschule Luzern. In: Breitenmoser, P., Mathis, C. & Tempelmann, S. (Hrsg.): Natur, Mensch, Gesellschaft (NMG). Standortbestimmungen zu den sachunterrichtsdidaktischen Studiengängen der Schweiz. Hohengehren, S. 193-205.

Autorinnenangaben

Prof. Dr. Beate Blaseio
Institut für Sachunterricht
Europa-Universität Flensburg
blaseio@uni-flensburg.de

Prof. Mag. Kerstin Schmidt-Hönig
https://orcid.org/0009-0006-4449-2491
Kirchliche Pädagogische Hochschule Wien/Krems
kerstin.schmidt-hoenig@kphvie.ac.at

Kritik, Reflexion und Transformation in der sachunterrichtlichen Praxis

Sarah Gaubitz

Kritisches Denken im Kontext von BNE in Lehrplänen für den Sachunterricht

> Studies on education for sustainable development (ESD) in the subject show that the critical thinking that is necessary to deal with topics of (non-)sustainable development in the classroom is often not associated with ESD (cf. Munkebye & Gericke 2022; Ohlsson, Gericke & Borg 2022). Since, as various studies show, General Studies teachers use General Studies curricula as a guide when planning their lessons (cf. Niermann 2016; Litten 2017; Tänzer 2020), the question arises as to whether the curricula contain indications for the implementation of ESD and what intentions are associated with ESD in the sense of instrumental and/or critical-emancipatory ESD in the German General Studies curricula. Following the approach of Johanneson, Norðdahl, Óskarsdóttir, Pálsdótti & Pétursdóttir (2011), Elliott and McCrea (2015) and Ohlsson, Gericke & Borg (2022), content analyses of the curricula for General Studies were carried out. Initial analysis results show that critical thinking as a key competence for critical-emancipatory ESD is not explicitly formulated in the curricula analysed, with the exception of the General Studies curriculum for Schleswig-Holstein (2019).

1 Problemstellung und Zielsetzung der Studie

Sachunterricht gilt in der Grundschule als Zentrierungsfach für Bildung für eine nachhaltige Entwicklung (BNE) (Hauenschild, Rode & Bolscho 2010); dementsprechend ist BNE mittlerweile in zahlreichen Bildungsplänen des Sachunterrichts sowie politischen Richtlinien verankert (Brock & Grund 2018) und weithin bei Sachunterrichtslehrkräften bekannt. Dennoch bleibt die Herausforderung bestehen, dass es keine einheitliche Definition bzw. kein gemeinsames Verständnis von BNE gibt. Die Vorstellungen über BNE variieren von einer instrumentellen BNE, die vor allem Werte und Verhaltensweisen vermittelt, bis hin zu einer kritisch-emanzipatorischen BNE, durch die kritisches Denken, Emanzipation und Urteilsfähigkeit gefördert werden sollen (Vare & Scott 2007). Zwar zeigen Lehrkräfte grundsätzlich eine positive Einstellung zu BNE (Brock & Grund 2018), aber die unterschiedlichen Auffassungen von BNE und die damit verbundenen Intentionen stellen Herausforderung für Lehrkräfte dar. Bei der praktischen Umsetzung von BNE im Sachunterricht bestehen viele Unsicherheiten. Dementsprechend wünschen sich Lehrkräfte konkrete Unterstützungsangebote und Hinweise, insbesondere bei der Umsetzung einer kritisch-emanzipatorischen BNE, wie Untersuchungen belegen (Brock & Grund 2018; Gaubitz 2023).

Kritisch-emanzipatorische BNE zielt auf kritisches Denken und eine damit einhergehende Emanzipation ab, wobei Rafolt, Kapelari und Kremer (2019) darauf hinweisen, dass auch bzgl. des kritischen Denkens ein einheitliches Verständnis in den Fachdidaktiken bislang fehlt, dies gilt auch für die Didaktik des Sachunterrichts. So verweist Ennis (2013) beim kritischen Denken auf eine Kombination aus Fähigkeiten im Bereich des komplexen Denkens, der Neugier und der Kreativität, dagegen heben Scriven und Paul (1996) die Bedeutung der Rationalität beim kritischen Denken hervor. Trotz der unterschiedlichen Schwerpunkte gilt kritisches Denken weitläufig als ein fundamentales Bildungsziel und auch die Bedeutung des kritischen Denkens im Kontext von BNE wird von Wissenschaftler*innen betont (z. B. Tilbury 1995; Vare & Scott 2007; Sterling 2010). Im Zusammenhang mit BNE wird von der UNESCO kritisches Denken als Schlüsselkompetenz folgendermaßen bestimmt: „…the ability to question norms, practices and opinions; to reflect on own one's values, perceptions and actions; and to take a position in the sustainability discourse" (UNESCO 2017, 10).

Ein Blick auf den aktuellen internationalen Forschungsstand zur Umsetzung von BNE im Unterricht zeigt, dass das für die Auseinandersetzung mit Fragen nachhaltiger Entwicklung (NE) notwendige kritische Denken im Unterricht und in den Lehrplänen oft nicht mit BNE in Verbindung gebracht wird (Munkebye & Gericke 2022; Ohlsson et al. 2022; Scheie, Haug & Erduran 2022). NE als politischer Inhalt wird im Unterricht kaum abgebildet. Dies betrifft auch Konflikte und Dilemmata im Rahmen von NE, die durch räumliche und zeitliche Aspekte sowie dem Zusammentreffen von ökologischen, ökonomischen und sozialen Werten entstehen können, wie Boeve-de Paw, Gericke, Olsson und Berglund (2015) im Kontext von BNE zeigen. Dadurch bleiben Möglichkeiten zum kritischen Denken ungenutzt. Stattdessen findet im Sinne einer instrumentellen BNE eine Fokussierung auf das individuelle Verhalten und die Verantwortung der Grundschüler*innen für NE statt (Borg, Gericke, Höglund & Bergmann 2014; Sund, Gericke & Bladh 2020). Allerdings stammen diese Studienergebnisse aus dem internationalen Raum. Für den deutschsprachigen Raum liegen nur ältere Ergebnisse vor; diese liefern ebenfalls Hinweise auf die Umsetzung einer instrumentellen BNE im Sinne von Umwelterziehung und Umweltbildung im Grundschulunterricht (Hauenschild, Rode & Bolscho 2010).

Zusammenfassend kann festgehalten werden, dass Lehrkräften Unterstützungen dafür fehlen, wie sie eine kritisch-emanzipatorische BNE im Sachunterricht umsetzen können. Da sich Lehrkräfte, wie verschiedene Studien belegen, bei der

Planung ihres Unterrichts an Lehrplänen orientieren (Niermann 2016; Litten 2017; Tänzer 2020), stellt sich die Frage, ob die Lehrpläne Hinweise zur Umsetzung von BNE enthalten und welche Intentionen mit BNE im Sinne einer instrumentellen und/oder kritisch-emanzipatorischen BNE verbunden werden. Bisher haben sich bereits einige Autor*innen mit der Nennung von NE und BNE in deutschen Lehrplänen einzelner Fachdidaktiken befasst, so z. B. Arnold, Carnap und Bormann (2016), Brock, de Haan, Erzkorn, Singer-Brodowski (2018); Lenzgeiger und Lohmann (2021) haben sich in einer Untersuchung mit politischen Fachkonzepten, wozu auch Nachhaltigkeit zählt, auseinandergesetzt. In Bezug auf Lehrpläne für den Sachunterricht – unter Berücksichtigung von Vielperspektivität – fehlen bisher aber noch Studien.

Die genannten Studien aus Deutschland beleuchten zudem nicht die mit BNE verbundenen Intentionen bzw. mögliche Hinweise zur Umsetzung einer kritisch-emanzipatorischen BNE.

Das Forschungsinteresse der hier vorgestellten Studie ist, Sachunterrichtslehrpläne aus Deutschland dahingehend zu untersuchen, ob sie Hinweise für die Umsetzung einer kritisch-emanzipatorischen BNE liefern.

2 Methodisches Vorgehen

Als Datengrundlage zur Beantwortung der Fragestellung, ob Sachunterrichtslehrpläne aus Deutschland Hinweise für die Planung bzw. Umsetzung einer kritisch-emanzipatorischen BNE beschreiben, dienen die 15 aktuell gültigen Sachunterrichtslehrpläne der Bundesländer der Bundesrepublik Deutschland aus den Jahren 2007 bis 2021.

In Übereinstimmung mit der Vorgehensweise von Johanneson et al. (2011), Elliott und McCrea (2015) sowie Ohlsson et al. (2022) werden auch in dieser Studie Textanalysen durchgeführt, um sowohl explizite als auch implizite Beschreibungen von BNE in den Lehrplänen zu identifizieren. Elliott und McCrea (2015) betonen, dass Forschende bei der Untersuchung von Lehrplänen sowohl den *offensichtlichen* sprachlichen Ausdruck (explizite Formulierungen) als auch den *indirekten* sprachlichen Ausdruck (implizite Formulierungen) berücksichtigen sollten. Explizite Aussagen stellen die wörtliche Verwendung bestimmter Wörter, wie z. B. „Nachhaltigkeit", „kritisch" und „Emanzipation", sowie ihrer jeweiligen Lemmata dar, während sich implizite Aussagen auf die Verwendung von indirekten und assoziierten Annahmen und Beispielen einer instrumentellen und/oder einer kritisch-emanzipatorischen BNE beziehen. Diese impliziten Aussagen werden erfasst, wenn in den jeweiligen Aussagen der einzelnen Lehrpläne indirekte Bezüge zu NE und BNE und den verschiedenen Kernelementen (z. B. Wertedimensionen, Inter- und Intragenerationale Gerechtigkeit) hergestellt werden können oder wenn sie auf diese zurückzuführen sind.

Die impliziten Aussagen werden anhand der Analyse konkreter Inhalte und Themen (z. B. Abfall, Energie und Konsum) sowie Operatoren (z. B. erzählen, zusammenfassen, aber auch reflektieren, argumentieren und vergleichen), die in den einzelnen Lehrplänen aufgeführt werden, ermittelt und mit der qualitativen Inhaltsanalyse nach Kuckartz (2018) analysiert. Der zweite Analyseschritt ist noch nicht abgeschlossen.

3 Ergebnisse

Im Folgenden werden nur Ergebnisse aus dem ersten Analyseschritt, der expliziten Benennung, präsentiert. Die expliziten Benennungen im Kontext von BNE sind insofern von besonderer Bedeutung, weil die Umsetzung einer kritisch-emanzipatorischen BNE eine explizite und einfache Benennung in den Lehrplänen voraussetzt. Lehrkräfte können so Hinweise zur Umsetzung von BNE erhalten und ein Verständnis von einer kritisch-emanzipatorischen BNE aufbauen. Insbesondere bei Lehrkräften ohne Vorkenntnisse können implizite Umsetzungshinweise möglicherweise unerkannt bleiben.

Abb. 1: Benennung von BNE in deutschen Sachunterrichtslehrplänen (eigene Darstellung)

doi.org/10.35468/6077-05

In einem ersten Überblick kann zunächst einmal festgehalten werden, dass die Wörter Nachhaltigkeit, Nachhaltige Entwicklung bzw. Bildung für nachhaltige Entwicklung in *allen* Sachunterrichtslehrplänen in Deutschland genannt werden, abgesehen von den Bundesländern Saarland, Hessen und Sachsen-Anhalt.
In Bezug auf die Verwendung des Wortes „kritisch" bzw. der Wörter „kritisch denken" und der dazugehörigen Lemmata ist zu konstatieren, dass diese Wörter in allen Sachunterrichtslehrplänen, außer dem Bildungsplan von Bremen, explizit genannt werden. Die Benennung findet sich insbesondere im allgemeinen, einleitenden Teil des jeweiligen Lehrplans und im Kontext des Umgangs mit Medien, aber auch im Hinblick auf Quellen, die Schüler*innen beispielsweise kritisch reflektieren sollen (z. B. Freie und Hansestadt Hamburg 2011).
Des Weiteren kann konstatiert werden, dass das Wort „kritisch" bzw. die Wörter „kritisches Denken" teilweise nur in den Vorgaben für die dritte und vierte Klasse genannt wird bzw. werden, jedoch nicht für die ersten und zweiten Klassen (siehe z. B. den bayerischen Lehrplan). Dies ist bemerkenswert, insbesondere vor dem Hintergrund wissenschaftlicher Erkenntnisse, die klar aufzeigen, dass bereits junge Grundschüler*innen zum kritischen Denken fähig sind (Osterhaus & Koerber 2021).
Eine explizite Verbindung von BNE bzw. NE und „kritisch" bzw. „kritischem Denken" findet sich nur in dem Lehrplan von Schleswig-Holstein in Bezug auf Konsum und Mobilität. Zu Konsum heißt es: „Die Schülerinnen und Schüler bewerten das eigene Konsumverhalten kritisch und begründen ökonomische Entscheidungen unter Berücksichtigung ökologischer sowie sozialer Folgen." (Ministerium für Bildung, Wissenschaft, Forschung und Kultur des Landes Schleswig-Holstein 2019, 18). Da es sich hier um die Fokussierung auf das eigene Verhalten („eigene Konsumverhalten") handelt, kann diese Aussage als Hinweis für eine instrumentelle BNE, jedoch nicht für eine kritisch-emanzipatorische BNE, bei der bspw. auch gesellschaftliche Strukturen kritisch betrachtet werden können, gedeutet werden. Anzumerken ist, dass in diesem Kontext von Nachhaltigkeit, jedoch nicht von BNE gesprochen wird. Positiv hervorzuheben ist, dass die drei Wertedimensionen NE (ökonomisch, ökologisch und sozial) benannt werden und bei der Entscheidungsfindung berücksichtigt werden sollen. Durch die damit einhergehenden Widersprüche und Konflikte können Möglichkeiten für kritisches Denken eröffnet werden (vgl. Kap. 1).
In dem Lehrplan von Schleswig-Holstein findet sich noch eine weitere Aussage zu NE, in der das Wort „kritisch" Erwähnung findet: „Die Schülerinnen und Schüler kennen Probleme heutiger Mobilität, formulieren eigene kritische Positionen dazu und denken über zukünftige, nachhaltige Mobilität nach." (ebd., 23).
In dieser Aussage finden sich Hinweise für eine kritisch-emanzipatorische BNE, da Schüler*innen „eigene kritische Positionen" formulieren können. Außerdem

sollen sie „zukünftige, nachhaltige Mobilität" antizipieren können, wodurch kritisches Denken ermöglicht werden kann.
Zusammenfassend wird deutlich, dass kritisches Denken als Schlüsselkompetenz für NE und BNE in den untersuchten Lehrplänen, abgesehen vom Lehrplan für Schleswig-Holstein, nicht explizit formuliert wird. Diese fehlende Verbindung zeigt sich in allen Lehrplänen und deckt sich mit Ergebnissen skandinavischer Untersuchungen (Ohlsson et al. 2022; Scheie et al. 2022).

4 Resümee und Ausblick

Grundsätzlich positiv hervorzuheben ist, dass das fundamentale Bildungsziel kritisches Denken in den Sachunterrichtslehrplänen thematisiert wird. Ungeklärt bleibt, was mit „kritisch" und „kritischem Denken" in den Lehrplänen gemeint ist.
In einem ersten Analyseschritt wurde zunächst einmal nach der expliziten Verwendung des Wortes „kritisch" bzw. der Wörter „kritisches Denken" und dazugehöriger Lemmata gesucht. Die Analyseergebnisse belegen, dass kritisches Denken nicht als Schlüsselkompetenz für BNE im Sinne einer kritisch-emanzipatorischen BNE aufgeführt wird. Diese fehlende Verbindung zeigt sich, abgesehen von zwei Hinweisen im Lehrplan für Schleswig-Holstein (2019), in allen Lehrplänen und deckt sich mit den Ergebnissen skandinavischer Untersuchungen (Ohlsson et al. 2022; Scheie et al. 2022).
Die Leerstelle in der Verbindung von kritischem Denken und BNE kann für Lehrkräfte eine Herausforderung darstellen. Eine wirkungsvolle Verknüpfung ist erforderlich, um eine kritisch-emanzipatorische BNE zu erreichen, wobei die bloße Nennung bestimmter Begrifflichkeiten womöglich nicht ausreichend ist. Wenn die Verknüpfung nicht gelingt, besteht die Gefahr, dass im Sachunterricht die Komplexität, Widersprüchlichkeit und andere Aspekte von Nachhaltigkeitsthemen nicht umfänglich und kontrovers dargestellt werden.
Diese Ergebnisse betonen die Notwendigkeit, kritisches Denken stärker mit BNE in den Sachunterrichtslehrplänen zu verknüpfen, um Sachunterrichtslehrkräften Unterstützungsmöglichkeiten für die Planung und Umsetzung einer kritisch-emanzipatorischen BNE bereitzustellen. Diese Form der Unterstützung gewinnt noch mehr an Bedeutung, wenn man die Ergebnisse von Elliott, Carr, Ärlemalm-Hagser und Park (2017) berücksichtigt, die in ihrer Studie nachgewiesen haben, dass Kinder ein besseres Verständnis für NE erreichen, wenn ihre Lehrkräfte über fundierte Kenntnisse und ein tieferes Verständnis von BNE verfügen.
Abschließend sind im Rahmen eines Ausblicks folgende Forschungsfragen als bedeutsam für zukünftige Forschungsarbeiten in der Fachdidaktik Sachunterricht einzustufen, wenngleich diese Fragestellungen auch für andere Fachdidaktiken relevant sein können:

In welchem Maße ist BNE in den schuleigenen Sachunterrichtslehrplänen verankert, und welche Ziele und Absichten werden mit BNE in diesen schuleigenen Sachunterrichtslehrplänen verknüpft? Welche möglichen Ausgestaltungen könnten in den Lehrplänen der Bundesländer und schuleigenen Lehrplänen für den Sachunterricht vorgenommen werden, um Sachunterrichtslehrkräften eine klarere Orientierung bei der Integration von BNE in ihren Unterricht zu bieten? Die Antworten auf diese Fragen können ein vertieftes Verständnis für die Implementierung von BNE im Sachunterricht eröffnen.

Literatur

Arnold, M. T., Carnap, A. & Bormann, I. (2016): Bestandsaufnahme zur Verankerung von Bildung für nachhaltige Entwicklung in Bildungs- und Lehrplänen. https://www.stiftung-kinder-forschen.de/fileadmin/Redaktion/4_Ueber_Uns/Evaluation/Abgeschlossene_Studien/170301_BNE_Expertise.pdf [28.09.2023].

Boeve-de Pauw, J., Gericke, N., Olsson, D. & Berglund, T. (2015): The effectiveness of education for sustainable development. Sustainability, 7, No. 11, 15693-15717. https://doi.org/10.3390/su71115693 [28.09.2023].

Borg, C., Gericke, N., Höglund, H. O. & Bergman, E. (2014): Subject-and experience-bound differences in teachers' conceptual understanding of sustainable development. Environmental Education Research, 20, No. 4, 526-551. https://doi.org/10.1080/13504622.2013.833584 [28.09.2023].

Brock, A., de Haan, G., Etzkorn, N. & Singer-Brodowski, M. (Hrsg.) (2018): Wegmarken zur Transformation: Nationales Monitoring von Bildung für nachhaltige Entwicklung in Deutsch-land. Stuttgart. https://doi.org/10.2307/j.ctvddzt7n [28.09.2023].

Brock, A. & Grund, J. (2018): Bildung für nachhaltige Entwicklung in Lehr-Lernsettings - Quantitative Studie des nationalen Monitorings – Befragung von LehrerInnen. https://www.ewi-psy.fu-berlin.de/erziehungswissenschaft/arbeitsbereiche/institut-futur/aktuelles/dateien/executive_summary_lehrerinnen.pdf [28.09.2023].

Elliott, S., Carr, V., Ärlemalm-Hagser, E. & Park, E. (2017): Examining curriculum policy and pedagogy across borders: Re-imagining socially transformative learning in early childhood education. In: Corcoran, P. B., Weakland, J. P. & Wals, A. E. (Hrsg.): Envisioning futures for environmental and sustainability education. Wageningen Academic Publisher, S. 205-216.

Elliott, S. & McCrea, N. (2015): Gaps and challenges informing professional learning about early childhood education for sustainability. In: Social Educator, 33, No. 3, 17-28.

Ennis, R. H. (2013): Critical thinking across the curriculum: the wisdom CTAC program. Inquiry: Critical thinking across the disciplines, 28, No. 2, 25-45. https://doi.org/10.5840/inquiryct20132828 [28.09.2023].

Freie und Hansestadt Hamburg. Behörde für Schule und Berufsbildung (Hrsg.) (2011): Bildungsplan Grundschule Sachunterricht. https://www.hamburg.de/contentblob/2481914/1d0fd23fd4cf31935c9eadc288340ec7/data/sachunterricht-gs.pdf [28.09.2023].

Gaubitz, S. (2023): „…dafür hat man ja im Unterricht auch oft gar keine Zeit." Einblicke in die Vorstellungen von Sachunterrichtsstudierenden über Bildung für nachhaltige Entwicklung. In: Jahrbuch Grundschulforschung, Band 27. Bad Heilbrunn, S. 116-120.

Hauenschild, K., Rode, H. & Bolscho, D. (2010): Bildung für Nachhaltige Entwicklung – eine Chance für die Grundschule?. In: Arnold, KH., Hauenschild, K., Schmidt, B. & Ziegenmeyer, B. (Hrsg.): Zwischen Fachdidaktik und Stufendidaktik: Perspektiven für die Grundschulpädagogik. Wiesbaden, S. 173-176. https://doi.org/10.1007/978-3-531-92475-5_33 [28.09.2023].

Jóhannesson, I., Norðdahl, K., Óskarsdóttir, G., Pálsdóttir A. & Pétursdóttir, B. (2011): Curriculum analysis and education for sustainable development in Iceland, Environmental Education Research, 17, No. 3, 375-391. DOI: 10.1080/13504622.2010.545872 [29.09.2023].

Kuckartz, U. (2018): Qualitative Inhaltsanalyse. Methoden, Praxis, Computerunterstützung. 4. Aufl. Weinheim, Basel.

Lenzgeier, B. & Lohmann, K. (2021): Politische Konzepte in den bundesdeutschen Lehrplänen zum Sachunterricht. In: Simon, T. (Hrsg.): Demokratie im Sachunterricht – Sachunterricht in der Demokratie. Beiträge zum Verhältnis von Demokratie(lernen) und Sachunterricht(sdidaktik). Wiesbaden, S. 81-92.

Litten, K. (2017): Wie planen Geschichtslehrkräfte ihren Unterricht? Eine empirische Untersuchung der Unterrichtsvorbereitung von Geschichtslehrpersonen an Gymnasien und Hauptschulen. Göttingen.

Ministerium für Bildung, Wissenschaft, Forschung und Kultur des Landes Schleswig-Holstein (2019): Fachanforderungen Sachunterricht: Primarstufe/Grundschule. https://fachportal.lernnetz.de/sh/fachanforderungen/sachunterricht.html [28.09.2023].

Munkebye, E. & Gericke, N. (2022): Primary School Teachers' Understanding of Critical Thinking in the Context of Education for Sustainable Development. In: Puig, B. & Jiménez-Aleixandre, M.P. (Hrsg.): Critical Thinking in Biology and Environmental Education. Contributions from Biology Education Research. Cham, S. 249-266. https://doi.org/10.1007/978-3-030-92006-7_14 [28.09.2023].

Niermann, A. (2016): Professionswissen von Lehrerinnen und Lehrern des Mathematik- und Sachunterrichts:"… man muss schon von der Sache wissen.". Bad Heilbrunn. https://doi.org/10.25656/01:12587 [28.09.2023].

Ohlsson, A., Gericke, N. & Borg, F. (2022): Integration of education for sustainability in the preschool curriculum: A comparative study between the two latest Swedish curricula. Journal of Childhood, Education & Society, 3, No. 1, 12-27. https://doi.org/10.37291/2717638X.202231130 [28.09.2023].

Osterhaus, C. & Koerber, S. (2021): The development of advanced theory of mind in middle childhood: A longitudinal study from age 5 to 10 years. Child Development, 92, No. 5, 1872-1888. https://doi.org/10.1111/cdev.13627 [28.09.2023].

Rafolt, S., Kapelari, S. & Kremer, K. (2019): Kritisches Denken im naturwissenschaftlichen Unterricht – Synergiemodell, Problemlage und Desiderata. In: Zeitschrift für Didaktik der Naturwissenschaften, 25, 63-75. https://doi.org/10.1007/s40573-019-00092-9 [28.09.2023].

Scheie, E., Haug, B. S. & Erduran, S. (2022): Critical thinking in the Norwegian science curriculum. Acta Didactica Norden (ADNO), 16(2). https://doi.org/10.5617/adno.9060 [28.09.2023].

Scriven, M. & Paul, R. (1996): Defining critical thinking: A draft statement for the National Council for Excellence in Critical Thinking. https://www.criticalthinking.org/pages/defining-critical-thinking/766 [29.09.2023].

Sterling, S. (Hrsg.) (2010): Sustainability Education: Perspectives and Practice across Higher Education (1st ed.). London. https://doi.org/10.4324/9781849776516 [28.09.2023].

Sund, P., Gericke, N. & Bladh, G. (2020): Educational content in cross-curricular ESE teaching and a model to discern teacher's teaching traditions. In: Journal of Education for Sustainable Development, 14, No. 1, 78-97. https://doi.org/10.1177/0973408220930706 [28.09.2023].

Tänzer, S. (2020): Zum Zusammenhang zwischen Lehr-Lern-Vorstellungen von Lehramtsanwärterinnen und Sachunterrichtsplanung – Ergebnisse einer qualitativen Studie. In: Offen, S., Barth, M., Franz, U. & Michalik, K. (Hrsg.): „Brüche und Brücken" – Übergänge im Kontext des Sachunterrichts. Bad Heilbrunn, S. 149-156.

Tilbury, D. (1995): Environmental education for sustainability: Defining the new focus of environmental education in the 1990s. Environmental education research, 1, No. 2, 195-212. https://doi.org/10.1080/1350462950010206 [28.09.2023].

United Nations Educational, Scientific and Cultural Organization (UNESCO) (2017): Education for Sustainable Development Goals. Learning Objectives. https://www.unesco.de/sites/default/files/2018-08/unesco_education_for_sustainable_development_goals.pdf [28.09.2023].

Vare, P. & Scott, W. (2007): Learning for a change: Exploring the relationship between education and sustainable development. In: Journal of Education for Sustainable Development, 1, No. 2, 191-198. https://doi.org/10.1177/097340820700100209 [28.09.2023].

Autorinnenangaben

Jun.-Prof. Dr. Sarah Gaubitz
https://orcid.org/0009-0004-8862-0550
Junior-Professorin für Interdisziplinäre Sachbildung
(Erziehungswissenschaftliche Fakultät)
Universität Erfurt
sarah.gaubitz@uni-erfurt.de

Katja Andersen, Pascal Kihm, Brigitte Neuböck-Hubinger und Markus Peschel

Kommunikationsaspekte der Zukunft im Klassenraum

A future-oriented science education refers to everyday experiences, (technical) language and current developments in migration and multilingualism (Kahlert 2022). This requires a participatory bringing together of all areas of knowledge and experience in the classroom (Stoltenberg 2004). The article discusses tasks in science teaching from different perspectives (semantics, multilingualism, etc.), using the topic "swimming and sinking", which appears to be a suitable frame of reference for several reasons: (1) the topic is based on a wide range of research; (2) it refers to a precise content area with the phenomenon of buoyancy and the considerations on force, density, interaction; (3) it connects to the living environment, and (4) follows the discourse of everyday language vs. educational language. Based on these items, the article tackles the question of what impact language in science textbooks has on (multilingual) students' acquisition of science content.

1 Sprach-Fach-Betrachtungen

‚Kommunikationsaspekte im Klassenraum' lassen sich in Anlehnung an Leisen (2015, 250) auf verschiedenen abstrakten Kommunikationsebenen untersuchen: „Sprache kann in mündlicher oder schriftlicher Form, als Alltagssprache, Unterrichtssprache oder Fachsprache in Erscheinung treten. Zudem muss Sprache nicht unbedingt durch Worte geäußert (verbalisiert) werden; sie kann vielmehr auch nonverbal, bildlich oder symbolhaft erfolgen". Wollen Lehrkräfte Fachinhalte vermitteln, müssen sie sich zunächst dieser vielfältigen Kommunikationsaspekte bewusst sein, diese Abstraktions- bzw. Fach-Sprach-Ebenen unterscheiden und zwischen ihnen wechseln bzw. sie wechselseitig ineinander überführen können (Leisen 2013, 153; Behling, Förtsch & Neuhaus 2019, 307). Eine Erweiterung der Modellierung Leisens wäre die explizite Betrachtung der *Wechselwirkungen* zwischen den Darstellungsebenen als Sprach-Fach-Betrachtung inklusive der nonverbalen Anteile. Dies zeigt folgende exemplarische Sprach-Fach-Betrachtung:

doi.org/10.35468/6077-06

‚Schwimmt eigentlich ein Fisch?' – je nachdem, auf welcher Sprachebene man[1] kommuniziert, würde diese Frage unterschiedlich beantwortet werden. *Alltagssprachlich* ließe sich ohne weiteres festhalten, dass der Fisch ‚*im* Wasser ist' und ‚umher schwimmt' (oder ist er ‚*unter*' Wasser oder taucht sogar?) – hier zeigt sich die Schwierigkeit, eine passende Präposition zu finden, bereits alltagssprachlich; vgl. Kap. 3). *Fachsprachlich* müsste man dagegen präzisieren, dass der Fisch ‚sich innerhalb des Fluids Wasser befindet' und sich dort ‚in nahezu konstanter Wassertiefe vorwärts fortbewegt'. Über ‚schwimmen' entscheidet fachsprachlich die Wechselwirkung bzw. Differenz der Dichte eines Körpers (hier: Fisch mit Schwebeblase) und der Dichte des umgebenden Fluids (hier: Wasser).[2] „Im Allgemeinen schwimmt ein Körper *auf* einem Fluid, wenn seine Dichte geringer ist als die des Fluids" (Giancoli 2006, 462) (*fachsprachlich*), wenn also $\rho_{Fisch} < \rho_{Wasser}$ (*mathematisiert*).[3] *Unterrichtssprachlich* findet sich jedoch, etwa in Schulbüchern, die Formulierung, der Fisch ‚schwimmt' oder er ‚schwebt im Wasser' (z. B. Beier, Erdmann, Herbst, Kähler, Pips & Schimmler 2014).

Solche *unterrichtssprachlichen* Formulierungen lassen darauf schließen, dass das Phänomen Fisch nicht sprach-fach-sensibel genug betrachtet wurde: Anders als ein Kind mit muskulärer Aktivität ‚*im* Wasser schwimmt' (dies meint letztlich *an* der Wasseroberfläche, damit das Kind noch atmen kann), ‚schwimmt' der Fisch nicht nur, wenn er sich mit seinen Flossen aktiv *im* Wasser fortbewegt. Ein sich nicht fortbewegender Fisch schwimmt aber nicht wirklich, er ‚schwebt' vielmehr im Wasser – mit seiner Schwebeblase (Kattmann 2015).

Noch komplexer wird es, wenn man – z. B. bei der Betrachtung des Schwimmverhaltens verschiedener Körper – die Vollverben ‚schwimmen und sinken' gegenüberstellt, die weder fachlich noch sprachlich auf einer Ebene liegen: Der (aktive) Sinkprozess resultiert letztendlich in einem (passiven) Ist-gesunken-Zustand. Schwimmen hingegen ist der Endzustand eines Steigeprozesses und demnach ein Endprodukt (des Prozesses Steigen); sinken bezeichnet dagegen einen Prozess selbst. Also eher: ‚schwimmen und gesunken'?[4]

---

1 ‚Man' ist hier ebenso unbestimmt und bedarf einer Explikation, denn wenn Sprach- und Fachebenen wechselwirken, gilt dies umso mehr für die Akteur*innen. Je nachdem, wer mit wem interagiert und kommuniziert, werden diese vielfachen Ebenen noch zusätzlich „aufgeladen".

2 Hier ließe sich neben der spezifischen Dichte des (spezifischen) Fisches und der Dichte des (Salz- oder Süß-)Wassers, die *an sich* konstant bleiben, die Schwebeblase des Fisches betrachten, mit der er seine spezifische Dichte verändern kann (Kattmann 2015, 304ff.).

3 Die lokale Präposition ‚auf' ist dabei eine weitere Sprach-Fach-Problematik: Der Körper schwimmt nicht *auf* dem Fluid, sondern *an* der Fluidoberfläche, ist aber zu einem Teil weiterhin *in* das Fluid *ein*getaucht.

4 Dies eröffnet allerdings wieder ein sprachliches Ungleichgewicht: Bei ‚gesunken' handelt es sich um ein Partizip-Perfekt des Vollverbes ‚sinken'. Bei ‚schwimmen' handelt es sich hingegen um ein Vollverb im Infinitiv-Präsens.

Die vorangestellte Sprach-Fach-Betrachtung lässt mit Blick auf Leisens Modellierung der Abstraktionsebenen folgendes Zwischenfazit zu: Lehrkräfte (*Lehrer*innensprache* bzw. *Unterrichtssprache*) und Schüler*innen (*Kindersprache* bzw. *Alltagssprache*) verwenden zwar dieselben Begriffe bzw. Verben im Unterricht, verstehen darunter aber nicht dasselbe – hier wechselwirken die Personen und die Sprache in Bezug auf einen Fachinhalt. Manche Begriffe, z. B. ‚schwimmen', sind *fachsprachlich* oder *bildungssprachlich* anders belegt „als in der Alltagssprache und [werden] daher von Schüler*innen oft missverstanden" (Behling u. a. 2019, 311). Ungeklärte, nicht ausdifferenzierte Fach-Sprachlichkeiten dieser Art erzeugen vermutlich Schwierigkeiten in der unterrichtlichen Kommunikation, die u. E. auf mehreren Ebenen unterschätzt wird: *fachlich, sprachlich* (Kap. 1), *nonverbal* (nachfolgend), *medial*[5] (Kap. 2) und *mehrsprachlich* (Kap. 3).

Die Bezugnahme auf „Nonverbales" sowie die korrespondierende Wechselwirkung der Akteur*innen über Sprachhandlungen fällt bei Leisen (2013, 152) unter Bezugnahme auf „Experimente" (im Sinne von Versuchsaufbauten), „Gegenstände" (im Sinne von Materialien) und „Handlungen" reduziert aus, wobei er damit vor allem auf das sogenannte „handlungsbegleitende Sprechen" (hier z. B. beim Experimentieren) abzielt. Weitere nonverbale Aspekte wie Mimik, Gestik, Körperhaltung und -bewegungen oder die Positionierung im Raum werden in Leisens Modellierung sprachsensiblen *Fachunterrichts* nicht betrachtet. Unsere Analysen von Beobachtungs- und Videodaten (Kihm & Peschel 2021; Kihm, Peifer & Peschel 2023) zeigen jedoch, wie nonverbale Sprachsignale (z. B. Kopfnicken, Verschränkung und Öffnung der Arme) während der Lehr-Lern-Interaktion in die verbale Auseinandersetzung und in das fachliche Lernen hineinwirken. Sprachsensibel zu sein, bedeutet demnach, die Fach-Sprach-Ebenen auch dahingehend zu betrachten, was sich in der Lehr-Lern-Interaktion gestisch, mimisch, proxemisch usw. – in Bezug auf den Ausdruck bzw. den Erwerb von Fachlichkeit – vollzieht.

2 Zur Rekonstruktion von Schulbuchinhalten im Fokus der Text-Bild-Kommunikation

Lehrpersonen nutzen unterschiedlichste Bildungsmedienangebote im Sachunterricht. (Bundes)länderabhängig kommen neben approbierten Schulbüchern auch kostenlose (teilweise unreflektierte) (Online-)Lehrmittel zum Einsatz. Die Schulbuchnutzung und dessen Verwendung im naturwissenschaftlich-orientierten (Sach)unterricht der Primarstufe variieren im nationalen und internationalen Vergleich (Martin, Mullis, Foy & Stanco 2012, 402f). Dabei wird jedoch *immer*

---

[5] Exemplarisch werden für die mediale Ebene der Kommunikation im Klassenraum Schulbücher betrachtet. Fraglich bleibt dabei, wie sich die Sprach-Fach-Betrachtung durch andere Medien (z. B. AR-Brillen, VR-Umgebungen, Web 1.0, Web 2.0, Web 3.0 usw.) vollzieht.

nur von einem schulbuchbegleitenden Unterricht im Fach Sachunterricht ausgegangen. Das Schulbuch repräsentiert und verdeutlicht gewissermaßen Sachinhalte (Gervé & Peschel 2013), konkretisiert und signalisiert pädagogische und didaktische Normorientierungen (Altrichter & Zuber 2021) und schafft den „Charakter von Endgültigkeit, der entweder als Starrheit oder als Zuverlässigkeit gedeutet werden kann" (Rumpf 1971, 142). Während sich das Schulbuch als konservativ und träge in Bezug auf gesellschaftliche Veränderungen zeigt (Ott 2016), erfolgt die Einarbeitung fachlicher und methodisch-didaktischer Erkenntnisse hingegen rascher (Totter, Häbig, Müller-Kuhn & Zala-Mezö 2020). Da dem Schulbuch weiterhin eine Koordinations- und Lotsenfunktion (Scheller 2010) zukommt, bedarf es mit Blick auf den (naturwissenschaftlich-orientierten) Sachunterricht eines kritischen Blicks hinsichtlich Themenauswahl, fachlicher, methodisch-didaktischer, aber auch sprachlicher Aufbereitung.

Schulbücher, insbesondere die der Primarstufe, sind ohne Bilder, die diese ergänzen und unterstützen, nicht vorstellbar. Bilder sind dabei zentral für die Kommunikation und den Erkenntnisgewinn im (naturwissenschaftlich-orientierten) Unterricht und erfüllen fachabhängig unterschiedlichste Funktionen. Die Funktion der Wissensvermittlung erscheint wesentlich, da Phänomene, Gegenstände und Handlungen bildlich dargestellt, fokussiert und konstruiert werden. Gerade im Kontext Sprachlichkeit-Fachlichkeit bzw. Fach-Sprach-Betrachtungen ermöglichen bildliche Darstellungen das „Lesen" von Informationen (Weidenmann 1991) trotz sprachlicher Barrieren.

Am Beispiel Schwimmvermögen von Gegenständen wird die Schulbuch-Fach-Bildsprach-Auseinandersetzung skizziert. Die Aufgabenstellung im Schulbuch „Meine bunte Welt 2" (Aichholzer, Darthé, de Martin, Foller, Gatterer, Genser, Strattenecker, Thomaser & Wimmer 2013) beinhaltet eine mögliche Materialliste. Dazu zählen Gegenstände, wie z.B. Tischtennisball, Bleistift, Radiergummi, Holzstück, Glaskugel, Nussschale oder Streichholz. Bei den vorgegebenen Materialien handelt es sich um Komposita – Stolpersteine auf Wortebene, deren Verständnis mittels bildlicher Darstellungen unterstützt werden kann. Neben der zunehmenden Fachsprache (wie z.B. Auftrieb, Dichte) sowie der erweiterten Textlänge in den Schulbüchern der Klasse 3 und 4, erschweren Präfixverben wie z.B. untergehen, abwiegen, aufschreiben (Bertsch, Eichhorn, Lehner-Simonis & Ludwig-Szendi 2022) das Text- und Fachverständnis (vgl. Kap. 1). Entsprechend muss auch bei der Konzeption von Schulbüchern auf solche und weitere sprachlichen Stolpersteine auf Wort- und Satzebene (z.B. Attribute, Funktionsverbgefüge, Normalisierungen, Substantivierungen, Passivkonstruktionen, Relativsätze) geachtet werden.

Schulbücher arbeiten nicht *entweder* mit Bild *oder* Text, sondern verbinden diese. Die Text-Bild-Verknüpfung ist jedoch nur auf begrifflicher Ebene möglich. Wörter aktivieren entsprechende Bildkomponenten und Bilder wiederum Begriffe, wo-

bei Bilder mehrdeutiger sind als Wörter (Ballstaedt 2011). Neben der bewussten Text-Bild-Abstimmung von Seiten der Schulbuchautor*innen und Grafiker*innen braucht es zudem Fachlichkeit in Text und Bild.
Fachlichkeit zeigt sich aber auch dadurch, dass entsprechendes Bildmaterial mit adäquaten Schwimm-, Treib-, Tauch-, Untertauchszenen und passenden Utensilien aus dem kindlichen Alltag, z. B. im Kontext Schwimmbad, dargestellt wird. Hier gilt es, Gegenstände fachlich korrekt im Bild darzustellen, je nachdem, ob sie sich (leicht eingetaucht) *an* der Wasseroberfläche, (tiefer) *im* Wasser oder *am* Poolboden befinden. Dieser Bildimpuls in Form des außerschulischen Lernorts Schwimmbad ermöglicht so, ergänzend zum experimentellen Zugang, sprachlich, aber auch sinn-bildlich dem Phänomen zu begegnen (vor dem Hintergrund, dass Kinder damit u. a. die Schwimmbewegungen und weniger das Dichtewechselwirkungskonzept assoziieren – vgl. Kap. 1). Ausgehend vom Bild werden Schüler*innen dabei angehalten, das Schwimmen, Treiben, Tauchen und Untertauchen sprachlich und fachlich wahrzunehmen bzw. auszudifferenzieren.
Im Schulbuch „Meine bunte Welt 2" (Aichholzer et al. 2013) findet sich zu der Fragestellung „Was schwimmt, was sinkt?" u. a. eine Glaskugel. Der Gegenstand ermöglicht bedeutsame und sinnstiftende Einsichten in Form von (sprachlicher) Kommunikation und (fachorientierter) Handlung. So wird z. B. die Christbaumkugel als Hohlkörper an der Wasseroberfläche schwimmen, die Murmel als Vollkörper hingegen nicht. Gerade über das Beobachten während des Experimentierens werden dabei Begriffe genutzt und weiterentwickelt (Rank, Hartinger, Wildemann & Tietze 2018).
Bildmaterialien in den (zukünftigen) Medien brauchen entsprechend Lehrpersonen, die diese als Kommunikationsanlass gemeinsam mit den Schülerinnen und Schülern sprachbewusst sowie fachlich, didaktisch und methodisch adäquat nutzen. Das Beispiel Schulbuch zeigt, dass das Lernen und Arbeiten *mit* und *über* Medien (Peschel 2016) in seiner Vielschichtigkeit – fachlich, sprachlich, bildlich, didaktisch und methodisch – vermehrt auch in der Ausbildung von Lehrkräften aufgegriffen werden muss.

3 Herausforderungen und Zukunftsperspektiven des Sachunterrichts im Fokus von Migration und Mehrsprachigkeit

Migration und Mehrsprachigkeit sind Faktoren, die den Sachunterricht in zunehmendem Ausmaß prägen. 2020 lebten 13,6 Mio. Personen mit Migrationshintergrund in Deutschland, von denen 18,1 Prozent bei ihrer Einreise unter 10 Jahre alt waren (bpb 2022). Rund ein Drittel der Schüler*innen in deutschen Großstädten sind mehrsprachig (Grundschulverband & ASD 2017), was bei einer Anzahl von über 2,8 Mio. Grundschüler*innen fast eine Million ausmacht. Der Blick auf einzelne Städte und Stadtteile erhöht den Anteil auf über 60% mehrsprachiger Schüler*innen. Dies hat Auswirkungen auf die Kommunikation im Klassenraum, auch für den Sachunterricht. In Fortführung unserer bisherigen Überlegungen zu den Herausforderungen eines Sachunterrichts im Fokus von Fachlichkeit und Sprachlichkeit tritt in diesem Abschnitt die Komponente der Mehrsprachigkeit hinzu. Während in der Sprachforschung zahlreiche Studien zu einem auf Mehrsprachigkeit basierten Sprachenunterricht durchgeführt wurden (Sánchez & García 2022), finden sich zum Sachunterricht keine empirischen Befunde, die als Grundlage für eine *mehr*sprachsensible Aufgabenentwicklung unter Beachtung von Fachlichkeit und (Fremd)Sprachlichkeit dienen können. Erste Ergebnisse liefert dieser Beitrag, indem basierend auf dem Diskurs um einen sprachsensiblen Fachunterricht Schulbücher des mehrsprachigen, naturwissenschaftlich-orientierten Unterrichts in Luxemburg kritisch beleuchtet werden.

3.1 Forschungsgrundlage für einen mehrsprachsensiblen Fachunterricht

Mit dem Modell von Leisen (2015) rücken wir ein Konzept ins Zentrum, das in der aktuellen Literatur für Reflexionen zur Differenzierung von Sprachebenen im Kontext von Fachlichkeit herangezogen wird (vgl. Kap. 1). Zwar zeigen sich mit der fehlenden empirischen Untermauerung sowie dem Aussparen des Faktors Mehrsprachigkeit Einschränkungen dieses Modells. Da das Modell von Leisen aber mit seinem Ansatz eines sprachsensiblen Fachunterrichts einen inhärenten Bezug zu Mehrsprachigkeit hat, kann es sinnvoll sein, diese Verknüpfung von Fachlichkeit und Mehrsprachigkeit in einem Re-Framing des Modells explizit einzubinden. Wenn wir von Schüler*innen im Sachunterricht ausgehen, die im Familienkontext andere Sprachen als die Unterrichtssprache sprechen, kann die im Unterricht verwendete Sprache nicht auf Fachsprache, Unterrichtssprache und Alltagssprache als jeweils getrennte Sprachformen reduziert werden. Vielmehr bedarf es des Faktors Mehrsprachigkeit – samt der oben bereits angedeuteten Wechselwirkungen – als übergreifendes Element, um den Herausforderungen des gegenwärtigen Sachunterrichts zu begegnen.

Für das Vorhaben, ein Fundament für eine mehrsprachsensible Aufgabenentwicklung im Sachunterricht zu schaffen, kann auf Vorarbeiten zur Sprachsensibilität zurückgegriffen werden (u. a. Grewe & Möller 2020; Lütke 2019); allerdings findet Mehrsprachigkeit in der Forschung zu Aufgaben im Sachunterricht bislang keine Beachtung (Andersen 2020). Diese Forschungslücke zu schließen, erscheint zentral, nicht zuletzt vor dem Hintergrund steigender Zahlen mehrsprachiger Grundschüler*innen und der Bedeutung des Schulbuchs als häufig genutztes Medium (Román & Busch 2016; Sandfuchs 2010).

Wenn wir zudem von einer zunehmend globalisierten Welt ausgehen, in der Mehrsprachigkeit keine Ausnahme, sondern die Norm geworden ist (Sánchez &

García 2022), kann Sprache im Sinne globaler Kompetenz nicht auf nur eine Sprache reduziert werden (Andersen 2022). Gerade im vergangenen Jahrzehnt setzte angesichts der zunehmenden Migration eine verstärkte Debatte um Mehrsprachigkeit ein, aus der in Anbindung an empirische Studien Kategorien für Lernen im Kontext von Mehrsprachigkeit hervorgegangen sind. Insbesondere zu Interferenzen wurden umfangreiche empirische Arbeiten vorgelegt und dabei dem Translanguaging besondere Bedeutung zugesprochen (Gogolin 2019; Sánchez & García 2022), allerdings fehlt der Bezug zum Sachunterricht.

An diese Arbeiten knüpft unsere Forschung zu einem mehr-sprach-fach-sensiblen Sachunterricht an: Am Beispiel des Themas Schwimmen und Sinken werden exemplarisch die Herausforderungen für mehrsprachige Schüler*innen beim Verwenden von Präpositionen und Verben aufgezeigt. Neben der Frage, wann die Formulierung fachlich korrekt ist, dass etwas *im* Wasser bzw. *an* der Wasseroberfläche schwimmt und inwiefern fehlerhafte Fachkonzepte mit den Formulierungen einhergehen (vgl. Kap. 1), kommt die Überlegung hinzu, welche Herausforderungen sich für mehrsprachige Kinder ergeben.[6]

Problemfelder lassen sich auf unterschiedlichen Ebenen in der Aufgabenbearbeitung identifizieren. Erstens – und dies gilt durchgängig für in Deutschland verwendete Sachunterrichtswerke – zeigt sich nach wie vor der von Gogolin schon vor längerer Zeit konstatierte *monolinguale Habitus* mit hohen Textanteilen (u. a. Köster 2007). Zweitens wird mit dem in Schulbüchern häufig verwendeten Bildmaterial deutlich, dass es gemäß der Sprachebenen nach Leisen (2015) um den Versuch einer Konkretisierung der Lerninhalte geht, allerdings fehlt vielfach die Text-Bild-Korrespondenz (vgl. Kap. 2), womit anstatt der sprach(-fach-)sensiblen Unterstützung des mehrsprachigen Lerners durch Veranschaulichung vielmehr Ablenkung oder auch Verwirrung generiert werden. Drittens können sich für mehrsprachige Schüler*innen Schwierigkeiten aus der Wahl mehrdeutiger Begriffe ergeben, wie z. B. der Verwendung des Verbes „treiben". Je nach Kontextualisierung reichen die Bedeutungen vom An*treiben* des Wasserrads über das *Treiben*lassen von der Strömung bis hin zum Spieler, der den Wasserball aktiv vor das Tor *treibt*.

Erschwert wird das Verstehen durch die Verankerung in entweder der semantischen Rolle des *Agens* als Urheber einer Tätigkeit oder Handlung – beispielsweise der Bach, der aktiv das Wasserrad antreibt – oder konträr hierzu – der semantischen Rolle *Patiens*, des passiven einer Handlung ausgesetzt Seins, wie beispielsweise des sich durch die Strömung Treibenlassens. Mit der Anbindung einerseits an das aktive Antreiben einer Sache und andererseits an das passive Treibenlassen

---

6 Vor dem Hintergrund, dass der Erwerb von Bildungssprache zwischen ca. fünf und acht Jahren dauert (Cummins 2006), zeigt sich, dass ein Kind, das im Alter von fünf Jahren nach Deutschland kommt, über den gesamten Verlauf seiner Grundschulzeit mit dem Neuerwerb bildungssprachlicher Kompetenzen in der für ihn bzw. sie neu zu erlernenden Unterrichtssprache befasst ist.

wird die fachliche Komplexität deutlich, die sich in der Verwendung spezifischer Präpositionen widerspiegelt (z. B. treibt Etwas *auf* oder *in* dem Wasser, *an* das Ufer, lässt sich *von* oder *mit* der Strömung treiben oder wird *von* oder *durch* Wasserkraft getrieben). Die Präpositionen verändern den fachlichen Zusammenhang und dies ist vor allem für mehrsprachige Lernende eine Herausforderung.

3.2 Der Unterrichtskontext Luxemburg: Mehrsprachige Manifestationen in Schulbüchern

Luxemburg ist ein Land mit drei Unterrichtssprachen – Französisch, Luxemburgisch und Deutsch – was vor allem für Schüler*innen nicht-luxemburgischer Herkunft, die aus Portugal, Syrien etc. eingewandert sind, eine besondere Herausforderung darstellt. In welcher Form luxemburgische Schulbücher solchen Herausforderungen begegnen, eruiert dieser Absatz entlang von Materialien für den naturwissenschaftlich-orientierten Unterricht, die in Luxemburg entwickelt und dort in der Primarschule zum Einsatz kommen. Exemplarisch gehen wir hier auf die Aufgaben zum Schwimmen und Sinken aus dem Lernmaterial *Mir experimentéiere mat Waasser* (MEN 2002) ein.

Als besonderes Merkmal zeigt sich, dass alle sprachlichen Darstellungen sowohl in Französisch als auch in Deutsch im Lehrwerk aufgeführt werden, und zwar durchgängig für alle Aufgaben und für jede Detailanmerkung. Man könnte jetzt zur voreiligen Schlussfolgerung geneigt sein, dass mit der Übersetzung in mehrere Sprachen ein – vermeintlich simpler – Lösungsansatz für Kommunikationsaspekte der Zukunft im mehrsprachigen Klassenraum gefunden wurde. Dass eine alleinige Übersetzung nicht ausreicht und sogar zu neuen Problemfeldern beim Entwickeln von Fachkonzepten im Sachunterricht führen kann, zeigen wir anhand von zwei Beispielen.

(1) Ein Experiment zur Frage „Was geschieht, wenn kaltes und warmes Wasser zusammentreffen?" (MEN 2002, 11) wird in Rückbezug auf die Erfahrung eingeführt, dass beim Schwimmen im See „das Wasser an der Oberfläche wärmer ist als tiefer unten" (ebd.). Während in der deutschen Fassung die Formulierung „an der Oberfläche" verwendet wird, bedeutet die französische Übersetzung *„en surface"* so viel wie „über der Erde, über Grund oder oberirdisch". Damit könnte also auch „über dem Grund des Sees" gemeint sein oder „über der Wasseroberfläche", womit ein anderes Fachverständnis berührt wird als mit der Formulierung „an der Oberfläche". Würde die Präposition *en* mit *à la* ersetzt, käme dies der Bedeutung von „an der Oberfläche" eher nahe. Dieses Beispiel zeigt, dass es im Rahmen der Übersetzung einer sensiblen Verwendung der Präpositionen bedarf, um fehlerhafte Fachkonzepte zu vermeiden.

(2) In einer anderen Aufgabe geht es um die Frage „Was schwimmt, was schwimmt nicht?" (MEN 2002, 1). In der deutschen Fassung der Aufgabenstellung wird dem Schwimmen das Nicht-Schwimmen gegenübergestellt, wohingegen der Begriff

Sinken keine Verwendung findet.[7] In der französischen Fassung wird das Verb *flotter* gewählt, was sich wörtlich mit „treiben" bzw. „schweben" übersetzen lässt. Nur im Kontext mit Wasser bedeutet *flotter* auch „schwimmen". Mit der Fragestellung „Ça flotte ou ça coule?" wird das Verb *flotter* mit dem Verb *couler* kontrastiert. Wenn wir das Verb *couler* betrachten, so beschreibt dieses eine Flüssigkeit, die läuft, fließt oder rinnt, wie z. B. das Wasser aus dem Wasserhahn. Somit werden in dieser Aufgabe – je nach deutscher oder französischer Fassung – zwei unterschiedliche Fachkonzepte berührt: „Was schwimmt, was schwimmt nicht?" versus „Was treibt oder was fließt?". Diese Fragen evozieren unterschiedliche Antworten, sodass die Schüler*innen, die mit der französischen Fassung arbeiten, aus anderer Perspektive den Fachinhalt reflektieren als die Schüler*innen, die mit der deutschen Fassung arbeiten. Vor allem für Kinder nicht-luxemburgischer Herkunft stellen solche Sprach-Fach-Unsensibilitäten besondere Herausforderungen dar.

4 Fazit

Die Ergebnisse zeigen, dass eine weiterführende Analyse der Verben, Präpositionen, Komposita etc., aber auch der Herausforderungen rund um die Mehrdeutigkeit von Begriffen und schließlich der Präzision in der Übersetzung für weitere Forschung zentral ist. Während ein sprachsensibler (Sach-)Unterricht bereits vielfach diskutiert wurde (Grewe & Möller 2020; Lütke 2019; Quehl & Trapp 2020), zeigen die Beispiele, dass es einen Bedarf an Forschung zu mehr-sprach-fach-sensiblem Sachunterricht mit Fokus auf der Entwicklung von Fachkonzepten gibt.

Literatur

Aichholzer, R., Darthé, K., de Martin, S., Foller, E., Gatterer, F., Genser, C., Strattenecker, P., Thomaser, B. & Wimmer, M. (2013): Meine bunte Welt 2. Wien.
Altrichter, H. & Zuber, J. (2021): Unterstützungssysteme und Governance des Schulwesens. In: Webs, T. & Manitius, V. (Hrsg.): Unterstützungssysteme für Schulen. Bielefeld, S. 83-104.
Andersen, K. N. (2022): Neue Perspektiven zur PISA Global Competence-Messung basierend auf Reflexionen zum luxemburgischen Bildungsbericht. In: Zeitschrift für internationale Bildungsforschung und Entwicklungspädagogik, 45, Nr. 1, 33-38.
Andersen, K. N. (2020): Assessing task-orientation potential in primary science textbooks. Toward a new approach. In: Journal of Research in Science Teaching, 57, 481-509.
Ballstaedt, St.-P. (2011): Visualisierung. Bilder in wissenschaftlichen Texten. München.
Behling, F., Förtsch, C. & Neuhaus, B. J. (2019): Sprachsensibler Biologieunterricht. In: Zeitschrift für Didaktik der Naturwissenschaften, 25, 307-316.
Beier, B., Erdmann, S., Herbst, I., Kähler, U., Pips, S. & Schimmler, U. (2014): Niko 1. Kopiervorlagen mit Audio-CD und CD-ROM. Klasse 1. Stuttgart.
Bertsch, C., Eichhorn, S., Lehner-Simonis, K. & Ludwig-Szendi, S. (2022): Sonnenklar 3/4. Wien.

---

[7] Inwiefern die Auslassung des Begriffes „Sinken" eine bewusste Entscheidung der Lehrbuchhersteller*innen ist, kann an dieser Stelle nicht beurteilt werden.

Bundeszentrale für politische Bildung (bpb) (2022): Bevölkerung mit Migrationshintergrund nach Alter. https://www.bpb.de/kurz-knapp/zahlen-und-fakten/soziale-situation-in-deutschland/ [5. 2022].

Cummins, J. (2006): Language, Power and Pedagogy. Clevedon.

Gervé, F. & Peschel, M. (2013): Medien im Sachunterricht. In: Gläser, E. & Schönknecht, G. (Hrsg.): Sachunterricht in der Grundschule. Frankfurt am Main, S. 58-79.

Giancoli, D. C. (2006): Physik. München.

Gogolin, I. (2019): Lernende mit Migrationshintergrund im deutschen Schulsystem und ihre Förderung. In: Journal for Educational Research Online, 11, Nr. 1, 74-91.

Grewe, O. & Möller, K. (2020): Die professionelle Unterrichtswahrnehmung von sprachsensiblen Maßnahmen im Sachunterricht der Grundschule fördern. In: Herausforderung Lehrer*innenbildung, 3, Nr. 1, 323-359.

Grundschulverband & ASD (2017): Mehrsprachigkeit. Chance und Herausforderung für Schule und Gesellschaft. https://grundschulverband.de/wp-content/uploads/2017/01/resolution_mehrsprachigkeit_ber_asd_gsv_20130612.pdf [19.5.2022].

Martin, M., Mullis, I., Foy, P. & Stanco, G. (2012): TIMSS 2011 International Results in Science. Chestnut Hill.

Kahlert, J. (2022): Der Sachunterricht und seine Didaktik. 5. aktual. Aufl. Bad Heilbrunn.

Kattmann, U. (2015): Schüler besser verstehen. Alltagsvorstellungen im Biologieunterricht. Hallbergmoos.

Kihm, P. & Peschel, M. (2021): „Das habt ihr jetzt ja oft genug gemacht!" – Einfluss von „Nonverbalitäten" in der Lehrer*innen-Schüler*innen-Interaktion auf die Aushandlung von Selbstbestimmung beim Experimentieren. In: GDSU-Journal 11, 24-39.

Kihm, P., Pfeifer, P. & Peschel, M. (2023): Nonvokalitäten und Lehr-Lern-Prozesse – Eine (Sekundär-) Analyse von Unterrichtsvideos zu Kommunikationseinflüssen beim Experimentieren in Lernwerkstätten, Schülerlaboren und im Schulunterricht. In: Kihm, P., Kelkel, M. & Peschel, M. (Hrsg.): Interaktionen und Kommunikationen in Hochschullernwerkstätten – Theorien, Praktiken, Utopien. Bad Heilbrunn, 71-88.

Köster, H. (Hrsg.) (2007): LolliPop Sache. 2. Schuljahr. Berlin.

Leisen, J. (2013): Darstellungs- und Symbolisierungsformen im Bilingualen Unterricht. In: Hallet, W. & Königs, F. G. (Hrsg.): Handbuch Bilingualer Unterricht. Seelze, S. 152-160.

Leisen, J. (2015): Fachliches und sprachliches Lernen im sprachsensiblen Fachunterricht. In: Drumbl, H. & Hornung, A. (Hrsg.): Beiträge der XV. Internationalen Tagung der Deutschlehrerinnen und Deutschlehrer, Bozen, Hauptvorträge – Band 1, S. 249-274.

Lütke, B. (2019): Sprachsensibler Fachunterricht im Spiegel von Sprachbildung und Inklusion. In: Rödel, L. & Simon, T. (Hrsg.): Inklusive Sprach(en)bildung. Bad Heilbrunn, S. 38-48.

Ministère de l'Éducation nationale (MEN) (2002): Mir experimentéiere mat Waasser. Luxembourg.

Ott, C. (2016): Zur Ver- und Entschränkung von Schulbucharbeit und Schulbuchzulassung. In: Matthes, E. & Schütze, S. (Hrsg.): Schulbücher auf dem Prüfstand. Bad Heilbrunn, S. 31-50.

Peschel, M. (2016): Mediales Lernen – Eine Modellierung als Einleitung. In: Peschel, M. (Hrsg.): Mediales Lernen – Beispiele für eine inklusive Mediendidaktik. Baltmannsweiler, S. 7-16.

Quehl, T. & Trapp, U. (2020): Sprachbildung im Sachunterricht der Grundschule. Münster.

Rank, A., Hartinger, A., Wildemann, A. & Tietze, S. (2018): Bildungssprachliche Kompetenzen bei Vorschulkindern mit Deutsch als Erst- und Zweitsprache. In: Zeitschrift für Grundschulforschung, 11, 115-129.

Román, D. & Busch, K. C. (2016): Textbooks of doubt. Environmental Education Research, 22, Nr. 8, 1158-1180.

Rumpf, H. (1971): Schulbuchwissen. Beobachtungen an Lehrbüchern. In: Messner, R. & Rumpf, H. (Hrsg.): Didaktische Impulse. Studientexte zur Analyse von Unterricht. Wien, S. 119-144.

Scheller, P. (2010): Verständlichkeit im Physikschulbuch. Kriterien und Ergebnisse einer interdisziplinären Analyse. Bad Heilbrunn.

Sánchez, M. T. & García, O. (Hrsg.) (2022): Transformative translanguaging Espacios. Bristol.
Sandfuchs, U. (2010): Schulbücher und Unterrichtsqualität. In: Fuchs, E., Kahlert, J. & Sandfuchs, U. (Hrsg.): Schulbuch konkret. Klinkhardt: Bad Heilbrunn, S. 11-24.
Stoltenberg, U. (2004): Perspektivrahmen Sachunterricht – ein Beitrag zur fachlichen und bildungspolitischen Profilierung des Sachunterrichts. In: Kaiser, A. & Pech, D. (Hrsg.): Basiswissen Sachunterricht, Bd. 2. Neuere Konzeptionen und Zielsetzungen. Baltmannsweiler, S. 152-157.
Totter, A., Häbig, J., Müller-Kuhn, D. & Zala-Mezö, E. (2020): Zwischen traditionellem Schulbuch und hybridem Lehrmittel. In: MedienPädagogik, 17, 169-193.
Weidenmann, B. (1991): Lernen mit Bildmedien. Weinheim.

Autor:innenangaben

Prof. Dr. Katja Andersen
https://orcid.org/0000-0002-7072-363X
Institute for Teaching and Learning
Department of Education and Social Work (DESW)
Faculty of Humanities, Education and Social Sciences
Université du Luxembourg
katja.andersen@uni.lu

Pascal Kihm
https://orcid.org/0009-0004-3859-0373
Didaktik des Sachunterrichts
Universität des Saarlandes
pascal.kihm@uni-saarland.de

Mag. Brigitte Neuböck-Hubinger, BEd
https://orcid.org/0000-0002-3916-5369
Sachunterricht mit Schwerpunkt Naturwissenschaft
Pädagogische Hochschule Oberösterreich
brigitte.neuboeck-hubinger@ph-ooe.at

Prof. Dr. Markus Peschel
https://orcid.org/0000-0002-1334-2531
Didaktik des Sachunterrichts
Universität des Saarlandes
markus.peschel@uni-saarland.de

Lena Magdeburg

Vorstellungen von Grundschulkindern zu Sterben und Tod – eine qualitative Untersuchung

(In)Direct encounter with dying and death in the environment of children make it relevant to address the phenomena of dying and death in an interdisciplinary way (Pesel 2006). Research with children since the 1930s (e.g., Schilder & Wechsler 1934; Kane 1979) show that the subconcepts of the elaborated death concept build up during the primary school years. However, a desiderat can be identified in the study of children's conceptions of dying and death reconstructed in the context of constructivist didactic theories. Within the framework of a qualitative study, a method triangulation (Flick 2020) was implemented in which drawings were first collected and subsequent individual interviews were conducted. The analysis is done with a qualitative content analysis (Kuckartz & Rädiker 2022). First results show that children set their own priorities in the drawings about death.

1 Fachdidaktische Relevanz der Thematisierung von Sterben und Tod

Kinder kommen mit Sterben und Tod durch vielfältige, (in)direkte Erfahrungen in Berührung, die durch gesellschaftliche Krisen wie Kriege, Pandemien oder persönliche Herausforderungen wie dem Tod eines Familienmitglieds auf unterschiedlichen Erfahrungsebenen auftreten können. Als solche lebensweltlichen Erfahrungen können unter anderem die Konfrontation in den Medien (Gläser 2010, 2; Jennessen 2021, 28f; Pesel 2006, 9), die individuelle Betroffenheit (Gläser 2010, 2; Jennessen 2021, 29) und sprachliche Äußerungen (Pesel 2006, 9; Plieth 2011, 42) eingeordnet werden. Das kann eine Anregung für Kinder darstellen, die eigene Vorstellung vom Tod zu hinterfragen, den Umgang mit dem Tod, Toten und Sterbenden kennenzulernen sowie einen angemessenen und verantwortungsvollen Umgang daraus abzuleiten.

Durch die Thematisierung von Sterben und Tod können die Schüler*innen im Sachunterricht u. a. mit dem Bildungsziel der Erschließung der Lebenswelt

(GDSU 2013) unterstützt werden, diese lebensweltlichen (in)direkten Erfahrungen zu begreifen, reflektieren und Schlüsse für ihr eigenes Leben zu ziehen. Dabei können z. B. durch (philosophische) Gespräche die bereits vorhandenen Vorstellungen der Kinder weiterentwickelt und verändert werden. Dafür bilden die Lernvoraussetzungen, die u. a. aus den (in)direkten Erfahrungen resultieren, die Ausgangslage für eine Thematisierung von Sterben und Tod im Sachunterricht. Für ebendiese Thematisierung im Sachunterricht ergeben sich u. a. die Ziele die eigenen Sinn- und Wertevorstellungen (Gläser 2010, 2) diesbezüglich zu hinterfragen sowie die Persönlichkeit weiterzuentwickeln.

Da vielfältige Fachdisziplinen (u. a. Geschichte, Soziologie, Philosophie, Biologie) Sterben und Tod aus unterschiedlichen Sichtweisen betrachten, bietet sich eine perspektivenvernetzende Thematisierung von Sterben und Tod an, die im vielperspektivischen Sachunterricht (GDSU 2013) gelingen kann.

2 (Inter-)Nationale Forschungslinien

Forschungen zum Verständnis von Sterben und Tod von Kindern gibt es seit den 1930er Jahren. Im Rückblick lassen sich drei verschiedene Phasen identifizieren, in denen unterschiedliche inhaltliche Entwicklungen festzustellen sind: In der Anfangsphase, die vorrangig in die 1930-50er Jahre eingeordnet werden kann, wurden in verschiedenen explorativen Studien (u. a. Nagy 1948, Schilder & Wechsler 1934) Kinder interviewt und die Daten qualitativ ausgewertet. Die Ergebnisse sowohl von Nagy (1948) als auch Schilder & Wechsler (1934) lassen Rückschlüsse auf die hohe Relevanz der externen Gründe für den Tod (z. B. Unfälle oder Tötungen) in den Vorstellungen der Kinder zu (Nagy 1948: Personifizierter Tod als Grund für den Tod; Schilder & Wechsler 1934: Gewaltakt als Grund für den Tod).

Zwischen den 1960-80er Jahren kann die zweite Phase eingeordnet werden, in der vor allem die Entwicklung von Stufen des Verständnisses von Sterben und Tod im Fokus stand, die wiederum in Stufen- sowie Reifetheorien eingeordnet wurden (u. a. Kane 1979). In diesen Studien wurden mit Hilfe von Interviews (u. a. Gartley & Bernasconi 1967; Kane 1979) und Fragebögen (u. a. Wass & Towry 1980; Orbach, Talmon, Kedem & Har-Even 1987) das Verständnis von unterschiedlich definierten Konzepten zum Sterben und Tod (bspw. Kane 1979: Kausalität) in Abhängigkeit zum Alter der Kinder untersucht, wobei sich die Studien bezüglich der Alterszuordnung stark unterscheiden. Grundsätzlich kann eine Entwicklung des Verständnisses von Sterben und Tod während der Grundschulzeit erkannt werden. White, Elsom & Prawat (1978) konnten z. B. in Ihrer qualitativen Interviewstudie mit Kindern im Kindergarten bis zur vierten Klasse herausfinden, dass die Universalität (Unausweichliche Sterblichkeit aller Lebewesen; Wittkowski 1990, 44f) mit höherer Jahrgangsstufe besser verstanden wird.

Die dritte Phase beginnt in den 1990er Jahre und besteht bis heute. In dieser dritten Phase hat sich die inhaltliche Ausrichtung wiederum verändert, da ein Abwenden von Stufen- und Reifetheorien in den Studien forciert wurde. Es wurden ab diesem Zeitraum tendenziell Studien durchgeführt, die den Einfluss verschiedener Faktoren wie die Kultur, Angst vor dem Tod oder Erfahrungen mit dem Tod auf das Verständnis von Sterben und Tod (u. a. Schonfeld & Smilansky 1989; Cotton & Range 1990; Hunter & Smith 2008) untersucht haben. Schonfeld & Smilansky (1989) konnten z. B. kulturelle Unterschiede in den Ergebnissen der Interviewstudie zwischen israelischen und US-amerikanischen Kindern im Kindergarten bis zur zweiten Klasse feststellen. Die israelischen Kinder haben z. B. die Irreversibilität des Todes besser verstanden als die amerikanischen Kinder, das von Schonfeld & Smilansky (1989) auf die unterschiedlichen gesellschaftlichen und politischen Situationen während der Erhebungszeit in den beiden Ländern zurückgeführt wird. Dadurch wird die Relevanz des kulturellen Kontextes deutlich, in denen die Studien stattgefunden und eingeordnet wurden.
Über die Phasen hinweg sind Studien im (inter-)nationalen Raum auszumachen, die vor allem in den USA (u. a. Cotton & Range 1990; Kane 1979; Schilder & Wechsler 1934) durchgeführt wurden. Darüber hinaus wurden Studien auch in Europa wie u. a. Deutschland (u. a. Neulinger 1975) oder Schweden (u. a. Tamm & Granqvist 1995), Asien wie u. a. Israel (Schonfeld & Smilansky 1989) oder Südkorea (Lee, Lee & Moon 2009) sowie in Übersee wie u. a. Australien (Slaughter & Griffiths 2007) und Kanada (Gartley & Bernasconi 1967) durchgeführt. Grundsätzlich sind die durchgeführten Studien (u. a. Gartley & Bernasconi 1967; Kane 1979) vorrangig in einem entwicklungspsychologischen Kontext entstanden. Die konstruktivistische Lehr-Lerntheorie sieht allerdings auf Grund der großen Heterogenität der untersuchten Kinder davon ab, Stufenfolgen nach Alter oder Reifung zu erstellen (u. a. Hannover, Zander & Wolter 2014, 151). Dennoch geben Einordnungen nach Alter oder Reifung eine grobe Orientierung für die Entwicklung des Verständnisses bezüglich Sterben und Tod, welches sich laut den Studien im Grundschulalter zunehmend ausbaut.
Die durchgeführten Studien sind demnach tendenziell bereits aus dem zwanzigsten Jahrhundert (u. a. Cotton & Range 1990; Schilder & Wechsler 1934) und in anderen kulturellen Kontexten (u. a. Kane 1979; Tamm & Granqvist 1995) entstanden, sodass ein Desiderat besteht, eine Studie zu den Vorstellungen zu Sterben und Tod mit einer für die Schüler*innen des Sachunterrichts relevanten gesellschaftlichen Einordnung durchzuführen. Hinsichtlich dieser gesellschaftlichen Einordnung besteht ein Desiderat bei der Thematisierung von Sterben und Tod im Kontext von Sachunterricht, da sich die bisherigen Studien vor allem auf das Verständnis des Todeskonzepts der Kinder beziehen. Durch den vorrangigen entwicklungspsychologischen Kontext der Studien, wurden bisher keine Studien zu Lernvoraussetzungen im Kontext der konstruktivistischen Lehr-Lerntheorie durchgeführt.

doi.org/10.35468/6077-07

3 Forschungsziel und Setting

Die Rekonstruktion von Schüler*innenvorstellungen ist eine etablierte sachunterrichtsdidaktische Forschungsausrichtung (Hartinger 2022). Die vorliegende Studie setzt an den sachunterrichtsdidaktischen Desideraten an und hat zum Ziel die Schüler*innenvorstellungen zu Sterben und Tod zu rekonstruieren. Dazu wurde eine leitende Forschungsfrage definiert: *Welche Vorstellungen haben Schüler*innen im Grundschulalter zu Sterben und Tod?*

Für die Erreichung des Forschungsziels wurde im Sommer 2022 in einem qualitativen, zweistufigen Design mit einer Methodentriangulation (Flick 2020) eine Erhebung durchgeführt, indem zunächst thematische Erzählbilder (Gläser 2014, 111) erhoben und anschließende Einzelinterviews (Helfferich 2019) geführt wurden. In Anlehnung an Studien, von z. B. Wenestam & Wass (1987) oder Tamm & Granqvist (1995), die Zeichnungen zu einem offenen Impuls bezüglich des Todes erhoben haben, wurden ebenfalls Zeichnungen zum Phänomen Tod von Kindern und Jugendlichen untersucht. Diese Erhebungsmethode wurde für das Design übernommen, um durch die grundlegende kindliche Ausdrucksform (Zeichnung) einen Zugang zu den Sichtweisen der Kinder zu erhalten (Oberhauser & Schönknecht 2022). Dementsprechend wurden auf einer ersten Stufe Kinderzeichnungen zum Tod erhoben, die als thematische Erzählbilder (Gläser 2014, 111) zu klassifizieren sind. Die Generierung der thematischen Erzählbilder wurden mit einem offenen Impuls angeleitet, sodass eine eigene Schwerpunktsetzung der Kinder in den Zeichnungen ermöglicht wurde (a.a.O.). Das Ergebnis dieser Erhebung ist ein Sample von 160 Zeichnungen (92 Mädchen, 68 Jungen).

Da bisherige Forschungen eine Entwicklung des Verständnisses von Sterben und Tod während der Grundschulzeit ermittelt haben, wurden Schüler*innen der ersten bis vierten Klasse aus drei verschiedenen Schulen in Nordrhein-Westfalen in die Stichprobe aufgenommen: Erste Klasse: 37 (17 Mädchen, 20 Jungen), Zweite Klasse: 24 (13 Mädchen, 11 Jungen), Dritte Klasse: 49 (32 Mädchen, 17 Jungen), Vierte Klasse: 50 (30 Mädchen, 20 Jungen). Die Auswertung wurde in Anlehnung an Kuckartz & Rädiker (2022) mittels einer inhaltlich strukturierenden qualitativen Inhaltsanalyse durchgeführt. Dafür wurden deduktive Kategorien gebildet, die sich vorrangig an bereits etablierte Kategoriensysteme (z. B. von Tamm & Granqvist 1995) orientieren, die jedoch neu strukturiert und durch fachliche sowie sachunterrichtsdidaktische Kategorien erweitert wurden. Zusätzlich wurden aus den Daten heraus induktive Kategorien gebildet. Anschließend wurden die deduktiven wie induktiven Kategorien neu sortiert, sodass ein ausführliches und differenziertes Kategoriensystem entstanden ist.

Kinderinterviews auf der zweiten Stufe, die nach einer ersten Analyse der Zeichnungen stattgefunden haben, ermöglichten die Ausdifferenzierung und Erweiterung von Vorstellungsmustern (Murmann 2013) sowie die Rekonstruktion von Vorstellungen der untersuchten Kinder zum Sterben und Tod. Es wurden halbstandardisierte, fokussierte Einzelinterviews (Helfferich 2019) durchgeführt, bei denen die während der ersten Stufe angefertigten Zeichnungen als auch weitere Impulse die Interviews strukturierten. Die Stichprobe der an den Interviews teilgenommenen Kinder ist eine Teilstichprobe der Schüler*innen, die gezeichnet haben, wobei insgesamt 58 Schüler*innen (31 Mädchen, 27 Jungen) an den Interviews teilgenommen haben. Für die Auswahl der anschließenden Einzelinterviews wurden nach der ersten Phase die Zeichnungen gesichtet und anhand der inhaltlichen Schwerpunkte die Schüler*innen für die Interviews ausgesucht, sodass eine Varianz an Schwerpunkten als erste Impulse im Interview durch die Sichtung der Zeichnungen sichergestellt wurde. Dementsprechend wurden auch bei den Interviews Schüler*innen aller Jahrgangsstufen der Grundschule untersucht: Erste Klasse: 13 (6 Mädchen, 7 Jungen), Zweite Klasse: 13 (7 Mädchen, 6 Jungen), Dritte Klasse: 17 (9 Mädchen, 8 Jungen), Vierte Klasse: 15 (9 Mädchen, 6 Jungen). Während die Auswertung bei den Zeichnungen bereits abgeschlossen ist, werden die Interviews laufend ausgewertet. Dazu wird ebenfalls eine inhaltlich strukturierende qualitative Inhaltsanalyse in Anlehnung an Kuckartz & Rädiker (2022) durchgeführt, bei der das ausdifferenzierte Kategoriensystem der Zeichnungen zugrunde gelegt und durch induktive Kategorien aus den Interviews ergänzt wird. Für eine tiefergehende und ausdifferenzierte Rekonstruktion der Schüler*innenvorstellung werden die Interviews derzeit ausgewertet und interpretiert. Da die Auswertung der Interviews noch nicht abgeschlossen ist, wird in Folge ein Einblick in ausgewählte Ergebnisse der Zeichnungen gegeben.

4 Der Tod in thematischen Erzählbildern – Einblick in die Zeichnungsanalyse

Durch einen offenen Impuls haben die zeichnenden Kinder ihre subjektiven Schwerpunkte in den thematischen Erzählbildern zum Tod gezeichnet. Der Impuls hat den Tod fokussiert, wodurch der Sterbeprozess in dieser ersten Phase der Methodentriangulation nicht aufgegriffen wurde, da das Zeichnen eines Prozesses eine besondere Herausforderung darstellt. In Folge werden ausgewählte Ergebnisse, die sich aus der durchgeführten inhaltlich strukturierenden qualitativen Inhaltsanalyse nach Kuckartz & Rädiker (2022) ableiten lassen, zu den beiden Subkategorien „Kausalität" (Subkategorie des „Elaborierten Todeskonzepts") und „Mediale Einflüsse" (Subkategorie der „Lebensweltlichen Einflüsse") vorgestellt, um durch diese beiden Subkategorien die Relevanz vom Tod als Gewalthandlung in den Vorstellungen der Kinder einzuordnen und in Beziehung zu den lebensweltlichen Einflüssen zu setzen. Es wird dementsprechend ein Einblick in die Ergebnisse der Zeichnungsanalyse mit Bezug zum Tod gegeben.

4.1 Vorstellungen zu Todes-Kausalitäten

Kausalität meint die Gründe für den Tod, die sowohl extern sein können wie Unfälle oder Tötungen als auch intern wie der natürliche Tod oder Krankheiten (Wittkowski 1990, 44f).

In der Analyse der thematischen Erzählbilder lässt sich eine Varianz an externen wie internen Kausalitäten identifizieren: Externe Kausalitäten: Tötungen (z. B. Zaima, 2. Klasse: Tötung durch Schuss- und Stichwaffen), Naturgewalten (z. B. Mira, 3. Klasse: Blitzeinschlag) und Unfälle (z. B. David, 4. Klasse: Autounfall) sowie interne Kausalitäten: der natürliche Tod (z. B. Lou, 3. Klasse: Altersbedingter Tod) und Krankheiten (z. B. Alma, 4. Klasse: Corona und Krebs). In dem thematischen Erzählbild der Drittklässlerin Yasemin (Abb. 1) sind ein Mensch mit Schusswaffe in der Hand und getötete Kaninchen zu sehen. Die tödlichen Verletzungen und damit einhergehenden Einschussstellen sind sowohl durch rote Markierungen, die als Blut interpretiert werden, als auch durch in den Tieren steckenden Pfeilen erkennbar. Weitere gezeichnete Tötungen sind z. B. das Erstechen mit einem Messer oder Erschlagen mit einem Beil. Es sind zudem nicht nur Tötungen von Tieren erkennbar, sondern auch von Menschen (u. a. Ada, 1. Klasse; Zaima, 2. Klasse; Patrick, 3. Klasse; Marius, 4. Klasse).

Abb. 1: Thematisches Erzählbild von Yasemin, 3. Klasse: Kausalität: Tötung

Kane (1979, 150) kommt in ihrer Interviewstudie zu dem Ergebnis, dass externe Gründe für den Tod früher von Kindern verstanden werden als interne Gründe für den Tod. Dieses Ergebnis könnte eine Erklärung für die in den Zeichnungen identifizierten externen Kausalitäten von den Grundschulkindern in dieser Stich-

probe sein, da auch in der vorliegenden Studie eine Steigerung zwischen den vier Jahrgangsstufen erkennbar ist. In den Zeichnungen von Kindern aller Jahrgänge sind externe Kausalitäten (u. a. Ada, 1. Klasse; Zaima, 2. Klasse; Yasemin, 3. Klasse; Oskar, 4. Klasse), allerdings erst ab der dritten Klasse interne Kausalitäten (u. a. Mira, 3. Klasse; Alma, 4. Klasse; Oskar, 4. Klasse) identifizierbar.
In den externen Kausalitäten, die sich in den Zeichnungen identifizieren lassen, sind vorrangig gewalttätige Tode in Form von Tötungen oder Krieg erkennbar. Wie bei der Zeichnungsuntersuchung von Tamm & Granqvist (1995, 212), in der die hohe Quantität der gezeichneten Gewalthandlungen - vor allem von Jungen - herausgestellt wurde, konnten eine Varianz an gezeichneten Gewalthandlungen in Form von Tötungen erkannt werden. Die bisherigen Ergebnisse bezüglich einer Geschlechterausprägung kann durch die vorliegende Studie nicht bestätigt werden, da sowohl Mädchen als auch Jungen gleichermaßen Gewalthandlungen gezeichnet haben. Tamm & Granqvist (1995, 217) vermuten einen Zusammenhang zwischen den medial konsumierten Toden und den erkennbaren Tötungen in den Zeichnungen der Kinder. Daher werden in Folge die Hinweise auf mediale Einflüsse auf die Zeichnungen der Kinder erläutert.

4.2 Hinweise auf mediale Einflüsse

In den thematischen Erzählbildern sind Hinweise auf mediale Einflüsse identifizierbar, die durch Szenen aus Filmen (z. B. Irina, 3. Klasse: Harry Potter) sowie Figuren aus Videospielen (z. B. Cedric, 3. Klasse: Among us) erkennbar sind. Irina (3. Klasse) zeichnet beispielsweise in ihrem thematischen Erzählbild (Abb. 2) die finale Kampfszene aus „Harry Potter", bei der Harry Potter gegen Lord Voldemort

Abb. 2: Thematisches Erzählbild von Irina, 3. Klasse: Medialer Einfluss: Harry Potter

kämpft und diesen letztlich tötet. Auf dem Bild ist kein Toter abgebildet. Wer Harry Potter kennt, weiß allerdings, dass Voldemort am Ende der Szene stirbt (Rowling 2007, 815), sodass davon auszugehen ist, dass Irina den Toten ante mortem dargestellt hat. Auch wenn in der Zeichnung der Tod lediglich implizit erkennbar ist, verbindet Irina das Bild explizit mit dem Tod, indem sie schriftlich kommentiert[1], dass es um Leben und Tod geht. Die Darstellung von medialen fiktiven Toden bestätigt, dass Kinder indirekte Erfahrungen durch die Medien mit dem Tod machen (s. Kap. 1: Fachdidaktische Relevanz der Thematisierung von Sterben und Tod). Die Bezüge zu den Medien sind in Verknüpfung mit Kausalitäten dargestellt, wobei auffallend ist, dass die verknüpften Kausalitäten vorrangig als externe Gründe in Form von Tötungen eingeordnet werden können (vgl. u. a. Irina, 3. Klasse: Tötung von Voldemort; Cedric, 2. Klasse: Tötung durch Imposter in Among us). Dadurch lässt sich die These von Fischer (2007, 222) sowie Plieth (2011, 41), dass die Medien einen Einfluss auf die Vorstellungen der Kinder haben, der in den thematischen Erzählbildern vorrangig durch einen gewalttätigen Tod erkennbar wird, auch durch die vorliegende Studie stützen.

5 Fazit

Kinder im Grundschulalter können thematische Erzählbilder zum Tod anfertigen und dabei eigene Schwerpunkte setzen, in denen eine Varianz an Perspektiven auf den Tod erkennbar wird. Es lassen sich sowohl vielfältige Kausalitäten sowie Bezüge zu Medien in den Zeichnungen der Kinder aller Jahrgangsstufen identifizieren. Dabei ist auffällig, dass die internen Gründe erst in den Zeichnungen von Kindern ab der dritten Klasse erkennbar sind, obgleich dies auch auf Grund der hohen Herausforderung des Zeichnens von internen Gründen liegen kann. Die identifizierten externen Kausalitäten in Form von Tötungen können z. T. in Verbindung mit den Hinweisen auf die medialen Einflüsse eingeordnet werden. Diese medialen Einflüsse sind als Hinweise auf indirekte Todeserfahrungen der Kinder durch die Medien zu deuten. Durch die hohe Varianz an identifizierten Schwerpunkten in den Zeichnungen lässt sich die besondere Eignung des Sachunterrichts durch die Möglichkeit des vielperspektivischen Zugangs zu den Phänomenen Sterben und Tod betonen, um die vielfältigen Vorstellungen resultierend u. a. aus den (in)direkten Todeserlebnissen als Ausgangspunkt des Unterrichts zu nutzen.

---

1 Da die schriftlichen Kommentare Teil des thematischen Erzählbildes sind, werden diese gemeinsam mit den Zeichnungselementen inhaltsanalytisch analysiert und ausgewertet. Es wird demnach keine Abgrenzung zwischen Zeichnungs- und schriftlichen Textelementen bei der Analyse der thematischen Erzählbildern vorgenommen.

Literatur

Cotton, C.R. & Range, L.M. (1990): Children´s death concepts: Relationship to cognitive functioning, age, experience with death, fear of death, and hopelessness. In: Journal of clinical child psychology, 19, No. 2, 123-127.

Fischer, N. (2007): Der Tod in der Mediengesellschaft. In: Robertson-von Trotha, C. (Hrsg.): Tod und Sterben in der Gegenwartsgesellschaft: Eine interdisziplinäre Auseinandersetzung. Baden-Baden, S. 221-235.

Flick, U. (2020): Triangulation. In: Mey, G. & Mruck, K. (Hrsg.): Handbuch Qualitative Forschung in der Psychologie. Bd. 2: Designs und Verfahren. 2. Aufl. Wiesbaden, S. 185-199.

Gartley, W. & Bernasconi, M. (1967): The concept of death in children. In: The Journal of genetic psychology, 110, No. 1, 71-85.

Gesellschaft für Didaktik des Sachunterrichts (GDSU) (2013): Perspektivrahmen Sachunterricht. Vollst. überarb. und erw. Ausgabe. Bad Heilbrunn.

Gläser, E. (2010): Auseinandersetzung mit Tod und Trauer im Sachunterricht. In: Grundschule Sachunterricht, 48, 2-3.

Gläser, E. (2014): Kinderzeichnungen in Forschung und Unterricht – Möglichkeiten und Grenzen ihrer Interpretation. In: Fischer, H.-J., Giest, H. & Peschel, M. (Hrsg.): Lernsituationen und kompetenzorientierte Aufgabenkultur im Sachunterricht. Bad Heilbrunn, S. 107-114.

Hannover, B., Zander, L. & Wolter, I. (2014): Entwicklung, Sozialisation, Lernen. In: Seidel, T. & Krapp, A. (Hrsg.): Pädagogische Psychologie. Weinheim, Basel, S. 139-165.

Hartinger, A. (2022): Empirische Zugänge. In: Kahlert, J., Fölling-Albers, M., Götz, M., Hartinger, A., Miller, S. & Wittkowske, S. (Hrsg.): Handbuch Didaktik des Sachunterrichts. 3., überarb. Aufl. Bad Heilbrunn, S. 50-54.

Helfferich, C. (2019): Leitfaden- und Experteninterviews. In: Baur, N. & Blasius, J. (Hrsg.): Handbuch Methoden der empirischen Sozialforschung. 2., vollst. überarb. und erw. Aufl. Wiesbaden, S. 669-686.

Hunter, S.B. & Smith, D.E. (2008): Predictors of children´s understandings of death: Age, cognitive ability, death experience and maternal communicative competence, 57, 143-162.

Jennessen, S. (2021): Manchmal muss ich an den Tod denken… Wege der Enttabuisierung von Sterben, Tod und Trauer in der Grundschule. 3. vollst. überarb. Aufl. Baltmannsweiler.

Kane, B. (1979): Children´s concepts of death. In: The Journal of genetic psychology, 134, 141-153.

Kuckartz, U. & Rädiker, S. (2022): Qualitative Inhaltsanalyse. Methoden, Praxis, Computerunterstützung: Grundlagentexte Methoden. 5. überarb. Aufl. Weinheim, Basel.

Lee, J.O., Lee, J. & Moon, S.S. (2009): Exploring children´s understanding of death concepts. In: Asia pacific journal of education, 29, 251-264.

Murmann, L. (2013): Dreierlei Kategorienbildung zu Schülervorstellungen im Sachunterricht? Text, Theorie und Variation – Ein Versuch, methodische Parallelen und Herausforderungen bei der Erschließung von Schülervorstellungen aus Interviewdaten zu erfassen. In: Widerstreit Sachunterricht, 19. http://dx.doi.org/10.25673/92467 [04.08.2022].

Nagy, M. (1948): The child´s theories concerning death. In: Pedagogical seminary and journal of genetic psychology, 73, 3-27.

Neulinger, K. (1975): Schweigt die Schule den Tod tot? Unterschiedliche Fragestellungen und Analysen. München.

Oberhauser, H. & Schönknecht, G. (2022): Zeichenanlässe in der Kinderzeichnungsforschung als forschungsmethodische und didaktische Herausforderung. In: Kekeritz, M. & Kubandt, M. (Hrsg.): Kinderzeichnungen in der qualitativen Forschung. Herangehensweisen, Potenziale, Grenzen. Wiesbaden, S. 287-307.

doi.org/10.35468/6077-07

Orbach, I., Talmon, O., Kedem, P. & Har-Even, D. (1987): Sequential patterns of five subconcepts of human and animal death in children. In: Journal of the American academy of child and adolescent psychiatry, 26, 578-582.

Pesel, D. (2006): Die Thematisierung von Tod und Trauer. Möglichkeiten und Grenzen des Konzepts "death education" im Kontext sachunterrichtlicher Bildung. In: Widerstreit Sachunterricht, 7. http://dx.doi.org/10.25673/92568.

Plieth, M. (2011): Kind und Tod. Zum Umgang mit kindlichen Schreckensvorstellungen und Hoffnungsbildern. 5. Aufl. Neukirchen-Vluyn.

Rowling, J. K. (2007): Harry Potter and the deathly hallows. London.

Schilder, P & Wechsler, D. (1934): The attitudes of children toward death. In: Pedagogical seminary and journal of genetic psychology, 45, 406-451.

Schonfeld, D.J. & Smilansky, S. (1989): A cross-cultural comparison of Israeli and American children's death concepts. In: Death Studies, 13, No. 6, 593-604.

Slaughter, V. & Griffiths, M. (2007): Death understanding and fear of death in young children. In: Clinical child psychology and psychiatry, 12, 525-535.

Tamm, M.E. & Granqvist, A. (1995): The meaning of death for children and adolescents: A phenomenographic study of drawings. In: Death Studies, 19, No. 3, 203-222.

Wass, H. & Towry, B. J. (1980): Children's death concepts and ethnicity. In: Death Studies, 4, No. 1, 83–87.

Wenestam, C. & Wass, H. (1987): Swedish and US children's thinking about death: A qualitative study and cross-cultural comparison. In: Death Studies, 11, No. 2, 99-121.

White, E., Elsom, B. & Prawat, R. (1978): Children's conceptions of death. In: Child development, 49, No. 2, 307-310.

Wittkowski, J. (1990): Psychologie des Todes. Darmstadt.

Autorinnenangaben

Lena Magdeburg
https://orcid.org/0009-0005-1631-2273
Universität Paderborn
lena.magdeburg@uni-paderborn.de

Julia Elsner, Claudia Tenberge und Sabine Fechner

Analyse des Modellierprozesses von Grundschüler*innen zum Thema Löslichkeit

Learning scientific concepts and methods is part of scientific literacy (Bybee 2002) and can be supported by modeling-based learning. Modeling-based learning involves creating, using, revising and reflecting about models (Constantinou et al. 2019). At primary level, it has been shown that primary school students can express their mental models about phenomena, such as the water cycle, but need support (Forbes et al. 2019). Whether the results can be transferred to chemistry-related phenomena requires empirical investigation. Therefore, it will be investigated to what extent a) the modeling process can be supported by analogical reasoning between multiple phenomena and b) whether chemical concepts on the topic of solubility can be learned. To answer these research questions, a pre-post study in a comparison group design was conducted with 63 fourth graders. The focus is on a learning setting with multiple phenomena on the topic of solubility. The intervention group is explicitly supported by analogical reasoning between the phenomena. Concept acquisition is assessed with the help of pre-post interviews, which are videotaped and analyzed in a video analysis. The results show that primary school students can express their mental models in a model and partly revise it. In some cases, the models are reflected and limitations are recognized. These results are presented and discussed in this paper.

1 Einleitung

Im Sinne eines Spiralcurriculums zeigt sich der Erwerb einer *Scientific Literacy* als ein zentrales Ziel für den naturwissenschaftlichen Sachunterricht (Steffensky 2015). In Anlehnung an Bybee (2002) ist das Konzept einer *Scientific Literacy* nicht nur als das Lernen deklarativen Wissens, sondern vielmehr als eine allumfassende naturwissenschaftliche Grundbildung zu verstehen, die den Erwerb konzeptuellen Wissens und das Erlernen naturwissenschaftlicher Methoden umfasst. Zudem sollen die Lernenden befähigt werden, über die Beschaffenheit naturwissenschaftlicher Erkenntnisse zu reflektieren, das Verständnis der Naturwissenschaft als Forschungsdisziplin zu verstehen und dies im Kontext aktueller gesellschaftlicher Problemlagen betrachten zu können (Bybee 2002).

doi.org/10.35468/6077-08

Eine Möglichkeit, *Scientific Literacy* in der Grundschule anzubahnen, bietet das Modellieren. Das Modellieren umfasst nach Constantinou, Nicolaou und Papaevripidou (2019) die Erstellung eines Modells, die Anwendung des Modells zur Erklärung von Phänomenen, das Vergleichen von Modellen sowie die Überarbeitung und Validierung. Insbesondere das Erstellen von Modellen und die Erklärung naturwissenschaftlicher Phänomene mithilfe (selbsterstellter) Modelle zeigt sich auch für den Primarbereich als wesentlich und ist international zum Beispiel in den Standards des National Research Council (2012) verankert.

Inwiefern das Modellieren als Methode der Erkenntnisgewinnung national im Primarbereich umsetzbar ist und welchen Beitrag das Modellieren zur Erreichung einer *Scientific Literacy* leisten kann, wird in dem folgenden Beitrag sowohl theoretisch als auch empirisch betrachtet und diskutiert.

2 Theoretischer Hintergrund

In den Naturwissenschaften werden Modelle auf vielfältige Weise genutzt, wobei je nach Fachdisziplin der Nutzen und das Verständnis von Modellen variiert (Coll & Lajium 2011; Upmeier zu Belzen, van Driel & Krüger 2019). Um ein wissenschaftliches Modell verstehen zu können, gilt es, das Wesen eines Modells und den Zweck des Modells zu kennen sowie im Kontext der Bezugsdisziplin, Entstehung und theoretischen Grundlage interpretieren und reflektieren zu können. Diese Kompetenzen spiegeln sich u. a. im Kompetenzmodell nach Upmeier zu Belzen et al. (2019) wider. Neben den genannten Aspekten ist es nicht nur relevant, Modelle interpretieren zu können, sondern auch Modelle zur Erkenntnisgewinnung nutzen und (selbsterstellte) Modelle bei neuen Erkenntnissen überarbeiten zu können (Upmeier zu Belzen & Krüger 2010; Upmeier zu Belzen et al. 2019). Constantinou et al. (2019) erarbeiten ebenfalls ein Kompetenzmodell, welches an den Kompetenzbegriff nach Weinert (2001) angelehnt ist. Folglich umfasst Modellierkompetenz sowohl das praktische Handeln als auch das metakognitive Wissen über Modelle und den Modellierprozess. Im Vergleich zu Upmeier zu Belzen et al. (2019) zeigt sich, dass v. a. das Wesen und der Zweck von Modellen der metakognitiven Ebene des Modellierprozesses nach Constantinou et al. (2019) zuzuordnen ist. Das Anwenden von Modellen zur Erkenntnisgewinnung und Ändern von Modellen beschreibt die praktische Komponente und lässt sich analog bei Constantinou et al. (2019) wiederfinden. In Abgrenzung zu Upmeier zu Belzen et al. (2019) wird allerdings das praktische Handeln der Modellierkompetenz differenzierter betrachtet, wobei insbesondere die aktive Auseinandersetzung des Lernenden im Modellierprozess im Vordergrund steht. Hiernach gilt es, Modelle anhand von (Beobachtungs-)Daten selbst zu erstellen, diese zu überarbeiten, zur Erklärung eines Phänomens zu nutzen, die gebildeten Modelle miteinander zu vergleichen und auf weitere Phänomene anzuwenden sowie dies zu evaluieren und

Limitationen zu erkennen (Constantinou et al. 2019; Nicolaou & Constantinou 2014).
Wenngleich die hier dargestellte Modellierkompetenz nach Constantinou et al. (2019) deutlich ausdifferenziert erscheint, zeigt sich eine Problematik bei der Erstellung von Modellen zu chemiebezogenen Phänomenen, wie z. B. bei dem Lösen eines Feststoffes in Wasser: Das Sammeln von (Beobachtungs-)Daten ist nur in geringem Maße möglich, da der (Löse-)Prozess auf submikroskopischer Ebene stattfindet. Demzufolge gilt es, bei der Erstellung von Modellen auch die mentalen Modelle der Lernenden miteinzubeziehen, welches u. a. im *Model of Modelling* nach Gilbert und Justi (2016) aufgeführt wird. Die Autoren greifen neben den bereits genannten Facetten der Modellierkompetenz das mentale Modell als Ausgangspunkt für das Modellieren auf. In Abgrenzung zu Constantinou et al. (2019) bezieht sich die Erstellung des Modells zum einen auf den kognitiven Prozess – das Bilden des mentalen Modells –, zum anderen auf den repräsentativen Ausdruck des mentalen Modells (Gilbert & Justi 2016).

Das mentale Modell ist in diesem Kontext und in Anlehnung an Vosniadou (2002) sowie Nitz und Fechner (2018) als kognitive Repräsentation eines Phänomens zu verstehen, welche anhand von Vorerfahrungen gebildet wird und beispielsweise durch das Modellieren weiterentwickelt werden kann. Zudem werden mentale Modelle auch genutzt, um Phänomene zu erklären oder Analogien zu bilden (Greca & Moreira 2000; Nitz & Fechner 2018).

Auch im Modellierprozess nach Gilbert und Justi (2016) zeigt sich die Analogiebildung als bedeutsam und findet als kognitiver Prozess in jeder Phase des Modellierens statt. So können Analogien zwischen Phänomen und Modell gebildet werden, um z. B. Aspekte des Phänomens im Modell abzubilden. Zudem kann auch die Relation zwischen dem erstellten Modell und neuen Kontexten analysiert und damit Vergleiche hergestellt werden (Gilbert & Justi 2016).

Im Kontext der Modellbildung zeichnet sich v. a. das Verständnis von Analogien als Ähnlichkeitsbeziehungen zwischen Modell und Phänomen als bedeutsam ab (Driel & Verloop 1999; Kircher 2015). Zudem werden Analogien beim Vergleichen mehrerer Modelle gebildet, wie es Constantinou et al. (2019) im Modellierprozess vorsehen. Ferner ist aber auch eine Analogiebildung zwischen multiplen Phänomenen möglich (Gentner 1983; Holyoak & Koh 1987; Spreckelsen 1995). Holyoak und Koh (1987) unterscheiden in diesem Zusammenhang zwischen oberflächenbezogenen und tiefenstrukturellen Analogien. Oberflächenbezogene Analogien beziehen sich auf Vergleiche hinsichtlich oberflächlicher Merkmale, wie Farben oder Formen. Tiefenstrukturelle Analogien sind hingegen Ähnlichkeitsmerkmale, die auf das zugrundeliegende Konzept referieren (Holyoak & Koh 1987). Ein zugrundeliegendes Konzept könnte z. B. das Hebelgesetz sein, wie es in der Studie von Lohrmann, Hartinger, Schwelle & Hartig (2014) verwendet wird. Analog zu Holyoak und Koh (1987) definiert Spreckelsen (1995) oberflächenbezogene Analogien als phänotypisch und tiefenstrukturelle Analogien als genotypisch. Insbesondere die tiefenstrukturelle, genotypische Analogiebildung zwischen multiplen Phänomenen, z. B. in Form von Experimenten, erscheint für den Erwerb konzeptuellen Wissens im Sinne einer *Scientific Literacy* von Bedeutung zu sein, welches durch nationale Studien im Primar- sowie Sekundarbereich bestätigt werden konnte (Kehne 2019; Lohrmann et al. 2014). Lohrmann et al. (2014) zeigen sonach in ihrer Studie auf, dass durch das Arbeiten mit mehreren, oberflächenbezogen unähnlichen Phänomenen Schüler*innen einen höheren Lernzuwachs (bezogen auf das Hebelgesetz) aufweisen. Dies ist darauf zurückzuführen, „dass es durch unähnliche Beispiele den Kindern offenbar etwas besser gelingt, die Tiefenstruktur […] zu erkennen und Gesetzmäßigkeiten zu durchdringen" (Lohrmann et al. 2014, 69). Welchen Einfluss die tiefenstrukturelle Analogiebildung auf den Modellierprozess hat, bleibt derzeit ungeklärt.

3 Studienlage

Empirisch konnte bestätigt werden, dass beispielsweise das Modellieren des Wasserkreislaufes in der Grundschule in Teilen als möglich erscheint (Forbes, Lange-Schubert, Böschl & Vo 2019; Forbes, Schwarz & Zangori 2014; Lange, Forbes, Helm & Hartinger 2014). Ein tieferer Blick in die Befunde zeigt allerdings, dass die erstellten Modelle der Schüler*innen eher unvollständig sind und daher nur in geringem Maße für die Erklärung eines Phänomens ausreichen (Forbes et al. 2014). Ferner wird deutlich, dass eine starke Varianz in der Qualität der Schüler*innenerklärungen vorliegt. Demzufolge nutzen einige Schüler*innen das Modell lediglich, um auf einzelne Elemente des Prozesses zu verweisen. Hingegen können andere Schüler*innen wesentliche Zusammenhänge des Phänomens anhand des Modells beschreiben (Forbes et al. 2019). Wird dieses Level erreicht, liegt eine Anwendung des Modells zur Erklärung eines Phänomens vor, wie es u. a. in den Kompetenzstandards des NRC (2012) aufgeführt ist. Um dies fortwährend erreichen zu können, scheinen Unterstützungsmaßnahmen für den Modellierprozess von Grundschüler*innen als unabdingbar zu sein (Forbes et al. 2019; Forbes et al. 2014).

4 Studie

Wie vorab dargestellt, ist Ziel der Studie, den Modellierprozess von Grundschüler*innen durch geeignete Unterstützungsmaßnahmen zu fördern, um im Sinne einer *Scientific Literacy* mithilfe selbsterstellter Modelle Phänomene erklären und neue Erkenntnisse gewinnen zu können. Insbesondere die Förderung des konzeptuellen Wissenserwerbs im Kontext des Modellierens könnte hierfür hilfreich sein, wie es beispielsweise durch die tiefenstrukturelle Analogiebildung zwischen multiplen Phänomenen ermöglicht wird. Folglich ist zu vermuten, dass das Bilden von tiefenstrukturellen Analogien förderlich für die Ausbildung des mentalen Modells ist und demnach der Modellierprozess in dieser Phase unterstützt wird. Es stellen sich die Fragen, inwieweit a) wissenschaftliche Konzepte zum Thema Löslichkeit mithilfe des Modellierens angebahnt werden können und, ob b) der Modellierprozess von Schüler*innen im chemiebezogenen Sachunterricht durch die Analogiebildung zwischen multiplen Phänomenen unterstützt werden kann. Diese Fragen gilt es, empirisch zu überprüfen.

Zur Beantwortung der Forschungsfragen wurde im Sommer 2022 eine Prä-Post-Studie im Vergleichsgruppendesign durchgeführt. An der Studie nahmen 63 Grundschüler*innen der Jahrgangsstufe 4 einer städtischen Grundschule im Alter von 9-12 Jahren (M=9,9; SD=0,65) teil. Die Stichprobe umfasste 36 Jungen und 27 Mädchen mit heterogenen kognitiven Fähigkeiten. 34 Schüler*innen lernten Deutsch als Zweitsprache und 4 Schüler*innen wiesen einen sonderpädagogischen Förderschwerpunkt auf.

Kern der Studie bildet die Intervention, die sowohl von der Interventions- als auch von der Kontrollgruppe durchlaufen wird. Die Intervention besteht aus einer Einführungsstunde und einer Experimentierphase. In der Einführungsstunde werden die Schüler*innen mit dem Lösen von Salz in Wasser konfrontiert. Im Klassenkontext wird erarbeitet, wie die Beobachtungen zu erklären sind und wie Salz nach dem Lösen zurückgewonnen werden kann. Im Anschluss an die Einführungsstunde folgt die Experimentierphase. In dieser werden von den Schüler*innen oberflächenbezogen unähnliche Phänomene mit tiefenstrukturellen Analogien in Partnerarbeit erarbeitet. Die tiefenstrukturellen Analogien beziehen sich dabei auf die jeweiligen Stoffeigenschaften – hier die Wasserlöslichkeit von Salz und Traubenzucker bzw. die Fettlöslichkeit von beta-Carotin und Kokosfett. Tiefenstrukturell ähnlich sind demzufolge die Stoffe Salz und Traubenzucker bzw. beta-Carotin und Kokosfett. Bei Salz und Traubenzucker handelt es sich um hydrophile Stoffe. Demnach lösen sich beide Stoffe gut in Wasser. Beta-Carotin und Kokosfett sind lipophile Stoffe. Diese Stoffe weisen eine gute Löslichkeit in Öl auf. Zudem gilt es, zu jedem Phänomen eine Zeichnung zu erstellen, diese dem*der Partner*in zu erklären und die erstellten Modelle miteinander zu vergleichen.

Zusätzlich zu den geschilderten Aufgaben erhält die Interventionsgruppe explizit Unterstützung zur Analogiebildung zwischen den Phänomenen. Hierfür werden weitere Aufgaben von der Interventionsgruppe bearbeitet, die das explizite Vergleichen mehrerer Experimente miteinander erfordern. Durch diesen expliziten Vergleich soll die tiefenstrukturelle Analogiebildung angeregt werden, wie es u. a. von Lohrmann et al. (2014) dargestellt wird.

Vor Beginn der Studie wird zur Erfassung der kognitiven Fähigkeiten der KFT 4+R von Heller und Perleth (2000) durchgeführt. Anhand der ermittelten kognitiven Fähigkeiten werden die Proband*innen mittels *matched pairs* in Anlehnung an

Denscombe (2014) in vergleichbare Gruppen (Interventions- und Kontrollgruppe) eingeteilt. Zur Erhebung des Kompetenzerwerbs werden Prä-Post-Interviews durchgeführt. Im Prä-Interview werden die Proband*innen vor der Intervention bereits mit dem Phänomen Löslichkeit von Salz in Wasser konfrontiert und aufgefordert, ihre mentalen Modelle verbal sowie in einer Zeichnung auszudrücken. Des Weiteren sollen die Schüler*innen die Zeichnungen zur Erklärung des Phänomens nutzen. Nach der Intervention werden Post-Interviews durchgeführt. Hierbei werden die Schüler*innen erneut aufgefordert, das Phänomen Löslichkeit von Salz in Wasser zeichnerisch darzustellen und dies mithilfe der Zeichnung zu erklären. Ferner werden die Proband*innen mit einem weiteren Phänomen – der Löslichkeit von Salz in einem Öl-Wasser-Gemisch – im Sinne einer Transferaufgabe konfrontiert. Auch hierzu gilt es, das Phänomen in einer Zeichnung darzustellen und mithilfe der Zeichnung zu erklären. Sowohl die Intervention als auch die Prä-Post-Interviews werden videografiert. Zudem liegen für die Datenauswertung die Zeichnungen und Forschertagebücher vor.

Die Zeichnungen werden anhand der Videos event-basiert in Anlehnung an die Empfehlungen von Seidel, Kobarg & Rimmele (2005) analysiert. Grundlage für die Videoanalyse bildet das nach Mayring (2010) deduktiv erstellte Kategoriensystem, wie es überblicksartig in Tabelle 1 dargestellt ist:

Tab. 1: Überblick über das Kategoriensystem zur Videoanalyse

Kategorie	Subkategorien	Definition
Verbaler Ausdruck des mentalen Modells *angelehnt an Grüß-Niehaus und Schanze (2011)*	• Bedingungen für den Löseprozess *(Rühren…)* • Löseprozess *(Schmelzen, Verschwinden …)* • Das Wesen von Lösungen und Stoffen *(Veränderung der Größe, Menge…)*	Aussagen der Proband*innen, die auf das mentale Modell schließen lassen
Darstellungen im Modell	• Darstellung von Stoffen • Darstellung von Prozessen und Objekten	Darstellungen in der Zeichnung
Anwendung des Modells zur Erklärung	• Dargestellte Elemente werden in die Erklärung einbezogen *(z. B. durch Zeigen auf die jeweilige Darstellung)*	Passagen, in denen das Modell zur Erklärung des Phänomens genutzt wird
Evaluation des Modells	• Zufrieden / Nicht zufrieden • Erkennen von Limitationen	Bewertung des Modells
Überarbeitung des Modells	• Modell wird überarbeitet • Modell wird nicht überarbeitet	Überarbeitung des Modells v. a. im Post-Interview

Die in Tabelle 1 aufgeführten Kategorien lassen sich anhand der dargelegten Theorie bilden: Der Modellierprozess nach Constantinou et al. (2019) umfasst die Phasen *Erstellen und Überarbeiten des Modells, Anwendung des Modells zur Erklärung des Phänomens, Vergleichen von Modellen* und *Evaluieren*. In Ergänzung ist nach Gilbert und Justi (2016) zusätzlich das *Bilden eines mentalen Modells* aufzuführen. Die Phasen *Bilden des mentalen Modells* und *Erstellung eines Modells* spiegeln sich im Kategoriensystems im *verbalen Ausdruck des mentalen Modells* und in der Kategorie *Darstellungen im Modell* wider. Die *Anwendung des Modells zur Erklärung*, die *Evaluation* und *Überarbeitung des Modells* sind analog bei Constantinou et al. (2019) bzw. Gilbert und Justi (2016) zu finden und werden als Kategorien übernommen.

5 Ergebnisse

Die Ergebnisse der Studie zeigen, dass im Prä-Interview primär die Vorstellung des Verschwindens genannt wird: „Jetzt ist da kein Salz mehr drinnen. […] Das hat sich aufgelöst" (JOH-55, PRÄ, Pos. 33). Solche oder ähnliche Äußerungen lassen darauf schließen, dass das Salz verschwunden und daher nicht mehr vorhanden sei. Wie dieser Prozess vollzogen wird, bleibt meist unklar. Neben dem Verschwinden zeigen sich auch andere Vorstellungen, wie zum Beispiel die Veränderung der Größe oder das Schmelzen. Auch die Übertragung von Farbe und Geschmack ist eine typische Schülervorstellung: „Weil der Geschmack aus dem Salz ja rausgeht und das dann ins Wasser kommt" (JOH-59, PRÄ, Pos. 12).

In den Post-Interviews zeigen sich die mentalen Modelle zwar meist als sehr resistent, allerdings lassen sich auch graduelle Unterschiede erkennen. So geben einige Schüler*innen weiterhin an, dass sich das Salz auflösen würde und dadurch optisch nicht mehr sichtbar erscheint, wenngleich das Salz noch in dem Wasser sei. Manche Schüler*innen betrachten im Post-Interview den Löseprozess ausdifferenzierter im Sinne eines Überganges in das Lösemittel: „[D]as Salz [wird] immer weniger und steigt also nach oben. Aber das kann man so nicht sehen. Und das verschließt sich mit dem Wasser. […] [D]as gehört irgendwie zu dem Wasser dazu" (JOH-09, POST, Pos. 63).

Hinsichtlich der Erklärung des Phänomens zeigt sich ein sehr heterogenes Bild. Analog zu den Erkenntnissen von Forbes et al. (2019) unterscheidet sich v. a. die Qualität der Erklärung. So nehmen einige Schüler*innen keinen Bezug zur Zeichnung und zeigen vereinzelt auf das Phänomen. Andere Proband*innen deuten lediglich auf einzelne Aspekte, zum Beispiel auf die Position des Salzes in der Zeichnung, und beziehen keine weiteren Aspekte der Darstellungen mit in die Erklärung ein. Vereinzelte Schüler*innen können hingegen bereits den Löseprozess detailliert mithilfe der Zeichnung erklären: „Und dann, wenn man sich das genauer ansieht, ist da dieses eine Salzkorn *[zeigt auf die Detailansicht des Salzkornes in* *der Zeichnung]*. Das Wasser kommt da rein *[zeigt auf kleinere Linien in der Zeichnung]*, zieht diese Stoffe *[zeigt auf kleinere Punkte innerhalb des Salzkornes]*, aus denen das Salz besteht, daraus. Und dann ist es nur eine leere Hülle, die verblasst" (JOH-17, POST, Pos. 22).

Die hier aufgeführten Ergebnisse bezüglich der Anwendung des Modells zur Erklärung des Phänomens lassen sich teilweise auf Lücken in der Modelldarstellung zurückführen, wie es u. a. Forbes et al. (2014) als Problemstelle aufzeigen. Obwohl einige Schüler*innen diese Limitationen nicht erkennen können, zeigen manche Proband*innen auf, dass die Darstellungen im Modell nicht für die Erklärung des Phänomens ausreichen, da die Vorstellung nicht abgebildet werden kann: „Also, ich weiß, was mit dem Salz passiert im Wasser, aber ich kann das irgendwie nicht malen" (JOH-14, POST, Pos. 9).

6 Fazit und Ausblick

Die Ergebnisse zeigen auf, dass das Modellieren zum Thema Löslichkeit teilweise im Primarbereich möglich ist. So werden bei einigen Schüler*innen graduelle Unterschiede des mentalen Modells im Prä-Post-Vergleich erkennbar. Ferner können einige Proband*innen die Zeichnungen zur Erklärung des Phänomens anwenden. Wenngleich hier keine wissenschaftlichen Konzepte im Sinne einer *Scientific Literacy* erworben wurden, können die Schüler*innen die Methode des Modellierens kennenlernen und zum Teil Limitationen des Modells erkennen. Für den Erwerb einer umfassenderen Modellierkompetenz sollten insbesondere auch der Zweck und Nutzen von Modellen explizit im Sachunterricht erarbeitet werden, wie es z. B. Lange-Schubert, Böschl und Hartinger (2017) im Rahmen des Unterrichtseinstiegs zum Modellieren im Sachunterricht vorschlagen. Dies könnte einen Anlass für weitere Studien zum Modellieren im chemiebezogenen Sachunterricht bieten.

Literatur

Bybee, R. W. (2002): Scientific Literacy - Mythos oder Realität. In: Gräber, W., Nentwig, P. M., Koballa, T. & Evan, R. (Hrsg.): Scientific Literacy - Der Beitrag der Naturwissenschaften zur Allgemeinen Bildung. Opladen, S. 21-43.

Coll, R. K. & Lajium, D. (2011): Modeling and the future of science learning. In: Khine, M. S. & Saleh, I. M. (Hrsg.): Models and Modeling in Science Education. Models and modeling: Cognitive tools for scientific enquiry. Bd. 6. Dordrecht, S. 3-21.

Constantinou, C. P., Nicolaou, C. T. & Papaevripidou, M. (2019): A framework for modeling-based learning, teaching, and assessment. In: Upmeier zu Belzen, A., Krüger, D. & van Driel, J. (Hrsg.): Models and Modeling in Science Education. Volume 12. Towards a competence-based view on models and modeling in science education. Cham, S. 39-58.

Denscombe, M. (2014): The good research guide. New York.

Driel, J. H. van & Verloop, N. (1999): Teachers' knowledge of models and modelling in science. International Journal of Science Education, 21, No. 11, 1141-1153.
Forbes, C. T., Lange-Schubert, K., Böschl, F. & Vo, T. (2019): Supporting primary students' developing modeling competence for water systems. In: Upmeier zu Belzen, A., Krüger, D. & van Driel, J. (Hrsg.): Models and Modeling in Science Education. Volume 12. Towards a competence-based view on models and modeling in science education. Cham, S. 257-273.
Forbes, C. T., Schwarz, C. V. & Zangori, L. (2014): Development of an empirically-based learning performances framework for 3rd grade students' model-based explanations about hydrologic cycling. In: Polman, J. L. et al. (Hrsg.): Learning and become in practice: The international conference of the learning sciences. Volume 1. Boulder, Colorado, S. 46-53.
Gentner, D. (1983): Structure-mapping: A theoretical framework for analogy. Cognitive science, 7, No. 2, 155-170.
Gilbert, J. K. & Justi, R. S. (2016): Modelling-based teaching in science education. Bd. 9. Cham.
Greca, I. M. & Moreira, M. A. (2000): Mental models, conceptual models, and modelling. International Journal of Science Education, 22, No. 1, 1-11.
Grüß-Niehaus, T. & Schanze, S. (2011): Eine kategoriegestützte Übersicht von Lernervorstellungen zum Löslichkeitsbegriff. CHEMKON Chemie konkret Forum für Unterricht und Didaktik, 18, Nr. 1, 19-26.
Heller, K. A. & Perleth, C. (2000): Kognitiver Fähigkeitstest für 4. bis 12. Klassen. Göttingen.
Holyoak, K. J. & Koh, K. (1987): Surface and structural similarity in analogical transfer. Memory & Cognition, 15, No. 4, 332-440.
Kehne, F. (2019): Analyse des Transfers von kontextualisiert erworbenem Wissen im Fach Chemie. Studien zum Physik- und Chemielernen. Berlin.
Kircher, E. (2015): Modellbegriff und Modellbildung in der Physikdidaktik. In: Kircher, E., Girwidz, R. & Häußler, P. (Hrsg.): Springer-Lehrbuch. Physikdidaktik: Theorie und Praxis. 3. Aufl. Berlin, S. 784-807.
Lange, K., Forbes, C., Helm, K. & Hartinger, A. (2014): Forschen heißt auch modellieren! Wie kann Modellieren im Sachunterricht gefördert werden? Grundschulunterricht Sachunterricht(4), 17-22.
Lange-Schubert, K., Böschl, F. & Hartinger, A. (2017): Naturwissenschaftliche Methoden aneignen und anwenden – Untersuchungen durchführen und wissenschaftliche Modelle nutzen am Beispiel Aggregatzustände und ihre Übergänge. In: Giest, H. (Hrsg.): Die naturwissenschaftliche Perspektive konkret. Begleitband 4 zum Perspektivrahmen Sachunterricht. Bad Heilbrunn, S. 25-38.
Lohrmann, K., Hartinger, A., Schwelle, V. & Hartig, J. (2014): Die Bedeutung der (Un-) Ähnlichkeit von Beispielen für den Aufbau von konzeptuellem Wissen. In: Zeitschrift für Grundschulforschung, 7, Nr. 2, 60-73.
Mayring, P. (2010): Qualitative Inhaltsanalyse Grundlagen und Techniken. 11. Aufl. Weinheim und Basel.
National Research Council. (2012): A framework for K-12 science education. Practices, crosscutting concepts, and core ideas. Washington, D.C.
Nicolaou, C. T. & Constantinou, C. P. (2014): Assessment of the modeling competence: A systematic review and synthesis of empirical research. Educational Research Review, 13, 52-73.
Nitz, S. & Fechner, S. (2018): Mentale Modelle. In: Krüger, D., Parchmann, I. & Schecker, H. (Hrsg.): Theorien in der naturwissenschaftsdidaktischen Forschung. Bd. 10. Berlin, Heidelberg, S. 69-86.
Seidel, T., Kobarg, M. & Rimmele, R. (2005): Video data processing procedures. In: Seidel, T., Prenzel, M. & Kobarg, M. (Hrsg.): How to run a video study: Technical report of the IPN video study. Münster, S. 54-69.
Spreckelsen, K. (1995): Verstehen in Phänomenkreisen: Über das Wiederentdecken des Ähnlichen. In: Möller, K., Köhnlein, W., Soostmeyer, M., Spreckelsen, K. & Wiesemüer, G. (Hrsg.): Handeln und Denken im Sachunterricht. Bd. 1. Münster, S. 23-34.
Steffensky, M. (2015): Chemische Aspekte. In: Kahlert, J., Fölling-Albers, M., Götz, M., Hartinger, A., Miller, S. & Wittkowske, S. (Hrsg.): Handbuch Didaktik des Sachunterrichts. 2. Aufl. Bad Heilbrunn, S. 128-132.

Upmeier zu Belzen, A. & Krüger, D. (2010): Modellkompetenz im Biologieunterricht. In: Zeitschrift für Didaktik der Naturwissenschaften, 16, 41-57.
Upmeier zu Belzen, A., van Driel, J. & Krüger, D. (2019): Introducing a framework for modeling competence In: Upmeier zu Belzen, A., Krüger, D. & van Driel, J. (Hrsg.): Models and Modeling in Science Education. Volume 12. Towards a competence-based view on models and modeling in science education. Cham, S. 3-19.
Vosniadou, S. (2002): Mental models in conceptual development. In: Magnani, L. & Nersessian, N. J. (Hrsg.): Model-based reasoning: Science, Technology, Values. Boston, MA, S. 353-368.
Weinert, F. E. (2001): Concept of competence: A conceptual clarification. In: Rychen, D. S. & Salganik, L. H. (Hrsg.): Defining and selecting key competencies. Göttingen, S. 45-66.

Autorinnenangaben

Julia Elsner
https://orcid.org/0009-0001-1665-6165
Universität Paderborn
julia.elsner@uni-paderborn.de

Prof. Dr. Claudia Tenberge
Sachunterrichtsdidaktik mit sonderpädagogischer Förderung
Universität Paderborn
claudia.tenberge@uni-paderborn.de

Prof. Dr. Sabine Fechner
https://orcid.org/0000-0001-5645-5870
Chemiedidaktik
Universität Paderborn
sabine.fechner@upb.de

doi.org/10.35468/6077-08

Anja Omolo, Katharina von Maltzahn und Johanna Zelck

Transformatives Potenzial für sachunterrichtsdidaktische Forschung – entwickelt an der UN-Kinderrechtskonvention als normativer Bezugspunkt

> In order to consider transformation as a process of social change in the context of research on the didactics of general studies in primary education [Sachunterricht], a theoretically grounded concept of society is required. We approach it via the triangle of analysis and diagnosis of social relations, which is constituted by the aspects of totality, normativity and contingency (Rosa & Oberthür 2020). This theoretical-reflexive contribution draws on sociological reflective knowledge for the introspection of didactic research. Therefore, child orientation (Fölling-Albers 2022) is decisive and finds a normative reference point in the UN CRC (Vereinte Nationen 1989/1992). The state of research proves that children describe a discrepancy between the normative claims and the implementation of the UN CRC, especially with regard to their opportunities for participation (Hanke, Hofmann, Kamp, Krüger & Ohlmeier 2022). We discuss the approach of participatory research with children (von Unger 2014) as a possibility to contribute to the fit of totality and normativity in research on the didactics of general studies, because changed practice itself holds the potential for transformation.

1 Einleitung

Wird Transformation beschrieben als „spezifische[r] Typus sozialen Wandels, der […] tiefgreifende[.] Veränderungen von […] Gesellschaft mit einbezieht" (Lingenfelder 2020, 25), verbirgt sich dahinter die Annahme, dass Gesellschaft grundsätzlich wandelbar ist und nicht ausschließlich ihrer eigenen Reproduktion unterliegt. Das trifft nicht nur auf gesamtgesellschaftliche Aspekte, sondern eben auch auf gesellschaftliche Teilbereiche wie Politik, Familie, Wissenschaft, Schule usw. zu. Auch Forschung kann als soziale Praxis beschrieben werden. Sie ist Bestandteil von gesellschaftlichen Machtstrukturen und hat diese gleichermaßen verinnerlicht (Schimpf & Stehr 2012, 10). Somit kann es zu einer (Re-)Produktion von Aus- und Einschlüssen kommen (Curdt 2016, 252).

doi.org/10.35468/6077-09

Während Lingenfelder (2020) nicht jede Transformation als emanzipatorisch beschreibt, legen Eicker und Holfeder „den emanzipatorischen Suchprozess, in dem Menschen Alternativen entwickeln, die für sie in ihrem Umfeld sinnvoll sind" (2020, 12), einem Verständnis von Transformation zu Grunde.

Unter dieser Prämisse wird im Rahmen dieses Beitrages angestrebt, „soziologisches Reflexionswissen in die Selbstbeobachtung der Sachunterrichtsdidaktik einzubeziehen" (Schwier 2022, 167). Die angedeutete theoretisch-reflexive Ausrichtung fußt zunächst auf grundlegenden gesellschaftstheoretischen Überlegungen, die in einer Betrachtung der UN-Kinderrechtskonvention (folgend: UN-KRK) (Vereinte Nationen 1989/1992) als exemplarischer normativer Bezugspunkt für partizipative Forschung mit Kindern münden. Vor diesem Hintergrund wird das transformative Potenzial für die sachunterrichtsdidaktische Forschung ausgelotet.

2 Grundlegende gesellschaftstheoretische Überlegungen

Als einen theoretischen Zugang zu dem komplexen Gegenstandsbereich Gesellschaft beschreiben Rosa und Oberthür (2020) Gesellschaftstheorie als Dreieck wissenschaftlicher Analyse und Diagnose sozialer Verhältnisse, welches sich aus den Eckpunkten Totalität, Normativität und Kontingenz konstituiert. Totalität meint dabei die geordnete Ganzheit und den universellen Zusammenhang der Gesellschaft und ihrer Elemente. Normativität beschreibt die Wert- und Idealausprägungen, die sowohl eingelöste sowie nicht eingelöste Konstruktionen einer ‚richtigen Gesellschaft' umfassen. Nicht eingelöste normative Ansprüche bieten ein bedeutendes Potential für gesellschaftliche Wandlungsprozesse. Sie erzeugen ein Spannungsfeld zwischen Totalität als existierende, gegebene Gesellschaft und Normativität – also den inhärenten normativen Vorstellungen darüber, wie Gesellschaft sein sollte. Dieses Spannungsfeld verweist auf den dritten Eckpunkt des Dreiecks: die Kontingenz, welche die grundsätzliche Veränderbarkeit und damit einhergehende Kritisierbarkeit gesellschaftlicher Verhältnisse beschreibt. Darüber hinaus wirkt Macht in diesen Entwicklungen als gesamtgesellschaftliche Schlüsselkategorie (ebd.).

So weist auch das Konstrukt ‚sozial-ökologische Transformation' auf ein solches Spannungsverhältnis hin. Gegebene gesellschaftliche Bedingungen stehen in einem ausgeprägten Konflikt mit normativen Ansprüchen wie intergenerationaler Gerechtigkeit, die u. a. die Verteilungsfrage von Privilegien und Benachteiligungen zwischen verschiedenen Generationen in den Mittelpunkt rückt (Schefczyk 2016, 130).

Die Didaktik des Sachunterrichts ist mit einer Vielzahl normativ aufgeladener Konstrukte konfrontiert – Bildungsanspruch, Leitziel Mündigkeit, Inklusion und viele weitere mehr. Für die folgenden Überlegungen soll insbesondere die Kindorientierung betrachtet werden, die ebenso wie die Wissenschaftsorientierung im

Sachunterricht in Zusammenhang mit gesellschaftlichem Wandlungsbedingungen steht. So macht Fölling-Albers deutlich, dass die Orientierung am Kind und seiner Lebenswelt mit „immer andere[n] Vorstellungen von den Adressat[*innen] der unterrichtlichen Bemühungen verknüpft" (2022, 37) ist – also mit Vorstellungen *über* das Kind.

In der Soziologie ist das Kind ein relativ neuer Interessensgegenstand, der lange von den „großen Theorien" der Soziologie ausgespart wurde. Seit Ende der 1980er Jahre etablierte sich allerdings im Rahmen der Kindheitssoziologie eine Sichtweise auf Kinder, die sie als „kompetente Akteur[*innen]" (Bühler-Niederberger 2010, 440) und als mit agency[1] ausgestattete Subjekte beschreibt. Diese Sichtweise ist auch grundlegend für die UN-KRK, welche als Beispiel für handlungsleitende Ausprägungen von gesellschaftlicher Normativität betrachtet werden kann.

3 Die UN-Kinderrechtskonvention als normativer Bezugspunkt

Laut Artikel 12 (UN-KRK) hat jedes Kind das Recht, in allen es betreffenden Angelegenheiten gehört zu werden: *„Die Vertragsstaaten sichern dem Kind, das fähig ist, sich eine eigene Meinung zu bilden, das Recht zu, diese Meinung in allen das Kind berührenden Angelegenheiten frei zu äußern und berücksichtigen die Meinung des Kindes angemessen und entsprechend seinem Alter und seiner Reife"* *(UN-KRK, Artikel 12 Abs. 1).*

Mit dem Artikel 12 assoziierte Diskurse widmen sich z. B. der Bedeutung und Verwendung des umstrittenen Begriffs des Kindeswohls aus Artikel 3 als amtliche Übersetzung des englischen UN-KRK-Wortlauts „best interests of the child" (Feige & Gerbing 2019). Ein weiteres Beispiel ist die Wahlaltersabsenkung, die seit ca. 30 Jahren in der gesellschaftlichen und politischen Diskussion steht (Faas & Leininger 2020). Umstritten ist darüber hinaus die Aufnahme der Kinderrechte ins Grundgesetz (Eggen 2019; Gerats 2021; National Coalition 2019). Das Kernanliegen vieler Diskurse, die zu Artikel 12 geführt werden, ist die Partizipation von Kindern, obwohl der Begriff im Wortlaut gar nicht vorkommt. Partizipation, verstanden als „effektive Einflussnahme" (Flieger 2017, 179) ermöglicht, bestehende Machtverhältnisse infrage zu stellen und zu verschieben (ebd.). Mit Partizipation kann eine Veränderung bestehender gesellschaftlicher Strukturen einhergehen (Büker, Hüpping & Zala-Mezö 2021, 392).

---

1 Nach Betz & Eßer zeichnet sich agency durch eine „Unbestimmtheit des Konzeptes" (2016, 305) aus. Einerseits zeigen sich sowohl normative als auch faktische Interpretationen (Hammersley 2017, 119) und andererseits unterschiedliche Schwerpunktsetzungen innerhalb des Diskurses (Betz & Eßer 2016). Einem relationalen Verständnis von agency folgend, wird davon ausgegangen, dass agency in wechselhaften sozialen Beziehungen, in denen Kinder eingebunden sind, stetig konstruiert wird (Eßer 2014, 236-237).

Lundy (2007, 933-937) konstatiert allerdings, dass die Umsetzung von Artikel 12 stark davon abhängig ist, wie Personen diesen interpretieren, die in den jeweiligen Situationen Entscheidung treffen. Als Umsetzungsbedingungen nennt sie:
- *Raum (space)* und *Stimme (voice)*, um eine Meinung äußern zu können,
- eine aktive *Zuhörer*innenschaft (audience)*, die aus den denjenigen besteht, die Entscheidungen treffen und
- tatsächlichen *Einfluss (influence)*, um Partizipation nicht zu einem Schein werden zu lassen.

Auch eine bewusste Entscheidung gegen Partizipation ist eine Handlungsoption für die Kinder (ebd., 934).

Im Spannungsfeld von Normativität und Totalität steckt darüber hinaus die zentrale Frage, unter welchen Deutungsmustern gesellschaftliche Akteur*innen die UN-KRK umsetzen. Ausgehend von der Tatsache, dass zwar eine Gleichheit aller Menschen in Bezug auf den Status Menschsein, Menschenwürde und Menschenrechte intendiert ist, sind Kinder dennoch keine ‚kleinen Erwachsenen'. Verantwortung dafür, dass Kinder zu ihren Rechten kommen, tragen Erwachsene. In dieser Asymmetrie liegt, so Maywald (2021), eine herausfordernde strukturelle Machtungleichheit. Wird die Gleichheit von Kindern und Erwachsenen überbewertet, marginalisiert das Unterschiede, womit Grenzverletzungen zu Lasten der Kinder verbunden sein können. Wird die Ungleichheit überbewertet, kann erwachsene Verantwortung *für* Kinder zur Verfügungsmacht *über* Kinder umschlagen (ebd., 10).

Damit setzen sich vertieft die Debatten um Paternalismus und Adultismus auseinander. Paternalismus umfasst Einstellungen oder Handlungen von Personen, die andere Menschen schützen und ihnen geben, was sie brauchen, ohne ihnen aber Verantwortung oder Wahlfreiheit einzuräumen (Dworkin 2017). In einigen Publikationen wird die UN-KRK in dieser Traditionslinie verhandelt, z. B. wenn Kinderrechte als „Sonderrechte für Kinder" (Graf 2017) bezeichnet werden oder neuere philosophische (Giesinger 2019; Schickhardt 2017) und juristische (Wapler 2015) Ausführungen Paternalismus zwar in seinen ‚harten' Varianten zurückweisen, aber in seinen ‚weichen' Varianten als unvermeidlich rechtfertigen (Liebel 2020).

Adultismus beschreibt die Machtungleichheit zwischen Kindern und Erwachsenen oder jüngeren und älteren Kindern und infolgedessen die Diskriminierung jüngerer Menschen allein aufgrund ihres Alters (Liebel 2020; Richter 2013; Ritz 2017). Als adultistisch zu deuten wäre z. B. die Tatsache, dass die UN-KRK selbst nicht *mit*, sondern *von* Erwachsenen *für* Kinder formuliert wurde. Gleichzeitig ermöglicht eine Auslegung der UN-KRK einen Paradigmenwechsel, indem Kinder nicht ausschließlich als Rechtssubjekte, sondern darüber hinaus als politische Akteur*innen und mit agency ausgestattet anerkannt werden (Richter 2013).

Ergänzend zu dieser Bestandsaufnahme werden Studienergebnisse der Kindheitsforschung im deutschsprachigen Raum ausschnitthaft abgebildet, die die Umsetzung von Artikel 12 aus Kindersicht darstellen. In der Studie von National Coalition Deutschland antworten auf die Frage „Würdest du gerne öfter deine Meinung einbringen können?" 47% der Kinder mit „ja" (2019, 12). Studienübergreifend wird das Recht auf Sicherheit und das Recht auf Bildung konstant von Kindern betont, weitaus seltener das Partizipationsrecht. Konkrete Nachfragen zu Partizipationsrechten wurden vor allem mit Mitbestimmungsmöglichkeiten in der Familie beantwortet. Es folgen die Bereiche „Freizeit" und „Schule" - in den Bereichen „Wohnort" oder „Politik" allerdings kommt ihre Meinung nie oder nur selten zum Tragen (Brüschweiler, Cavelti, Falkenreck, Gloor, Hinder, Kindler & Zaugg 2021; Burger, Karabasheva, Zermatten & Jaffé 2016; National Coalition Deutschland 2019).

Generationengerechtigkeit und die Interessenberücksichtigung von Kindern und Jugendlichen bei politischen Entscheidungen sind auch Schwerpunkte des Kinderreports von Hanke et al. (2022). Bezugnehmend auf die erwähnten Diskurse um die UN-KRK wird exemplarisch herausgegriffen, dass 94% der befragten Kinder und Jugendlichen für die Aufnahme von Kinderrechten ins Grundgesetz plädierten, und sich 64% für die Absenkung des Wahlalters aussprachen (Hanke et al. 2022, 14, 19). Storck-Odabaşı und Heinzel beschreiben u. a., dass die Kinder ihre Rechte selbst vor dem Hintergrund von Kindheit und generationaler Differenz interpretieren (2019, 237).

Zusammenfassend ist Kernstück der Kritik, dass Kinderrechte häufig noch als rechtliche Verpflichtung Erwachsener verstanden werden, zugunsten der Kinder zu handeln, statt ihnen zu ermöglichen, selbst von ihren Partizipationsrechten Gebrauch zu machen (Liebel 2020). Jedoch genau das könnte die beschriebene Machtverschiebung bewirken, die dem normativen Anspruch der UN-KRK gerecht wird und diesen gleichermaßen vollumfänglich umsetzt. Hier zeigt sich ein entscheidendes Spannungsfeld aus Normativität und Totalität, das Ausgangspunkt für gesellschaftliche Transformationsprozesse sein kann.

Für den Sachunterricht sind kinderrechtstheoretische Überlegungen – insbesondere zu Artikel 12 – in mehrfacher Hinsicht zentral. So richten sich diese spezifisch an seine Adressat*innen – die Kinder. Zudem stehen diese Überlegungen in einem engen Zusammenhang mit zentralen Bildungszielen der politischen Bildung im Sachunterricht wie Emanzipation und Mündigkeit (Massing 2007). Innerhalb der kritischen politischen Bildung im Sachunterricht plädieren Bade, Kalcsics und Kallweit für „Empowerment einer marginalisierten Statusgruppe" (2023, 222) in adultistischen Gesellschaftsstrukturen – ein Denkgerüst, das sich durchaus auf den gesellschaftlichen Teilbereich der sachunterrichtsdidaktischen Forschung ausweiten lässt.

4 Partizipative Forschung mit Kindern

Bewusst normativ ist auch die Zielsetzung des partizipativen Forschungsstils, die gesellschaftlichen Machtstrukturen zu reduzieren, Forschung zugänglich zu machen sowie Mitbestimmung im Diskurs zu ermöglichen (Curdt 2016, 248; Hauser 2020, 72). Dieser Stil entspringt originär der kritisch-emanzipatorischen Forschungstradition und beinhaltet neben Kritik auch die Hoffnung auf grundlegende gesellschaftliche Veränderungsprozesse (Hauser 2020, 72; von Unger 2014, 16). Innerhalb partizipativer Forschungsprojekte wird ein Forschen *mit* statt *über* oder *für* Menschen angestrebt (Bergold & Thomas 2010, 333). Drei Kernelemente zeichnen Forschungsprojekte, die einem partizipativen Stil folgen, aus (von Unger 2014, 46):

- *Beteiligung* von Co-Forschenden, welche vorher aus dem wissenschaftlichen Diskurs als aktiv Forschende ausgeschlossen wurden (ebd., 38). Dabei generiert die Gruppe der Co-Forschenden die Themen für die gemeinsame Forschung anhand von „Anliegen, die für die Akteur[*innen] in den Lebenswelten und in der Praxis eine Relevanz besitzen" (ebd., 53).
- Die Beteiligung kann je nach Forschungsphase und Gruppe der Co-Forschenden unterschiedlich ausgeprägt sein (Büker, Hüpping, Mayne & Howitt 2018, 111).
- *Empowerment* der Co-Forschenden durch das eigene Kompetenzerleben, durch die Reflexion der Handlungsmöglichkeiten und Eingebundenheit in gesellschaftliche Strukturen (von Unger, 45-46). Durch Workshops zu Methoden und Abläufen können neben einem Kompetenzerwerb auch Machtgefälle zwischen akademisch Forschenden und Co-Forschenden besprechbar und reduziert werden (Hauser 2020; Lundy, McEvoy & Byrne 2011).
- *Doppelte Zielsetzung aus Verstehen und Verändern der sozialen Wirklichkeit*: Themen werden idealtypisch von den Co-Forschenden festgelegt, nachdem Veränderungsbedarfe analysiert wurden (von Unger 2014, 53). Es gibt somit Erkenntnis- und Praxisziele, die direkt mit gesellschaftlichen Transformationsprozessen in Beziehung stehen. Durch das Auswählen der Themen durch die Co-Forschenden verändert sich die Rolle der akademisch Forschenden – diese initiieren die Zusammenarbeit (ebd.). Partizipative Forschung ist dem folgend handlungsbezogen und interessengeleitet (Bergold & Thomas 2010, 336).

Mit Blick auf die fachdidaktische Forschung im Primarstufenkontext sind Kinder bisher in der Rolle als Co-Forschende „unterrepräsentiert" (Hüpping & Velten 2023, 174), wenngleich dies sie „direkt berührende[.] Angelegenheiten" (UN-KRK, Artikel 12 Abs. 1) sind. Für die partizipative Forschung mit Kindern ist ein etablierter englischsprachiger Diskurs aufzeigbar, wohingegen sich der deutschsprachige Diskurs in der Kindheitsforschung erst seit den letzten Jahren entwickelt (Hüpping & Velten 2023, 186). Beide Diskurse unterscheiden sich nach Hüpping & Velten neben der Quantität auch in der Zielsetzung: Während

Projekte im englischsprachigen Raum vorrangig an Universitäten angebunden sind, überwiegen im deutschsprachigen Raum eher Praxisentwicklungsprojekte (2023, 185). Innerhalb der sachunterrichtsdidaktischen Forschung spielt dieser Forschungsstil „keine große Rolle" (Coers, Simon & Pech 2022, VIII), Potenziale werden jedoch umrissen (von Maltzahn & Zelck 2022).

Für eine mögliche Durchführung von partizipativen Forschungsprojekten mit Primarstufenschüler*innen erscheinen übergeordnete Selbstbeobachtungsanlässe relevant. Es ist vor dem Hintergrund der generationalen Ordnung (Alanen 2005) entscheidend, die Eingebundenheit von Kindern als Co-Forschende und Erwachsenen als akademisch Forschende zu reflektieren.

So liegt in der Verantwortung der Erwachsenen beispielsweise die Konzeption von Workshops, die eine Beteiligung der Co-Forschenden ermöglichen sollen. Sie öffnen oder schließen den Raum für Mitbestimmung (Hauser 2020, 71), wodurch eine Abhängigkeit von Kindern die Folge ist (Büker & Hüpping 2022, 176). Hier ist ein klarer Bezug zu den Diskursen um die Umsetzung des Artikel 12 erkennbar.

Das Kindbild der akademisch Forschenden beeinflusst unmittelbar die Zusammenarbeit, woraus die Notwendigkeit entsteht, dass sich diese mit ihrem Kindbild reflektierend auseinandersetzen (Lundy et al. 2011, 733; Thomas 2021, 191). Kritisch diskutiert wird dabei beispielsweise die Nichtbetrachtung der Komplexität und Relationalität des agency-Konzeptes (Hammersley 2017, 119). An dieser Stelle ähneln sich die Reflexionsanlässe innerhalb partizipativer Forschungsprojekte mit Kindern und jene, die sich mit der didaktischen Kategorie Kind auseinandersetzen, die für den Sachunterricht zentral ist (Fölling-Albers 2022).

Das Spannungsfeld zwischen den Zielsetzungen des partizipativen Forschungsstils und Anforderungen der „Scientific Community" (Hauser 2020, 71) zeigt sich im Diskurs, ob Forschung *mit* Kindern als wissenschaftlich anerkannt oder delegitimiert wird: Während ein Qualitätsmerkmal partizipativer Forschungsprojekte die Angemessenheit aller Schritte für die Co-Forschenden darstellt (Bergold & Thomas 2010, 338), werden die veränderten Methoden in der wissenschaftlichen Community zum Teil als „kindisch" (i.O. „childish", O'Kane 2000 in Lundy et al. 2011, 733) bezeichnet und infolgedessen nicht ernst genommen. Es zeigen sich Parallelen zu adultistischen Konstruktionen von Kindern als unvernünftig (Auma 2015, 5), welche auch sprachlich markiert werden (Richter 2013, 7).

5 Fazit

Obwohl in der UN-KRK Kinder als mit agency ausgestattete Subjekte konstruiert werden, wird dieser Anspruch gesellschaftlich insbesondere mit Blick auf Artikel 12 nicht eingelöst, wie die empirische Datenlage zeigt. Auch für die Sachunterrichtsdidaktik lässt sich konstatieren, dass Kinder noch nicht an der fachbezogenen

doi.org/10.35468/6077-09

Forschung partizipieren. Auf Grundlage gesellschaftstheoretischer (Rosa & Oberthür 2020), sachunterrichtsdidaktischer (Fölling-Albers 2022; Bade et al. 2023) und kinderrechtsbasierter (Lundy et al. 2011, 733) Argumentationen identifizieren wir ein bisher unausgeschöpftes transformatives Potenzial für die sachunterrichtsdidaktische Forschung. Wird der doppelten Zielsetzung partizipativer Forschung Rechnung getragen, Wirklichkeit zu verstehen und zu verändern (von Unger 2014, 46), liegt durch diese „effektive Einflussnahme" (Flieger 2017, 179) zudem Transformation der Didaktik des Sachunterrichts an sich nahe.

Literatur

Alanen, L. (2005): Kindheit als generationales Konzept. In: Hengst, H. & Zeiher, H. (Hrsg.): Kindheit soziologisch. Wiesbaden, S. 65-82.
Auma, M. M. (2015): Diskriminierungskritische Perspektiven auf Kindheit. Vortrag zur Eröffnung der Fachstelle „KiDs – Kinder vor Diskriminierung schützen!".
Bade, G., Kalcsics, K. & Kallweit, N. (2023): Kritische politische Bildung mit Kindern im Sachunterricht. Empowerment einer marginalisierten Statusgruppe. In: Chehata, Y., Eis, A., Lösch, B., Schäfer, S., Schmitt, S., Thimmel, A., Trumann, J. & Wohnig, A. (Hrsg.): Handbuch kritische politische Bildung. Frankfurt/M, S. 222-230.
Bergold, J. & Thomas, S. (2010): Partizipative Forschung. In: Mey, G. & Mruck, K. (Hrsg.): Handbuch Qualitative Forschung in der Psychologie. Wiesbaden, S. 333-344.
Brüschweiler, B., Cavelti, G., Falkenreck, M., Gloor, S., Hinder, N., Kindler, T. & Zaugg, D. (2022): Kinderrechte aus Kinder- und Jugendsicht. Kinderrechte-Studie Schweiz und Liechtenstein 2021. https://www.unicef.ch/de/media/2369/download [12.09.2023].
Bühler-Niederberger, D. (2010): Soziologie der Kindheit. In: Kneer, G. & Schroer, M. (Hrsg.): Handbuch Spezielle Soziologien. Wiesbaden, S. 437-456.
Büker, P. & Hüpping, B. (2022): Als Sozialforscher*innen die eigene Schule evaluieren und mitgestalten: Kindersichten auf ein partizipatives Setting in der Grundschule. In: Grüning, M., Martschinke, S., Häbig, J. & Ertl, S. (Hrsg.): Mitbestimmung von Kindern. Grundlagen für Unterricht, Schule und Hochschule. Weinheim, Basel, S. 172-192.
Büker, P., Hüpping, B., Mayne, F. & Howitt, C. (2018): Kinder partizipativ in Forschung einbeziehen – ein kinderrechtsbasiertes Stufenmodell. Diskurs Kindheits- und Jugendforschung, 13, Nr. 1, 109-114.
Büker, P., Hüpping, B. & Zala-Mezö, E. (2021): Partizipation als Veränderung. In: Zeitschrift für Grundschulforschung, 14, Nr. 2, 391-406.
Burger, K., Karabasheva, R., Zermatten, J. & Jaffé, P. (2016): Kinderrechte, Kindeswohl und Partizipation: Empirische Befunde aus einer multimethodischen Studie. In: Mörgen, R., Rieker, P. & Schnitzer, A. (Hrsg.): Partizipation von Kindern und Jugendlichen in vergleichender Perspektive. Bedingungen – Möglichkeiten – Grenzen. Weinheim, Basel, S. 15-38.
Coers, L., Simon, T. & Pech, D. (2022): Kinder und Gesellschaft – Sachunterricht(sdidaktik) und das Politische. Eine Einleitung. www.widerstreit-sachunterricht.de, 14. Beiheft. S. V-X.
Curdt, W. (2016): Machtstrukturen im Kontext partizipativer Forschung. In: Buchner, T., Koenig, O. & Schuppener, S. (Hrsg.): Inklusive Forschung. Gemeinsam mit Menschen mit Lernschwierigkeiten forschen. Bad Heilbrunn, S. 247-259.
Dworkin, R. (2017): Paternalism. http://plato.stanford.edu/entries/paternalism/ [12.09.2023].

doi.org/10.35468/6077-09

Eggen, B. (2019): Kinderrechte: Probleme ihrer Umsetzung. https://www.statistik-bw.de/Service/Veroeff/Monatshefte/PDF/Beitrag19_03_03.pdf [12.09.2023].

Eicker, J. & Holfelder, A.-K. (2020): Bildung Macht Zukunft – Lernen für die sozial-ökologische Transformation. Einleitung. In: Eicker, J., Eis, A., Holfelder, A.-K., Jacobs, S. & Yume, S. (Hrsg.): Bildung Macht Zukunft. Lernen für die sozial-ökologische Transformation?. Frankfurt/M, S. 11-15.

Faas, T. & Leininger, A. (2020): Wählen mit 16? Ein empirischer Beitrag zur Debatte um die Absenkung des Wahlalters. https://www.polsoz.fu-berlin.de/polwiss/forschung/systeme/empsoz/forschung/Projekte/Jugendwahlstudie-2019/AP41_Wahlalter16.pdf [12.09.2023].

Feige, J. & Gerbing, S. (2019): Das Kindeswohl neu denken. https://www.institut-fuer-menschenrechte.de/publikationen/detail/das-kindeswohl-neu-denken [12.09.2023].

Flieger, P. (2017): Partizipation. In: Ziemen, K. (Hrsg.): Lexikon Inklusion. Göttingen, Bristol, S. 179-180.

Fölling-Albers, M. (2022): Kind als didaktische Kategorie. In: Kahlert, J., Fölling-Albers, M., Götz, M., Hartinger, A., Miller, S. & Wittkowske, S. (Hrsg.): Handbuch Didaktik des Sachunterrichts. 3. Aufl. Bad Heilbrunn, S. 33-38.

Gerats, K. (2021): Kinderrechtsbildung - über, durch und für Kinderrechte. Zur Bedeutung eines gesamtgesellschaftlichen Kinderbewusstseins. Außerschulische Bildung. In: Zeitschrift der politischen Jugend- und Erwachsenenbildung, 18-24.

Giesinger, J. (2019): Paternalismus und die normative Eigenstruktur des Pädagogischen. Zur Ethik des pädagogischen Handelns. In: Zeitschrift für Pädagogik, 2, 250-265.

Graf, G. (2017): Die Menschenrechte von Kindern. In: Drerup, J. & Schickhardt, C. (Hrsg.): Kinderethik. Aktuelle Perspektiven – Klassische Problemvorgaben. Münster, S. 121-132.

Hammersley, M. (2017): Childhood Studies: A sustainable paradigm? In: Childhood, 24, No. 1, 113-127.

Hanke, K., Hofmann, H., Kamp, U., Krüger, T. & Ohlmeier, N. (2022): Kinderreport Deutschland 2022. Rechte von Kindern in Deutschland: Generationengerechte Politik gemeinsam mit und im Interesse von Kindern. Berlin.

Hauser, M. (2020): Qualität und Güte im gemeinsamen Forschen mit Menschen mit Lernschwierigkeiten. Entwurf und Diskussion von Qualitätskriterien Partizipativer und Inklusiver Forschung. Bad Heilbrunn.

Hüpping, B. & Velten, K. (2022): Partizipative Forschung mit Kindern im internationalen Diskurs – Impulse für die Grundschulforschung in Deutschland. In: Zeitschrift für Grundschulforschung, 173-189.

Liebel, M. (2020): Unerhört. Kinder und Macht. Weinheim, Basel.

Lingenfelder, J. (2020): Transformatives Lernen: Buzzword oder theoretisches Konzept. In: Eicker, J., Eis, A., Holfelder, A.-K., Jacobs, S. & Yume, S. (Hrsg.): Bildung Macht Zukunft. Lernen für die sozial-ökologische Transformation?. Frankfurt/M, S. 25-36.

Lundy, L. (2007): 'Voice' is not enough: conceptualising Article 12 of the United Nations Convention on the Rights of the Child. British Educational Research Journal, 33, No. 6, 927-942.

Lundy, L., McEvoy, L. & Byrne, B. (2011): Working With Young Children as Co-Researchers: An Approach Informed by the United Nations Convention on the Rights of the Child. In: Early Education & Development, 22, No. 5, 714-736.

Maltzahn, K. v. & Zelck, J. (2022): Kinder erforschen ihre Rechte. Was wird zur Sache, wenn sich Kinder forschend mit Kinderrechten auseinandersetzen? – Eine Diskussion der Potenziale für den Sachunterricht. www.widerstreit-sachunterricht.de, 14. Beiheft, 57-84.

Massing, P. (2007): Politische Bildung in der Grundschule. Überblick, Kritik, Perspektiven. In: Richter, D. (Hrsg.): Politische Bildung von Anfang an. Demokratie-Lernen in der Grundschule. Schwalbach/Ts., S. 18-35.

Maywald, J. (2021): Partizipation und Kinderrechte. https://www.nifbe.de/images/nifbe/Aktuelles_Global/2022/Kinderrechte_online.pdf [12.09.2023].

National Coalition Deutschland (2019): Der zweite Kinderrechtereport. Kinder und Jugendliche bewerten die Umsetzung der UN-Kinderrechtskonvention in Deutschland 2019. https://netzwerk-kinderrechte.de/wp-content/uploads/2020/12/Kinderrechtereport.pdf [12.09.2023].

Richter, S. (2013): Adultismus: die erste erlebte Diskriminierungsform? Theoretische Grundlagen und Praxisrelevanz. https://www.kita-fachtexte.de/fileadmin/Redaktion/Publikationen/KiTaFT_richter_2013.pdf [12.09.2023].

Ritz, M. (2017): Adultismus - ein (un)bekanntes Phänomen: »Ist die Welt nur für Erwachsene gemacht?«. In: Wagner, P. (Hrsg.): Handbuch Inklusion. Grundlagen vorurteilsbewusster Bildung und Erziehung. 4. Aufl. Freiburg, Basel, Wien, S. 185-193.

Rosa, H. & Oberthür, J. (2020): Einleitung. In: Rosa, H., Oberthür, J., Bohmann, U., Gregor, A., Lorenz, S., Scherschel, K., Schulz, P., Schwab, J. & Sevignani, S. (Hrsg.): Gesellschaftstheorie. München, S. 11-34.

Schefczyk, M. (2016): Generationengerechtigkeit. In: Goppel, A., Mieth, C. & Neuhäuser, C. (Hrsg.): Handbuch Gerechtigkeit. Stuttgart. S. 130-137.

Schickhardt, C. (2017): Der Begriff des Kindeswohls in der Moral. In: Drerup, J. & Schickhardt, C. (Hrsg.): Kinderethik. Aktuelle Perspektiven – Klassische Problemvorgaben. Münster, S. 63-88.

Schimpf, E. & Stehr, J. (2012): Kritisches Forschen in der Sozialen Arbeit – eine Einleitung. In: Schimpf, E. & Stehr, J. (Hrsg.): Kritisches Forschen in der Sozialen Arbeit. Gegenstandsbereiche – Kontextbedingungen – Positionierungen – Perspektiven. Wiesbaden, S. 7-23.

Schwier, V. (2022): Soziologische Aspekte. In: Kahlert, J., Fölling-Albers, M., Götz, M., Hartinger, A., Miller, S. & Wittkowske, S. (Hrsg.): Handbuch Didaktik des Sachunterrichts. 3. Aufl. Bad Heilbrunn, S. 164-168.

Storck-Odabaşı, J. & Heinzel, F. (2019): „Findest du Kinderrechte sind gut und wenn ja, warum?" Partizipative Methoden der Kindheitsforschung im Kontext von Schulentwicklung zu Kinderrechten. In: Donie, C., Foerster, F., Obermayr, M., Deckwerth, A., Kammermeyer, G., Lenske, G., Leuchter, M. & Wildemann, A. (Hrsg.): Grundschulpädagogik zwischen Wissenschaft und Transfer. Wiesbaden, S. 233-238.

Thomas, N. P. (2021): Child-led research, children's rights and childhood studies: A defence. In: Childhood, 28, Nr. 2, 186-199.

Unger, H. von (2014): Partizipative Forschung. Einführung in die Forschungspraxis. Wiesbaden.

Velten, K. & Höke, J. (2021): Forschung partizipativ und inklusiv gestalten? Ethische Reflexionen zu Interviews mit Kindern unter besonderer Berücksichtigung von Erwachsenheit. In: Zeitschrift für Grundschulforschung, 14, Nr. 2, 421-436.

Vereinte Nationen (1989/1992): Konvention über die Rechte des Kindes. UN-KRK.

Wapler, F. (2015): Kinderrechte und Kindeswohl. Eine Untersuchung zum Status des Kindes im Öffentlichen Recht. Tübingen.

Wöhrer, V. (2017): Was ist Partizipative Aktionsforschung? Warum mit Kindern und Jugendlichen? In: Wöhrer, V., Arztmann, D., Wintersteller, T., Harrasser, D. & Schneider, K. (Hrsg.): Partizipative Aktionsforschung mit Kindern und Jugendlichen. Wiesbaden, S. 27-48.

Autorinnenangaben

Anja Omolo
Humboldt-Universität zu Berlin
anja.omolo@hu-berlin.de

Dr. Katharina von Maltzahn
Professur für Sachunterrichtsdidaktik
Martin Luther-Universität Halle-Wittenberg
katharina.von-maltzahn@paedagogik.uni-halle.de

Johanna Zelck
Martin-Luther-Universität Halle-Wittenberg
johanna.zelck@paedagogik.uni-halle.de

Denk-, Arbeits- und Handlungsweisen zum Denken in Alternativen

Julia Kantreiter, Barbara Lenzgeiger, Katrin Lohrmann,
Simon Meyer, Christian Elting und Johannes Jung

Alternativen im Sachunterricht abwägen – für welche Denk-, Arbeits- und Handlungsweisen entschieden sich Lehrkräfte während der COVID-19-Pandemie?

> Due to the COVID-19 pandemic and respectively altered conditions, teachers were faced with the particular challenge of adjusting their instructional patterns. In terms of General Studies, this involved re-evaluating and balancing which scientific practices should be implemented in their lessons. However, it remains unclear whether, from the teachers' perspective, the scientific practices can be separated from the learning opportunities already implemented in General Studies. It is also unclear how often teachers have implemented learning opportunities related to the scientific practices. These questions were investigated in a quantitative questionnaire study with $N = 330$ elementary school teachers. Confirmatory factor analyses showed that scientific practices can be empirically separated with regard to already realized learning opportunities in General Studies under pandemic conditions. Paired t-tests showed that above all learning opportunities were made to promote 'work independently' and 'evaluate / reflect'. The significance of these findings for teaching the subject of General Studies is discussed.

1 Theoretischer Hintergrund und empirischer Forschungsstand

1.1 Perspektivenübergreifende Denk- Arbeits- und Handlungsweisen

Um sich ihre Umwelt erschließen zu können, werden Kinder im Sachunterricht bei der Entwicklung unterschiedlicher Kompetenzen unterstützt (Hartinger & Lange-Schubert 2017; Köhnlein 2022). Im Perspektivrahmen Sachunterricht (GDSU 2013) geht es hierbei um mehr als Wissen im engeren Sinn: So werden perspektivenbezogene und perspektivenübergreifende Themenbereiche mit perspektivenbezogenen und perspektivenübergreifenden Denk-, Arbeits- und Handlungsweisen vernetzt. Gegenstand dieses Beitrags sind die perspektivenübergreifenden Denk-, Arbeits- und Handlungsweisen (DAH) *erkennen/verstehen, eigenständig erarbeiten, evaluieren/reflektieren, kommunizieren/mit anderen zusammenarbeiten, den Sachen interessiert begegnen* und *umsetzen/handeln*. Diese sind abstrakt formuliert und in Bezug auf die einzelnen Perspektiven zu konkretisieren (GDSU 2013). Angebots-Nutzungsmodelle (z. B. Vieluf, Praetorius, Rakoczy, Kleinknecht & Pietsch 2020) zeigen, welche vielschichtigen Faktoren sich auf die Entwicklung dieser DAH auswirken: So beeinflussen Lehrkräfte die Lernentwicklung der Schüler*innen maßgeblich, indem sie Angebote zur Förderung der DAH planen, durchführen und reflektieren.

1.2 Veränderungen aufgrund der COVID-19-Pandemie

Die COVID-19-Pandemie beeinflusste Lehrkräfte und deren Angebote – auch im Sachunterricht (Helm, Huber & Losinger 2021; Weber, Helm & Kemethofer 2021). So rückten durch den Distanz- und Wechselunterricht auf Seiten der Lehrkräfte Kompetenzen wie die Innovationsbereitschaft oder der Umgang mit digitalen Medien ins Zentrum. Zudem waren Lehrkräfte mit neuen Aufgaben konfrontiert, beispielsweise dem Durchführen von COVID-19-Schnelltests. Bei der Unterrichtsplanung und -gestaltung mussten sie berücksichtigen, dass gewisse Lernorte (z. B. Museen, Feuerwachen) nicht mehr zugänglich waren. Die Hygienevorschriften wirkten sich auf die eingesetzten Unterrichtsmethoden aus: Gruppenarbeiten durften zeitweise nicht durchgeführt werden, es gab keine Präsentationen im Kreis oder bewegliche Feedbackrunden. Teilweise forderten Kultusministerien dazu auf, sich im Unterricht vor allem auf die Fächer Mathematik und Deutsch zu konzentrieren (Niedersächsisches Kultusministerium 2021). Diese Aspekte führten dazu, dass sich die Lerngelegenheiten und die Lernzeit der Schüler*innen veränderten. Daher waren die Lehrkräfte aufgefordert, umzudenken und somit auszuwählen, welche Angebote sie umsetzen möchten und – bedingt durch die Umstände – auch umsetzen können.

Welche Angebote Lehrkräfte im Sachunterricht zur Zeit der COVID-19-Pandemie gemacht haben, ist bisher unklar. Zwar machten sachunterrichtliche Angebote aus Sicht der Eltern und Schüler*innen einen erheblich geringeren Anteil des gesamten Lernangebots aus (Porsch & Porsch 2020; Wildemann & Hosenfeld 2020). Offen ist jedoch, wie die Angebote im Sachunterricht gestaltet wurden: Diesbezüglich gibt es bislang keine Erkenntnisse zu den perspektivenübergreifenden DAH unter Pandemiebedingungen.

In diesem Zusammenhang stellt sich außerdem die Frage nach der empirischen Trennbarkeit der DAH. Dabei ist zu berücksichtigen, dass die Systematik im Perspektivrahmen (GDSU 2013) eine theoretische Heuristik zum Ziel hat. Zwar konnte gezeigt werden, dass sich die fünf Perspektiven empirisch trennen lassen (Hartmann & Reichhart 2018). Zur empirischen Trennbarkeit der (perspektivenübergreifenden) DAH liegen bisher jedoch keine Studienergebnisse vor.

2 Fragestellungen

Auf Basis dieser Desiderate nimmt der vorliegende Beitrag die folgenden Fragestellungen in den Blick:
1. *Lassen sich die perspektivenübergreifenden Denk-, Arbeits- und Handlungsweisen im Hinblick auf bereits realisierte Angebote im Sachunterricht unter Pandemiebedingungen empirisch trennen?*
2. *Wie häufig machten Lehrkräfte während der COVID-19-Pandemie Angebote zu den perspektivenübergreifenden Denk-, Arbeits- und Handlungsweisen?*

3 Methodik

Die Daten zu dieser quantitativen retrospektiven Längsschnittstudie wurden von August bis einschließlich November 2022 mittels eines selbst konstruierten Online-Fragebogens erhoben. Die Stichprobe setzt sich aus N = 330 Grundschullehrkräften aus Bayern zusammen, was laut einer Teststärkeanalyse (Soper 2023) ausreichend für die erwarteten Effektstärken ist (ρ = .25; 1-β = .85; Anzahl an latenten Variablen: 6; Anzahl an manifesten Variablen: 20, α = .05; Mindeststichprobenumfang: $N \geq 272$). Der Großteil der Teilnehmenden (94.1 %) identifizierte sich als weiblich, 5.6 % als männlich, 0.3 % der Teilnehmenden konnte oder wollten sich nicht zuordnen. Die mittlere Berufserfahrung betrug 19.07 Jahre (SD = 9.38, MIN = 2, MAX = 41). Die Lehrkräfte unterrichteten durchschnittlich 21.96 Wochenstunden (SD = 4.79, MIN = 2, MAX = 29) in ihrer Klasse (Jahrgangsstufe 1/2: 52,4 %; Jahrgangsstufe 3/4: 47,6 %) und waren im Schuljahr 2020/21 als Klassenlehrkraft (u. a. im Fach Sachunterricht) tätig. Der Großteil des Unterrichts im Schuljahr 2020/21 wurde als Präsenzunterricht mit Hygieneauflagen gehalten (44.11 %), 30.71 % fanden als Distanzunterricht und 24.89 % als Wechselunterricht statt.

Gegenstand des Fragebogens war die Häufigkeit, mit der Grundschullehrkräfte unter Pandemiebedingungen (Schuljahr 2020/21) Angebote zur Förderung der Lernentwicklung im Sachunterricht machten. Die Antworten wurden auf einer fünfstufigen Likertskala erfasst (1 = *fast nie*, 2 = *selten*, 3 = *manchmal*, 4 = *häufig*, 5 = *fast immer*). Die Angebote im Sachunterricht wurden anhand der perspektivenübergreifenden DAH operationalisiert, welche jahrgangsübergreifend den Kern des Fachs adressieren: *erkennen/verstehen, eigenständig erarbeiten, evaluieren/reflektieren, kommunizieren/mit anderen zusammenarbeiten, den Sachen interessiert begegnen* und *umsetzen/handeln* (GDSU 2013). Daher wurde darauf geachtet, die Items so zu formulieren, dass sie für alle Jahrgangsstufen der Grundschule gleichermaßen gültig sind.

Die folgende Übersicht zeigt beispielhaft die Operationalisierung der einzelnen DAH. Der Prompt lautete: Ich habe Lernangebote gemacht, in denen die Schüler*innen aufgefordert wurden,...

- die Unterrichtsinhalte auf weitere Beispiele oder Situationen aus ihrem Alltag zu übertragen. (*erkennen / verstehen*)
- selbstständig Informationen zu recherchieren. (*eigenständig erarbeiten*)
- sachunterrichtliche Inhalte und Zusammenhänge begründet zu bewerten. (*evaluieren / reflektieren*)
- sich mit ihren Mitschüler*innen über sachunterrichtliche Inhalte auszutauschen. (*kommunizieren / mit anderen zusammenarbeiten*)
- die Faszination an Phänomenen unserer Welt zu erleben. (*den Sachen interessiert begegnen*)
- ihre Lebenswelt aktiv mitzugestalten. (*umsetzen / handeln*)

Insgesamt hatten die Skalen je 3-4 Items und wiesen akzeptable Reliabilitäten auf: Während Cronbachs α bei den Skalen *evaluieren / reflektieren* (α = .71), *kommunizieren / mit anderen zusammenarbeiten* (α = .72) und *umsetzen / handeln* (α = .74) angemessen war, fiel die Reliabilität bei den Skalen *eigenständig erarbeiten* (α = .65), *erkennen / verstehen* (α = .62) und *den Sachen interessiert begegnen* (α = .64) geringer aus.

Zur Prüfung der Struktur der perspektivenübergreifenden DAH unter Pandemiebedingungen (Frage 1) wurden standardisierte bivariate Korrelationen ermittelt sowie konfirmatorische Faktorenanalysen inklusive Modellvergleiche in R (Version 2023.06.2) vorgenommen. Für Frage 2 wurden in einem ersten Schritt die Mittelwerte betrachtet.

Mithilfe einer ANOVA wurde zunächst geprüft, ob insgesamt signifikante Unterschiede im Ausmaß der Lernangebote zu den verschiedenen perspektivenübergreifenden DAH unter Pandemiebedingungen vorliegen. Dabei handelt es sich um eine ANOVA mit Messwiederholung, um der Tatsache Rechnung zu tragen, dass das Ausmaß der Lernangebote zu den vier perspektivenübergreifenden DAH jeweils von derselben Lehrkraft eingeschätzt wurde und somit Mittelwerte aus abhängigen Stichproben verglichen werden. Die individuellen Einschätzungen des Angebotsausmaßes zu den vier DAH stellen also abhängige Daten dar.

Mittels t-Tests für abhängige Stichproben wurde anschließend im Einzelnen geprüft, zwischen welchen perspektivenübergreifenden DAH Unterschiede in Bezug auf die Angebote bestehen. Die fehlenden Werte (≤ 2.7 %) wurden mithilfe des FIML-Algorithmus (konfirmatorische Faktorenanalysen) bzw. des EM-Schätzers (Korrelationen und t-Tests) behandelt.

4 Ergebnisse

Die standardisierten bivariaten Korrelationen (Frage 1) lagen überwiegend in einem moderaten Bereich ($r = .40 - .56$, $p < .001$). Es zeigten sich bei drei Skalen deutlich stärkere Zusammenhänge: *erkennen/verstehen*, *evaluieren/reflektieren* sowie *den Sachen interessiert begegnen* korrelierten zu $r = .69 - .70$, $p < .001$. Auf dieser Basis wurde eine konfirmatorische Faktorenanalyse durchgeführt. Beim postulierten sechsfaktoriellen Modell zeigten sich Heywood Cases bei den drei Faktoren *erkennen/verstehen*, *evaluieren/reflektieren* sowie *den Sachen interessiert begegnen*. Aufgrund geringerer interner Konsistenzen, erhöhter bivariater Korrelationen sowie unplausibler Parameterschätzungen in Form von standardisierten Korrelationen > 1 (Heywood Cases) ist anzunehmen, dass bei diesen Faktoren Multikollinearität vorliegt (Weiber & Mühlhaus 2014). In einer weiteren Publikation (Kantreiter, Meyer, Elting, Lenzgeiger, Jung & Lohrmann under revision) werden die sechs perspektivenübergreifenden DAH auch unter Normalbedingungen berichtet. Hierbei zeigte sich, dass *erkennen/verstehen* sowie *den Sachen interessiert begegnen* nicht reliabel abgebildet werden konnten ($\alpha \leq .53$), *evaluieren/reflektieren* hingegen schon ($\alpha = .64$). Daher wurden die Faktoren *erkennen/verstehen* sowie *den Sachen interessiert begegnen* nicht in die weiteren Analysen dieses Beitrags einbezogen und demzufolge ein vierfaktorielles Modell mit den DAH *eigenständig erarbeiten, evaluieren/reflektieren, kommunizieren/mit anderen zusammenarbeiten* und *umsetzen/handeln* spezifiziert. Dieses vierfaktorielle Modell weist eine zufriedenstellende Modellgüte auf ($\chi^2 (48) = 138.40$, $p < .001$, CFI $= .91$, RMSEA $= .08$, SRMR $= .06$). Das einfaktorielle Alternativmodell hingegen erreichte keine angemessenen Fit-Indices ($\chi^2 (54) = 279.89$, $p < .001$, CFI $= .77$, RMSEA $= .12$, SRMR $= .08$). Auch im Vergleich für genestete Modelle zeigte sich das vierfaktorielle Modell dem entsprechenden einfaktoriellen Modell statistisch signifikant überlegen ($cd = 1.31$, $TRd = 124.78$, $\Delta df = 6$, $p < .001$). Demnach kann die theoretisch vorgenommene Unterscheidung der sechs perspektivenübergreifenden DAH empirisch nur teilweise bestätigt werden: Die DAH *eigenständig erarbeiten, evaluieren/reflektieren, kommunizieren/mit anderen zusammenarbeiten* sowie *umsetzen/handeln* sind im Hinblick auf realisierte Angebote im Sachunterricht unter Pandemiebedingungen konfirmatorisch trennbar, während diesbezüglich für *erkennen/verstehen* und *den Sachen interessiert begegnen* keine Aussage getroffen werden kann.

Die Mittelwerte (Tabelle 1) geben Auskunft darüber, wie häufig Lehrkräfte Angebote zu den einzelnen DAH unter Pandemiebedingungen gemacht haben (Frage 2). Diese liegen durchgehend unter dem theoretischen Mittel von 3.00. Zudem fällt auf, dass die Mittelwerte unterschiedlich hoch ausgeprägt sind. Aus einer ANOVA mit Messwiederholung geht hervor, dass diese Unterschiede mit einer mittleren Effektstärke signifikant sind ($F(1.00, 329.00) = 71.613$, $p < .001$, generalized $\eta^2 = .061$). Die paarweisen t-Tests (Tabelle 1) ergaben, dass signifikant mehr Angebote zur Förderung der DAH *eigenständig erarbeiten* und *evaluieren/reflektieren* gemacht wurden als zu den beiden anderen DAH. Besonders deutlich ist der Unterschied zur DAH *kommunizieren/mit anderen zusammenarbeiten*, zu der am wenigsten Angebote gemacht wurden ($d = 0.47 - 0.73$).

Tab. 1: Deskriptiva und paarweise t-Tests zum Vergleich des Ausmaßes der Angebote zur Förderung der DAH unter Pandemiebedingungen

Skala	M (SD)	paarweise t-Tests			
		(1)	(2)	(3)	(4)
(1) eigenständig erarbeiten	2.78 (0.86)				
(2) evaluieren / reflektieren	2.77 (0.85)	$t(329) = 0.15$, n.s.			
(3) kommunizieren / mit anderen zusammenarbeiten	2.17 (0.82)	$t(329) = 12.40^{***}$, $d = 0.68$	$t(329) = 13.29^{***}$, $d = 0.73$		
(4) umsetzen / handeln	2.60 (0.87)	$t(329) = 3.43^{***}$, $d = 0.19$	$t(329) = 3.25^{***}$, $d = 0.18$	$t(329) = -8.46^{***}$, $d = 0.47$	

Anmerkungen: *: $p < .05$, **: $p < .01$, ***: $p < .001$, n.s.: $p > 0.05$.

5 Diskussion

5.1 Zusammenfassung der Ergebnisse und Einordnung in den bisherigen Forschungsstand

Erstmals wurden in dieser Studie die perspektivenübergreifenden DAH selbst zum Gegenstand der empirischen Untersuchung. Dabei konnten vier von sechs DAH mittels eines selbst entwickelten Instruments reliabel abgebildet werden. Angesichts der Zielsetzung des Perspektivrahmens, mit den DAH eine heuristische Struktur zur Verfügung zu stellen, ist das Ergebnis, wonach die empirische Trennbarkeit zumindest in Teilen möglich ist, durchaus bemerkenswert. Aus Sicht der befragten Sachunterrichtslehrkräfte stellen diese vier DAH also unterschiedliche, voneinander unterscheidbare Aspekte dar.

Die Skalen *erkennen/verstehen* und *den Sachen interessiert begegnen* korrelieren auffällig stark mit *evaluieren/reflektieren*. Dies könnte daran liegen, dass die Operationalisierung von *den Sachen interessiert begegnen* v. a. kognitive Aspekte von

Interesse (Krapp 2007) beinhaltet; dies ist bei den Skalen *erkennen / verstehen* und *evaluieren / reflektieren* auch der Fall.

Die Ergebnisse zeigen, in welchem Ausmaß Angebote zu perspektivenübergreifenden DAH während der COVID-19-Pandemie umgesetzt wurden. Angesichts der schulischen und unterrichtlichen Rahmenbedingungen (vgl. Abschnitt 1) verwundert es nicht, dass der Fokus auf der DAH *eigenständig erarbeiten* lag, denn diese ließ sich auch unter Pandemiebedingungen gut realisieren.

Angebote nach der Pandemie sollten sich nun insbesondere auf jene DAH beziehen, die während der Pandemie weniger im Fokus waren, v. a. *kommunizieren / mit anderen zusammenarbeiten*. Diese übergreifende Kompetenz wird von der KMK (2021) als zentral für das Lernen, Leben und Arbeiten in einer zunehmend digitalisierten Welt erachtet. Mit Blick auf die häufigen Angebote zur DAH *eigenständig erarbeiten* ist es zugleich wichtig, die Fähigkeit zu selbstreguliertem Lernen frühzeitig und dauerhaft zu fördern, damit die Schüler*innen die damit verbundenen Anforderungen bewältigen.

5.2 Limitationen

Aus inhaltlicher Sicht liegen die Limitationen der Studie in der Beschränkung auf die perspektivenübergreifenden DAH und der Ausklammerung der Themenbereiche sowie perspektivenbezogenen DAH. Auf deren Erfassung wurde im Rahmen dieser Studie verzichtet, weil sich das Erkenntnisinteresse der Studie weniger darauf bezog, ob ein bestimmter Themenbereich bearbeitet wurde, sondern wie grundlegende DAH zur Zeit der COVID-19-Pandemie realisiert wurden. Zudem hätte dies aufgrund des in Bayern gültigen Lehrplans eine Beschränkung auf die Erhebung in den Jahrgangsstufen 1 / 2 oder 3 / 4 mit sich gebracht.

Methodische Limitationen beziehen sich vor allem auf die Operationalisierung der DAH. In dieser Studie wurde erstmals der Versuch gemacht, die DAH empirisch zu fassen. Durch die Operationalisierung konnten zwei der sechs DAH nicht reliabel abgebildet werden. Dies könnte sowohl an der Formulierung der Items als auch an der geringen Anzahl an Items pro Skala liegen. Zukünftige Studien sollten hier nachschärfen, indem die Konstrukte in ihrer Breite abgebildet werden (z. B. auch emotionale und wertbezogene Komponenten von Interesse berücksichtigen) und ggf. auch die Zahl der Items pro Skala erhöht wird. Ein zweiter Aspekt betrifft die Zusammensetzung der Stichprobe: Da die Teilnahme an der Studie freiwillig war, kann eine Selbstselektion der Stichprobe nicht ausgeschlossen werden.

5.3 Ausblick

Die Verknüpfung von Themenbereichen und DAH sind ein konstitutives Merkmal im Sachunterricht der Grundschule. Den perspektivenübergreifenden DAH kommt dabei eine besondere Bedeutung zu: Die Themenunabhängigkeit macht es möglich, deren Erwerb über die gesamte Grundschulzeit hinweg regelmäßig anzuregen und zu fördern. Es bedarf daher in allen Phasen der Lehrkräftebildung einer Sensibilisierung für die Bedeutsamkeit der sechs perspektivenübergreifenden DAH: *erkennen/verstehen, eigenständig erarbeiten, evaluieren/reflektieren, kommunizieren/mit anderen zusammenarbeiten, den Sachen interessiert begegnen* und *umsetzen/handeln* bilden die Voraussetzung dafür, dass sich Schüler*innen ihre Lebenswelt im Austausch mit anderen selbstständig erschließen können. Das Bewusstsein für unterschiedliche Ausprägungen der DAH aufseiten der Lehrkräfte und die zu erwerbenden Kompetenzen durch die Schüler*innen ist eine wichtige Voraussetzung für die gezielte Gestaltung von Lehr-Lernsituationen und die Gestaltung entsprechender Angebote (Lenzgeiger, Kantreiter & Lohrmann 2022).

In der vorliegenden Studie wurde die interne Struktur von Angeboten zu perspektivenübergreifenden DAH zur Zeit der COVID-19-Pandemie erfasst. Somit stellt sich die Frage, wie sich die interne Struktur der DAH unter Normalbedingungen darstellt. Zudem wird im Anschluss an die hier berichteten Ergebnisse in einer weiteren Untersuchung geprüft, ob sich Angebote zu den DAH unter Pandemiebedingungen von normalen Schuljahren vor (und auch nach der Pandemie) unterscheiden (vgl. hierzu auch Kantreiter u. a. under revision).

Literatur

GDSU (2013): Perspektivrahmen Sachunterricht. Bad Heilbrunn.

Hartinger, A. & Lange-Schubert, K. (2017): Zur Geschichte und Konzeptionierung des Faches. In: Hartinger, A. & Lange-Schubert, K. (Hrsg.): Sachunterricht. Didaktik für die Grundschule. 5. Aufl. Berlin, S. 6-17.

Hartmann, C. & Reichhart, B. (2018): Motivationale Orientierungen von Grundschullehramtsstudierenden bezogen auf die fachlichen Perspektiven des Sachunterrichts. In: Franz, U., Giest, H., Hartinger, A., Heinrich-Dönges, A. & Reinhoffer, B. (Hrsg.): Handeln im Sachunterricht (Probleme und Perspektiven des Sachunterrichts, Bd. 28). Bad Heilbrunn, S. 167-174.

Helm, C., Huber, S. & Losinger, T. (2021): Was wissen wir über schulische Lehr-Lern-Prozesse im Distanzunterricht während der Corona-Pandemie? Evidenz aus Deutschland, Österreich und der Schweiz. In: Zeitschrift für Erziehungswissenschaft, 24, 237-311. https://doi.org/doi:10.1007/s11618-021-01000-z.

Kantreiter, J., Meyer, S., Elting, C., Lenzgeiger, B., Jung J. & Lohrmann, K. under revision

Köhnlein, W. (2022): Aufgaben und Ziele des Sachunterrichts. In: Kahlert, J., Fölling-Albers, M., Götz, M., Hartinger, A., Miller, S. & Wittkowske, S. (Hrsg.): Handbuch Didaktik des Sachunterrichts. 3., aktualisierte und erweiterte Aufl. Bad Heilbrunn, S. 100-108.

Krapp, A. (2007): An Educational–Psychological Conceptualisation of Interest. In: International Journal for Educational and Vocational Guidance, 7, Nr. 1, 5-21. https://doi.org/10.1007/s10775-007-9113-9.

KMK (Hrsg.) (2021): Lehren und Lernen in der digitalen Welt. Die ergänzende Empfehlung zur Strategie „Bildung in der digitalen Welt". Beschluss der Kultusministerkonferenz vom 09.12.2021. https://www.kmk.org/fileadmin/veroeffentlichungen_beschluesse/2021/2021_12_09-Lehren-und-Lernen-Digi.pdf [13.09.23].

Lenzgeiger, B., Kantreiter, J. & Lohrmann, K. (2022): Prozedurales Wissen für das Politische. Denk-, Arbeits- und Handlungsweisen. In: widerstreit-sachunterricht, Beiheft 14, 32-56. https://openda-ta.uni-halle.de//handle/1981185920/94533.

Niedersächsisches Kultusministerium (2021): Hinweise zum Umgang mit pandemiebedingten Lernrückständen. file:///C:/Users/PPA1029/Downloads/ma_gym_Sek_I_kc_prio.pdf. [05.11.23].
Porsch, R. & Porsch, T. (2020): Emotionales Erleben von Eltern im Fernunterricht. Wie bedeutsam ist das berufliche didaktische Wissen der Eltern?. In: Zeitschrift für Schul- und Professionsentwicklung, 2, Nr. 6, 155-174. https://doi.org/10.4119/pflb-3905.
Soper, D. (2023): A-priori Sample Size Calculator for Structural Equation Models. https://www.danielsoper.com/statcalc/calculator.aspx?id=89 [13.09.23].
Vieluf, S., Praetorius, A.-K., Rakoczy, K., Kleinknecht, M. & Pietsch, M. (2020): Angebots-Nutzungs-Modelle der Wirkweise des Unterrichts. Ein kritischer Vergleich verschiedener Modellvarianten. In: Zeitschrift für Pädagogik, 66, Beiheft 1/20, 63-80. https://doi.org/10.3262/ZPB2001063.
Weber, C., Helm, C. & Kemethofer, D. (2021): Corona-bedingte Schulschließungen in der Primarstufe – Befunde aus Österreich. In: Psychologie in Erziehung und Unterricht 68, Nr. 4, 287-291. https://doi.org/10.2378/peu2021.art24d.
Weiber, R. & Mühlhaus, D. (2014): Strukturgleichungsmodellierung. Eine anwendungsorientierte Einführung in die Kausalanalyse mit Hilfe von AMOS, SmartPLS und SPSS. 2. erweiterte und korrigierte Aufl. Berlin. https://doi.org/10.1007/978-3-642-35012-2.
Wildemann, A. & Hosenfeld, I. (2020): Bundesweite Elternbefragung zu Homeschooling während der Covid 19-Pandemie. Erkenntnisse zur Umsetzung des Homeschoolings in Deutschland. http://www.zepf.eu/wp-content/uploads/2020/06/Bericht_HOMEschooling2020.pdf. [13.09.23].

Autor:innenangaben

Dr. Julia Kantreiter
https://orcid.org/0000-0001-9202-3004
Lehrstuhl für Grundschulpädagogik und Grundschuldidaktik
Ludwig-Maximilians-Universität München
julia.kantreiter@edu.lmu.de

Jun.-Prof. Dr. Barbara Lenzgeiger
https://orcid.org/0009-0005-8670-6542
Juniorprofessur für Grundschulpädagogik und Grundschuldidaktik
Katholische Universität Eichstätt-Ingolstadt
barbara.lenzgeiger@ku.de

Prof. Dr. Katrin Lohrmann
https://orcid.org/0000-0001-5780-6193
Inhaberin des Lehrstuhls für Grundschulpädagogik und Grundschuldidaktik
Ludwig-Maximilians-Universität München
katrin.lohrmann@lmu.de

Dr. Simon Meyer
https://orcid.org/ 0000-0002-7095-4649
Friedrich-Alexander-Universität Erlangen-Nürnberg
simon.meyer@fau.de

Christian Elting
https://orcid.org/0000-0003-1409-6712
Otto-Friedrich-Universität Bamberg
christian.elting@uni-bamberg.de

Apl. Prof. Dr. Johannes Jung
Julius-Maximilians-Universität Würzburg
johannes.jung@uni-wuerzburg.de

Günther Laimböck, Jurik Stiller, Detlef Pech,
Nina Skorsetz und Thorsten Kosler

Wissenschaftliches Denken im vielperspektivischen Sachunterricht

The subject of Primary science and social sciences (Sachunterricht) is inter- and transdisciplinary and aims not only at introducing students to subject content from various natural and social science, but also at teaching them to think, work and act along scientific approaches. This paper examines the epistemological interests underlying the five subject perspectives of multi-perspective Primary science and social sciences (Sachunterricht) and the cognitive tools used for scientific inquiry. Based on the similarities and differences of the disciplinary approaches, a model of scientific reasoning in Primary science and social sciences (Sachunterricht) is developed. For this purpose, five elements were identified: Encountering phenomena, establishing conceptual understanding and formulating questions, using cognitive tools and generating data, analyzing and interpreting data and drawing conclusions.

1 Einleitung

Sachunterricht versteht sich als inter- oder transdisziplinäres Fach, nicht nur in Bezug auf die dort behandelten fachlichen Themen und Inhalten, die aus verschiedenen natur- und gesellschaftswissenschaftlichen Fachdisziplinen stammen. Im Sachunterricht sollen die Schüler*innen auch „Denk-, Arbeits- und Handlungsweisen" (DAH) erwerben, die als Nachvollzug wissenschaftlicher Herangehensweisen aus den verschiedenen Disziplinen verstanden werden können. Vor dem Hintergrund, wissenschaftliches Denken im Sachunterricht genauer zu beschreiben (Stiller, Skorsetz, Laimböck, Kosler & Pech 2023), kann also vorsichtig als weiteres Ziel von Sachunterricht formuliert werden, dass Schüler*innen dort (didaktisch reduziert) kognitive Hilfsmittel kennenlernen und nutzen, die in den verschiedenen Disziplinen zur Erkenntnisgewinnung genutzt werden.
Das bestehende Kompetenzmodell der Gesellschaft für die Didaktik des Sachunterrichts (GDSU) (2013) sieht DAH perspektivenbezogen in fünf Perspektiven (natur- und sozialwissenschaftlich, geografisch, technisch und historisch) sowie die Förderung perspektivenübergreifender DAH vor.

doi.org/10.35468/6077-11

Im vorliegenden Beitrag sollen aus den fünf Perspektiven jeweils das disziplintypische Erkenntnisinteresse und die dafür genutzten kognitiven Hilfsmittel (Netz 1999) zusammengetragen werden. Ziel ist es, durch die Zusammenschau der disziplinären erkenntnisleitenden Vorgehensweisen und den Abgleich mit dem bisher formulierten Erkenntnisinteresse des Sachunterrichts Überlegungen zu einem perspektivenübergreifenden Modell wissenschaftlichen Denkens abzuleiten. Bestehende Debatten über die Unterschiede von wissenschaftlichen Disziplinen (Diltey 1894; Snow 1959) können dabei nicht explizit aufgegriffen werden. Die leitende Frage für diesen Beitrag ist demzufolge, welches Erkenntnisinteresse jeder Perspektive des Perspektivrahmens zugrunde liegt und welches Vorgehen bzw. welche kognitiven Hilfsmittel dazu eingesetzt werden. Dies geschieht wohl wissend, dass im vorliegenden Format nur ein sehr zugespitzter Einblick in die disziplin-internen Diskurse zum jeweils eigenen Erkenntnisinteresse dargestellt werden kann.

2 Naturwissenschaftliche Perspektive

2.1 Erkenntnisinteresse

In den Naturwissenschaften werden gesetzesartige Zusammenhänge zwischen messbaren Größen gesucht, mit denen sich Naturphänomene beschreiben und erklären lassen (Chalmers 2007). Ein Phänomen gilt dann als erklärt, wenn es auf ein oder mehrere Naturgesetze zurückgeführt werden kann. Naturgesetze bringen mehrere Beobachtungsgrößen in einen festen Zusammenhang, der sich häufig mathematisch formulieren lässt. Sie gelten zu allen Zeiten und an allen Orten. Daher lassen sich aus solchen Gesetzen Vorhersagen ableiten. Sind für einen bestimmten Ort und zu einer bestimmten Zeit alle bis auf eine Messgröße, die in einem Gesetz im Zusammenhang stehen, bekannt, so lässt sich vorhersagen, welchen Wert die letzte Messgröße haben muss. Im Experiment kann dann geprüft werden, ob die Vorhersage stimmt. Erweisen sich die Vorhersagen, die sich aus einer Idee für einen gesetzesartigen Zusammenhang ableiten lassen, dauerhaft als zuverlässig, so geht die Forschungsgemeinschaft, die für die vom angenommenen Gesetz abgedeckten Phänomenbereich zuständig ist, dazu über, die Idee nicht mehr als bloße Idee, sondern als verlässliches Naturgesetz zu betrachten. Erweisen sich die Vorhersagen später doch nicht mehr als zuverlässig, so entzieht die Forschungsgemeinschaft der Idee den Gesetzesstatus auch wieder.

Die Naturwissenschaft ist deshalb so bedeutend, weil sich mit Hilfe der gefundenen Naturgesetze technische Geräte (z. B. Maschinen, Fahrzeuge, Leuchtmittel, Heiz- und Kühlgeräte, Herd, Computer, Smartphone, Fließband) konstruieren lassen und natürliche Prozesse gezielt beeinflusst werden können (z. B. Düngemittel, Tier- und Pflanzenzucht, Arzneimittel).

2.2 Kognitive Hilfsmittel

Unter Rekurs auf die Wissenschaftsforschung (Latour & Woolgar 1986; Hacking 1983; 1992; Kuhn 1981; Gooding 1990; Steinle 2005; Rheinberger 2007) lässt sich das Vorgehen in der naturwissenschaftlichen Erkenntnisgewinnung als ein Wechselspiel zwischen Denken und Handeln beschreiben, bei dem a) verschiedene Phänomene als einander ähnlich und damit in gleicher Weise verstehbar betrachtet werden, b) Begriffe gefunden werden, mit denen sich charakteristische Merkmale der untersuchten Phänomene erfassen lassen, c) Repräsentationsmittel (z. B. Skizzen und Diagramme) für die Phänomene gefunden werden, die das Nachdenken über Zusammenhänge zwischen als relevant identifizierten Merkmalen erleichtern, d) Begriffe und Repräsentationsmittel verwendet werden, um aus bereits bekannten Zusammenhängen auf mögliche neue Zusammenhänge zu schließen und e) passende Versuchsaufbauten oder Beobachtungssituationen gefunden werden, in denen sich Zusammenhänge zwischen als relevant identifizierten Merkmalen aufspüren und Vorhersagen überprüfen lassen (Kosler 2017).

3 Historische Perspektive

3.1 Erkenntnisinteresse

Nach Rüsen (2013) liegt das Erkenntnisinteresse der Geschichtswissenschaft darin, über die Vergangenheit historischen Sinn zu bilden. Dies geschieht mithilfe der *historischen Methode*, einem Regelwerk, das den Erkenntnisprozess leitet und das von Droysen (1977 [1857], 22) wie folgt definiert wurde: „[...] das Wesen der geschichtlichen Methode ist forschend zu verstehen, [...]". Für den Verlauf des forschenden Verstehens führte Droysen die drei Schritte *Heuristik, Kritik* und *Interpretation* ein (Pandel 2017). Angepasst und verfeinert lassen sich diese Schritte heute nach Rüsen (2013) folgendermaßen skizzieren: In *Heuristik I*, der Entwicklung einer Fragestellung, wird eine Forschungsfrage formuliert, die innovative Aspekte im Vergleich zum aktuellen Wissensstand bietet. In *Heuristik II*, dem Finden, Identifizieren und Erschließen von Dokumentationen des Geschehens in der Vergangenheit, wird nach relevanten Quellen gesucht, sowohl in bekannten als auch in bisher unbekannten Dokumenten. In *Heuristik III*, der Unterscheidung von Traditions- und Überrestquellen, werden Quellen analysiert, um zwischen bewussten und unbeabsichtigten Überlieferungen zu differenzieren und die Informationsquellen kritisch zu bewerten. In der Phase der *Kritik* erfolgt eine kritische Überprüfung der Quellen auf ihre Echtheit und Verlässlichkeit, wobei verschiedene Kriterien wie Sprache und Objektivität berücksichtigt werden. In der *Interpretation* werden die kritisch ermittelten Fakten zusammengefügt, um nachvollziehbare Zeitverläufe und historische Zusammenhänge zu entwickeln. Dabei werden theoretische Überlegungen zur Gliederung von Zeitverläufen und zur Bedeutung der Ereignisse einbezogen. Das Ziel ist es, die Bedeutung der Vergangenheit für die Gegenwart zu begreifen. In der Praxis wird diese Reihenfolge oft flexibel gehandhabt. Bei Interpretationsproblemen werden möglicherweise neue Quellen gesucht oder vorhandene Quellen erneut überprüft (Pandel 2017).

3.2 Kognitive Hilfsmittel

Das methodische Verfahren der *Heuristik* konzentriert sich auf innovative Fragen und die Suche nach relevanten Quellen für empirisches historisches Wissen (Rüsen 2013). Historische Fragen lassen sich in drei Kategorien unterteilen: *Inhaltsbezogene Fragen* befassen sich mit Ursachen, Effekten, Erfahrungen, Wertvorstellungen, Zeitpunkten und Fakten der Vergangenheit. *Verfahrensbezogene Fragen* beschäftigen sich mit der Quellenrecherche, Zeitzeugenbefragung und kritischen Prüfung von Geschichtserzählungen. *Erkenntnistheoretische und philosophische Fragen* behandeln die Gewinnung von Wissen über die Vergangenheit, die Bedeutung von Geschichte und Geschichtsschreibung sowie den Wert historischer Überlieferung und Erinnerung (Michalik 2016).

4 Sozialwissenschaftliche Perspektive

4.1 Erkenntnisinteresse

Das grundlegende Erkenntnisinteresse der Sozialwissenschaften besteht darin, menschliches Handeln in sozialen Zusammenhängen und den sozialen Gebilden, die dabei geschaffen werden, zu verstehen, zu erklären und zu analysieren. Sozialwissenschaftler*innen untersuchen soziale Phänomene, um Muster, Ursachen und Auswirkungen von menschlichem Handeln in Gruppen, Gemeinschaften, Gesellschaften und Kulturen zu identifizieren. Hierbei richten sie ihre Fragen auf die Beschaffenheit sozialer Phänomene oder auf Wirkungszusammenhänge (Mayntz 2009, 11).

4.2 Kognitive Hilfsmittel

In der sachunterrichtsdidaktischen Literatur wird das Potenzial der sozialwissenschaftlichen Perspektive oft in Zusammenhang mit der Entwicklung eines Demokratieverständnisses und damit verknüpft der Notwendigkeit von Partizipation diskutiert. Dagmar Richter akzentuiert dabei für den Sachunterricht insbesondere die Aspekte von Begriffsbildung, Pro-Contra-Debatte, Fallanalyse und Planspiele (Richter 2017, 72ff.), d. h. die Bedeutung sozialwissenschaftlicher Begriffsbildung wird hervorgehoben, weil Beobachtbares im menschliches Handeln eben nicht ‚gegenständlich', sondern in einem sozialen Gefüge erscheint (Mayntz 2009, 15), die Bedeutung des Aushandelns als gesellschaftlicher Prozess bei dem das Konflikthafte besonders bedeutsam ist (Dängeli & Kalcsics 2018) und die Fallanalyse, die sowohl den Zugang zu widerstreitenden Interessenlagen aber auch strukturellen Bedingungen ermöglicht. Diese Darstellung verweist bereits darauf, dass erkenntnisgenerierende sozialwissenschaftliche Methoden in ihrer Adaption als Unterrichtsmethode verwischen. Wobei andererseits insbesondere die Frage nach den relevanten kognitiven Hilfsmitteln für das grundschulische Aufgreifen weitestgehend ungeklärt ist, obwohl die Desiderate mittlerweile vielfach angemahnt wurden (zusammenfassend z. B. Pech 2023).

5 Technische Perspektive

5.1 Erkenntnisinteresse

Zentrales Interesse des technikwissenschaftlichen Erkenntnisgewinns ist das technische Problemlösen (Bienhaus 2008, 1). Dies beinhaltet gemäß Graube (2021, 6 sowie 8 f.) die funktionale, hierarchische und strukturelle Analyse und Erfassung komplexer technischer Systeme. Ziel ist der Aufbau technologischen Gesetzeswissens (Ropohl 2009).

Schmayl und Wilkening (1995) sowie Schmayl (2004) kondensieren die vielfältigen Erkenntnisperspektiven bei der technikwissenschaftlichen Erschließung auf die Sachperspektive, human-sozialen Perspektive und Sinn- bzw. Wertperspektive. In Überwindung des intuitionistischen Konzepts (wonach das Finden einer Lösungsidee rein intuitive Schritte beinhalte) wird im rationalistischen Konzept eine mehrdimensionale Klassifikationsmethode (der morphologische Kasten) genutzt, um das bewusste, rationale und systematische Problemlösen zugänglich zu machen. Dazu werden für alle Subsysteme mögliche Lösungselemente systematisch variiert (funktional, hierarchisch und strukturell) (Ropohl 1990).

5.2 Kognitive Hilfsmittel

Zentrale kognitive Hilfsmittel in der Technik sind Technikdarstellungen und technische (Hand-)Zeichnungen (Kornwachs 2010). Darstellungen von Technik beinhalten ggf. abstrahierte Geometrie und Gestalt von Objekten, Funktionen und Strukturen, auch Verfälschung oder Verfremdung gegenüber dem Original können vorkommen (Lindemann 2010). Die technische (Hand-)Zeichnung (Skizze) eröffnet die Möglichkeit eines mehrdimensionalen Bedeutungsraums (Glotzbach 2010).

Als Methode für technisches Problemlösen im rationalistischen Konzept kommt der morphologische Kasten anhand des Dreischritts Konzipieren (Potenzialvarianten aufführen), Entwerfen (Realisierungsprinzip konstruktiv konkretisieren), Ausarbeiten (Gestaltvarianten in Betracht ziehen, in detaillierten Zeichnungen beschreiben) zum Einsatz (Ropohl 2009).

6 Geographische Perspektive

6.1 Erkenntnisinteresse

Das Erkenntnisinteresse der Geographie fokussiert Analyse und Verständnis der räumlichen Verteilung von Phänomenen physisch- bzw. humangeographischer Subsysteme innerhalb der Geosphäre (Borsdorf 2007, 31ff.). Zu diesem Zweck erklärt sie die jeweiligen Systemkomponenten auf den verschiedenen Maßstabsebenen in ihren räumlichen Ausprägungen, d. h. die regionalgeographischen Verhältnisse in einzelnen Räumen (z. B. Ländern und Regionen).

6.2 Kognitive Hilfsmittel

Die Geographie erfasst (visuell, per Luftbild oder Karte), beschreibt systematisch und erklärt die erfassten und beschriebenen Strukturen physisch- bzw. humangeographischer Subsysteme innerhalb der Geosphäre (Borsdorf 2007, 31). Die wichtigste Methode ist die Beobachtung (ebd., 41; Fögele 2017). Analysetechniken sind – je nach Informationsträger – etwa Geländebeobachtung und Geographische Feldmethoden (Probenentnahme, dreidimensionale Vermessung und Kartierung, funktionale Kartierung), Labormethoden (Techniken der Boden- und Gewässeranalyse, Altlasten- und Kontaminationsermittlung, Bioindikatoren), Karteninterpretation, Interpretation von Statistiken oder Geoinformationssystemen (Borsdorf 2007, 116).

Die Methoden der Allgemeinen Geographie sind dabei überwiegend analytisch auf den je spezifischen Geofaktor ausgerichtet. In der Regionalen Geographie arbeitet die Länderkunde integrativ-synthetisch, die Landschaftskunde vergleichend-generalisierend zur räumlichen Modellbildung. Physischgeographische Subsysteme werden eher mit Methoden der Naturwissenschaften analysiert, humangeographische eher mit den Methoden der Sozialwissenschaften (Borsdorf 2007, 48).

7 Zusammenfassung

Mit dem Ziel, einem perspektivenübergreifenden Modell wissenschaftlichen Denkens im Sachunterricht näher zu kommen, wurde in diesem Beitrag das jeweils zentrale Erkenntnisinteresse der den fünf Perspektiven des Perspektivrahmens zugrunde liegenden Disziplinen beschrieben. In der Tabelle 1 sind diese als Übersicht zusammengefasst und durch die typischen kognitiven Hilfsmittel ergänzt.

Tab. 1: Erkenntnisinteresse und kognitive Hilfsmittel der den fünf Perspektiven des Perspektivrahmens zugrunde liegenden Disziplinen

Perspektive	Zentrales Erkenntnisinteresse	Kognitive Hilfsmittel
Naturwissenschaften	gesetzesartige Zusammenhänge zwischen messbaren Größen, mit denen sich Naturphänomene beschreiben und erklären lassen und Vorhersagen möglich sind	passende Begriffe und Repräsentationsmittel, um im Handeln mit Experimenten neue Zusammenhänge zu finden und zu beschreiben
Technik	komplexe technische Systeme funktional, hierarchisch und strukturell analysieren und erfassen, technische Probleme lösen	Morphologischer Kasten: Konzipieren, Entwerfen, Ausarbeiten; technische (Hand)Zeichnung
Geographie	jeweilige Systemkomponenten auf den verschiedenen Maßstabsebenen in ihren räumlichen Ausprägungen aufklären	Karten, Texte, Bilder, Statistiken, Diagramme sowie Feld- und Labormethoden
Geschichte	über die Vergangenheit historischen Sinn bilden	inhaltsbezogene historische, verfahrensbezogene historische und erkenntnistheoretische und philosophische Fragen
Sozialwissenschaften	menschliches Handeln in sozialen Zusammenhängen und den sozialen Gebilden, die dabei geschaffen werden, verstehen, erklären und analysieren	bisher nicht geklärt (Begriffe, Beschreibungen, Fallanalyse)

In der Zusammenschau zeigt sich, dass die Perspektiven z. T. sehr unterschiedliche kognitive Hilfsmittel nutzen, um ihre jeweiligen Erkenntnisinteressen zu verfolgen. Für den Sachunterricht als eigene transdisziplinäre Wissenschaft stellt sich damit die Frage, inwiefern ein eigenes übergeordnetes bzw. verbindendes Erkenntnisinteresse verfolgt wird und welche kognitiven Hilfsmittel dafür nötig sind. Als Erkenntnisinteresse der Didaktik des Sachunterrichts wird bisher beschrieben, dass sie „erforscht, wie Grundschulunterricht in den natur- und sozialwissenschaftlichen Inhaltsfeldern Kinder dabei unterstützen kann,

- sich zuverlässiges Wissen über die soziale, natürliche und technisch gestaltete Umwelt anzueignen,
- sich mit Hilfe dieses Wissens in der modernen Gesellschaft zunehmend selbstständig und verantwortlich zu orientieren,
- in gegenwärtigen und zukünftigen Lebenssituationen kompetent zu urteilen und zu handeln,

- verständig in der Sache und verantwortungsvoll in der Wahl von Zielen und Mitteln." (Götz, Kahlert, Fölling-Albers, Jurik, Hartinger, Miller, Wittkowske & von Reeken 2022, 22),
- Beschäftigung mit „Phänomenen der Welt unter der Zielsetzung, einen Erkenntnisgewinn herbeizuführen" (Einsiedler & Hardy 2022, 408).

Aus diesen Überlegungen resultiert ein Modell des wissenschaftlichen Denkens im Sachunterricht (s. Abb. 1), das zukünftig diskutiert und empirisch geprüft werden kann.

Phänomenbegegnung (durch beobachten, betrachten, vergleichen, Datensichtung)
Sich über Begriffe verständigen und **Fragen finden**
Kognitive Hilfsmittel nutzen und Daten generieren • Skizzen, Karten, Fallbeispiel, … • experimentieren, interpretieren von Quellen, beobachten, entwerfen, befragen, …
Interpretation der Daten
Finden eines Zusammenhangs zwischen Fragen, Daten und den jeweiligen Phänomenen

Abb. 1: Modellvorschlag „Wissenschaftliches Denken im Sachunterricht"

Wissenschaftliches Denken im Sachunterricht beinhaltet demnach mehrere Elemente, die iterativ genutzt werden können: So wird in allen Disziplinen eine Art *Phänomenbegegnung* vorausgesetzt, die entweder unmittelbar, also z. B. durch Beobachtung oder Exploration oder durch bereits bestehende Daten erfolgt. Wichtig erscheint es, für die Phänomene bzw. das Beobachtete spezifische Begriffe zu finden, die nicht endgültig sein müssen, sondern im Laufe des Erschließungsprozesses angepasst, fokussiert und verändert werden können. Durch das Element der *Begriffsfindung* wird es möglich, entsprechende *Fragen* zu den Phänomenen zu formulieren und so das Erkenntnisinteresse zu explizieren. Ein weiteres Element des wissenschaftlichen Denkens erscheint aus der Zusammenschau, weitere *Daten* unter Nutzung der aufgezählten kognitiven Hilfsmittel der verschiedenen Disziplinen zu generieren. Die erhobenen Daten müssen einer Form der *Interpretation* unterzogen werden, sowie zwischen den formulierten Fragen und den erhobenen Daten ein *Zusammenhang hergestellt* werden.
Insgesamt erscheint der Weg zu einem perspektivenübergreifenden Modell wissenschaftlichen Denkens im Sachunterricht über die Betrachtung der perspek-

tivenbezogenen Erkenntnisinteresse und kognitiven Hilfsmittel fruchtbar. In ausdifferenzierter Form könnte dieses Modell Grundlage einer möglichen Überarbeitung sowohl perspektivenbezogener als auch -übergreifender DAH werden.

Literatur

Bienhaus, W. (2008): Technikdidaktik – der mehrperspektivische Ansatz. http://technikunterricht. dgtb.de/fileadmin/user_upload/Materialien/Didaktik/mpTU_Homepage.pdf [12.09.2023].

Borsdorf, A. (2007): Grundlagen der Geographie. In: Geographisch denken und wissenschaftlich arbeiten. Berlin, Heidelberg. https://doi.org/10.1007/978-3-662-58992-2_3.

Chalmers, A. F. (2007): Wege der Wissenschaft. Berlin.

Dängeli, M. & Kalcsics, K. (2018): Politische Vorstellungen von Primarschülerinnen und -schülern zu ausgewählten Lerngegenständen. In: Adamina, M., Kübler, M., Kalcsics, K., Bietenhard, S. & Engeli, E. (Hrsg.): „Wie ich mir das denke und vorstelle…". Vorstellungen von Schülerinnen und Schülern zu Lerngegenständen des Sachunterrichts und des Fachbereiches Natur, Mensch, Gesellschaft. Bad Heilbrunn, S. 253-268.

Diltey, W. (1894): Ideen über eine beschreibende und zergliedernde Psychologie. Berlin.

Droysen, J. G. (1977 [1857]): Historik: Rekonstruktion der ersten vollständigen Fassung der Vorlesungen (1857) Grundriß der Historik in der ersten handschriftlichen (1857/1858) und in der letzten gedruckten Fassung (1882) (P.Leyh & H.W. Blanke, Hrsg.) Stuttgart-Bad Cannstatt: Frommann-Holzboog.

Einsiedler, W. & Hardy, I. (2022): Methoden und Prinzipien des Sachunterrichts. In: Kahlert, J., Fölling-Albers, M., Götz, M., Hartinger, A., Miller, S. & Wittkowske, S. (Hrsg.): Handbuch Didaktik des Sachunterrichts. 3. aktualisierte und erweiterte Aufl. Bad Heilbrunn, S. 401-412.

Fögele, J. (2017): Acquiring Powerful Thinking Through Geographical Key Concepts. In: Brooks, C., Butt, G. & Fargher, M. (eds): The Power of Geographical Thinking. International Perspectives on Geographical Education. Cham. https://doi.org/10.1007/978-3-319-49986-4_5.

Gesellschaft für Didaktik des Sachunterrichts (GDSU) (2013): Perspektivrahmen Sachunterricht. Vollständig überarbeitete und erweiterte Ausgabe. Bad Heilbrunn.

Götz, M., Kahlert, J., Fölling-Albers, M., Hartinger, A., Miller, S., Wittkowske, S. & von Reeken, D. (2022): Didaktik des Sachunterrichts als bildungswissenschaftliche Disziplin. In: Kahlert, J., Fölling-Albers, M., Götz, M., Hartinger, A., Miller, S. & Wittkowske, S. (Hrsg.): Handbuch Didaktik des Sachunterrichts. 2. aktualisierte und erweiterte Aufl. Bad Heilbrunn, S. 15-29.

Graube, G., Hartmann, E., Mammes, I., Gerste, M., Hüttner, A., Möllers, T., Oberländer, F. & Torgau, V. (2021): Gemeinsamer Referenzrahmen Technik (GeRRT). Technikkompetenzen beschreiben und bewerten. Hg. v. VDI. VDI. Düsseldorf. www.vdi.de/ueber-uns/presse/publikationen/details/gemeinsamer-referenzrahmen-technik-gerrt[12.09.2022].

Glotzbach, U. (2010): Zur heuristischen Funktion der technischen Handzeichnung. In: Kornwachs, K. (Hrsg.): Technologisches Wissen. acatech diskutiert, vol 0. Berlin, Heidelberg. S. 81-104. https://doi.org/10.1007/978-3-642-14372-4_13.

Gooding, D. (1990): Experiment and the making of meaning. Human agency in scientific observation and experiment. Dodrecht.

Hacking, I. (1983): Representing and intervening. Introductory topics in the philosophy of natural science. Cambridge.

Hacking, I. (1992): The self-vindication of the laboratory sciences. In: Pickering, A. (Hrsg.): Science as practice and culture. Chicago, S. 29-64.

Kornwachs, K. (Hrsg.) (2010): Technologisches Wissen. acatech diskutiert, vol 0. Berlin, Heidelberg. https://doi.org/10.1007/978-3-642-14372-4_13.

Kosler, T. (2017): Naturwissenschaftliches Denken mit Kindern? Zur Diskussion um die Möglichkeit, Kinder im Elementar- und Primarbereich an naturwissenschaftliches Denken heranzuführen. In: www.widerstreit-sachunterricht.de, Nr. 23 [14.11.2023].

Kuhn, T. (1981): Was sind wissenschaftliche Revolutionen?. München.

Latour, B. & Woolgar, S. (1986): Laboratory Life. The construction of scientific facts. Princeton.

Lindemann, U. (2010): Wie kann man Technik darstellen? Wie werden Technikdarstellungen verstanden? In: Kornwachs, K. (Hrsg.): Technologisches Wissen. acatech diskutiert, vol 0. Berlin, Heidelberg. S. 81-104. https://doi.org/10.1007/978-3-642-14372-4_13.

Mayntz, R. (2009): Sozialwissenschaftliches Erklären. Probleme der Theoriebildung und Methodologie. Frankfurt am Main.

Michalik, K. (2016): Historisches Lernen – Fragekompetenz. In: Becher, A., Gläser, E., Pleitner B. & Hartinger, A. (Hrsg.): Die historische Perspektive konkret. Begleitband 2 zum Perspektivrahmen Sachunterricht, Bad Heilbrunn, 40-52.

Pandel, H.-J. (2017): Geschichtstheorie. Eine Historik für Schülerinnen und Schüler – aber auch für ihre Lehrer. Schwalbach/Ts.

Pech, D. (2023): Unbekannt - Politische Bildung und Grundschule. In: Achour, S. & Gill, Th. (Hrsg.): Partizipation und politische Teilhabe mit allen: Auftrag politischer Bildung. Vom Klassenrat zum zivilen Ungehorsam. Frankfurt am Main, S. 66-75.

Rheinberger, H.-J. (2007): Historische Epistemologie zur Einführung. Hamburg.

Richter, D. (2017): Sozialwissenschaftliches Lehren und Lernen. In: Hartinger, A. & Lange-Schubert, K. (Hrsg.): Sachunterricht – Didaktik für die Grundschule. 4. Aufl. Berlin, S. 63-85.

Ropohl, G. (1990): Technisches Problemlösen und soziales Umfeld. In: Rapp, F. (Hrsg.): Technik und Philosophie. Düsseldorf, S. 111-167.

Ropohl, G. (2009): Allgemeine Technologie. Eine Systemtheorie der Technik. 3. überarb. Aufl. Karlsruhe.

Rüsen, J. (2013): Historik. Theorie der Geschichtswissenschaft. Köln.

Snow, C. P. (1959): The Two Cultures and the Scientific Revolution. Oxford.

Steinle, F. (2005): Explorative Experimente. Ampère, Faraday und die Ursprünge der Elektrodynamik. Stuttgart.

Stiller, J., Skorsetz, N., Laimböck, G., Kosler, T. & Pech. D. (2023): Wissenschaftliches Denken im Sachunterricht – eine Gegenüberstellung perspektivenübergreifender und perspektivenspezifischer Zugänge. GDSU-Journal 14. https://gdsu.de/sites/default/files/gdsu-info/files/journal_14.pdf [12.09.2023].

Autor:innenangaben

Günther Laimböck
https://orcid.org/0009-0004-3533-5633
Pädagogische Hochschule Tirol
guenther.laimboeck@ph-tirol.ac.at

Jurik Stiller
https://orcid.org/0000-0001-5650-7167
Humboldt-Universität zu Berlin
jurik.stiller@hu-berlin.de

Prof. Dr. Detlef Pech
https://orcid.org/ 0000-0002-5491-0021
DNB 123232562
Grundschulpädagogik mit dem Schwerpunkt Sachunterricht
Humboldt-Universität zu Berlin
detlef.pech@hu-berlin.de

Dr. Nina Skorsetz
https://orcid.org/0000-0002-2467-8719
Goethe Universität Frankfurt am Main
skorsetz@em.uni-frankfurt.de

Prof. Dr. Thorsten Kosler
https://orcid.org/0009-0002-7206-9085
Pädagogische Hochschule Tirol
thorsten.kosler@ph-tirol.ac.at

doi.org/10.35468/6077-11

Die Rolle von Medien beim Denken in Alternativen

Katja Würfl, Daniela Schmeinck, Markus Peschel,
Thomas Irion, Michael Haider und Inga Gryl[1]

Digitalisierung als Vernetzungsbeispiel im Sachunterricht – Digitalisierung und Vernetzung beim Lernen *über* Medien

> Based on current phenomena of digitalisation and corresponding media pedagogical, general didactical as well as subject didactical documents and models, further conceptual considerations on digitality education in primary science education are discussed. For this purpose, the 'RANG-Modell' is described and linked to current developments in this regard from two perspectives, whereby it becomes clear that especially in learning and teaching with and via digital media, specifics of primary science education, such as multi-perspectivity, are of central importance and are particularly expressed in the circular model of the subject. Accordingly, phenomena of digitalisation should be dealt with in a perspective-networking manner in primary science education in order to promote 'digital literacy' among primary school children. Following the requirements for conceptual models for successful integration in the classroom, further research needs are identified.

1 Aktuelle Phänomene der Digitalisierung und ihre Auswirkungen auf schulisches Lehren und Lernen

In der heutigen digitalisierten Welt ist der Alltag von Kindern stark von digitalen Medien und Technologien geprägt (u. a. KMK 2016; Gervé 2022; Gervé et al. 2023). Smartphones, Tablets, Spielekonsolen oder auch das Internet sind omnipräsent im Alltag von Kindern und vermitteln zwischen analogen und digitalen Umwelten. Bereiche wie Kommunikation, Freizeitgestaltung, Informationsrecherche etc. sind in den letzten Jahrzehnten stark von der Digitalisierung und der sich daraus entwickelnden Kultur (Stalder 2016; Irion et al. 2023) beeinflusst worden und haben sich entsprechend der Möglichkeiten beträchtlich verändert. Die Veränderungen durch die Digitalisierung in Hinblick auf ein Leben in der

---

1 Die Autor*innen sind in umgekehrter alphabetischer Reihenfolge gelistet.

doi.org/10.35468/6077-12

Digitalität[2] (Peschel et al. 2023b) wirken sich deutlich auf alle Bereiche des Alltagslebens u. a. auf das der Kinder aus und bieten neben zahlreichen Chancen auch Risiken und Herausforderungen (u. a. Brüggen & Siller 2020). Ausgehend von dem Anspruch, dass schulische Bildung das Ziel verfolgt, Heranwachsende bei der Entwicklung und Förderung von individuellen Lebenswelten sowie der Ausbildung von dafür notwendigen Kompetenzen zu unterstützen (KMK 2016), werden diesbezügliche Lernziele sowie deren Auswirkungen auf „Lehrpläne, Lernumgebungen, Lernprozesse oder die Lehrerbildung" (KMK 2016, 5f.) diskutiert. Im Jahr 2012 veröffentlichte die Kultusministerkonferenz (KMK) die Erklärung „Medienpädagogik in der Schule" (KMK 2012) und unterstrich darin die Bedeutung der Medien für Schule und Bildung; der Fokus lag deutlich auf einer kritisch-reflexiven Debatte. 2016 folgte die KMK-Strategie „Bildung in der digitalen Welt", welche eine Weiterentwicklung hin zu Kompetenzen darstellt, die als grundlegenden Rahmen klar formulierte Kompetenzbereiche fokussieren, deren Förderung als Gemeinschaftsaufgabe aller Unterrichtsfächer verstanden wird (KMK 2016). Im Zuge der Digitalisierungsoffensive entstanden weitere Positionspapiere bzw. Stellungnahmen, die sich teilweise konkret, teilweise indirekt an die Grundschule und speziell den Sachunterricht richten. Insbesondere die Veröffentlichungen der GDSU (GDSU 2021; Becher et al. 2022; Kahlert et al. 2022) sind hier wichtige Elemente.

In Anbetracht der Vielfalt der Forderungen, die sich an die Grundschule richten (u. a. Irion et al. 2023; Peschel & Irion 2016) sowie der Dynamik der fortschreitenden Digitalisierung entsteht die Notwendigkeit bestehende und etablierte Modelle zu hinterfragen und auf ihre Anwendbarkeit hinsichtlich einer nachhaltigen Kompetenzentwicklung sowie im Sinne grundlegender Bildung der Kinder zu überprüfen. Ausgehend von der Diskussion medienpädagogischer Argumente zur Evaluation digitaler Medien und diesbezüglicher Modelle zur schulpraktischen Integration (Döbeli Honegger 2016) in Bezug auf den Grundschulunterricht wird deutlich, dass der strukturierte Aufbau von Medienkompetenzen bereits ab der 1. Jahrgangsstufe erfolgen sollte (Gervé & Peschel 2013; Irion 2018; Irion & Sahin 2018; KMK 2021; Irion et al. 2023). Dabei darf die Unterstützung von Grundschulkindern im Umgang mit den Potenzialen und Gefahren der Medien und assoziierten Phänomenen nicht von Sozialfaktoren abhängen, da fehlende bzw. unzureichende Förderung von Medienkompetenzen zu (weiteren) sozial verstärkten Ungerechtigkeiten im Grundschulalter führen können (Lange 2017; Irion 2018; Irion & Sahin 2018).

Eine Möglichkeit der sachunterrichtlichen Integration und Förderung von Medienkompetenzen bei Grundschulkindern stellt das *RANG-Modell* dar. Ausgehend

---

2 Prozesse der Digitalisierung münden in den Zustand der Digitalität. Demzufolge wird die Digitalität als „Ende der Digitalisierung" (Peschel et al. 2023b, 43) bezeichnet.

von der Darlegung des *RANG-Modells* werden im Beitrag Einblicke in das Lernen *mit* und *über* Medien exemplarisch für die geografische und naturwissenschaftliche Perspektive gegeben. Abgeleitet daraus ergibt sich die Notwendigkeit der vielperspektivischen Betrachtung von Digitalisierung und Digitalität, welche im Kreismodell des Sachunterrichts deutlich wird. Der Beitrag mündet in Ableitungen des Modells für den Unterricht und ein zusammenfassendes Fazit, welches weiterführende Forschungsbedarfe benennt.

2 RANG-Kompetenzen für Grundlegende Bildung in der Digitalität

Ansätze zur Vermittlung *digitaler Grundbildung* (Irion et al. 2023) bzw. *digital literacy* (Peschel 2022) in der sachunterrichtlichen Praxis variieren stark bezüglich unterschiedlicher Schwerpunkte und Methoden, die von gezieltem Kompetenzaufbau bis hin zu beiläufiger Förderung durch die *Nutzung* digitaler Medien reichen (Irion et al. 2023). Digitale Grundbildung kann beispielsweise das Lernen zur Bedienung von Geräten und Apps oder das Entwickeln von Lernkompetenzen zur Nutzung digitaler Technologien umfassen oder auch den Fokus auf die kritische Reflexion von medialen Angeboten richten. Allerdings ist der Erwerb dieser Kompetenzen bislang im schulischen Bereich weder systematisch noch nachhaltig, wenn sie nicht im Rahmen von Kompetenzstandards – wie es die KMK 2016 anstrebt – gezielt und explizit gefördert werden. Wie in der Einleitung bereits beschrieben, existieren in Deutschland unterschiedliche Formulierungen für die zu erreichenden Kompetenzen im Kontext des Lernens für eine durch Phänomene der Digitalisierung geprägte Welt (Überblick in Schmeinck 2022; Kammerl et al. 2022). Diese Vielzahl an Kompetenzbeschreibungen und die stark unterschiedlichen Schwerpunktsetzungen führen dazu, dass sich curriculare Vorgaben und Unterrichtskonzepte entweder aus einem beliebigen Mix verschiedener bildungspolitischer Zielvorgaben oder der Orientierung an einer einzelnen Zielsetzung bedienen. Die aktuelle Vielfalt an Zielpapieren bringt sowohl Chancen als auch Herausforderungen mit sich (Irion et al. 2023):

Chancen:
1. *Pädagogische Freiheit:* Die Bandbreite der Konzepte bietet verschiedene Ansätze, von der Schaffung grundlegender Computerkenntnisse bis hin zur Förderung komplexer Kompetenzen, wie konkrete Programmierkenntnisse oder Reflexionskompetenzen über Medienangebote, aus denen nahezu beliebig ausgewählt werden kann.
2. *Berücksichtigung lebensweltlicher Erfahrungen der Kinder:* Durch die Vielzahl der bildungspolitischen Positionspapiere können Lehrkräfte jene Kompetenz-

beschreibungen auswählen, die am besten zu den Bildungsherausforderungen passen, die sich aus der Lebenswelt der jeweiligen Lerngruppe/Klasse ergeben.

Probleme:

1. *Mangel an Orientierung:* Ohne ein grundlegendes Modell besteht die Gefahr, dass die Bildung digitaler Grundkompetenzen vernachlässigt werden könnte. Dies könnte zu einer willkürlichen Auswahl von Fähigkeiten führen, die gelehrt werden, und eine kohärente digitale Bildungsstrategie erschweren.
2. *Überforderung von Lehrkräften und Bildungsplanung:* Mit vielen verschiedenen Kompetenzformulierungen und Anforderungen kann es schwierig sein, konkrete geeignete Ziele zu bestimmen und sie effektiv in den Unterricht zu integrieren.
3. *Risiko verkürzter Fördermaßnahmen:* Es besteht die Gefahr, dass sich die Bildung auf einfache Fähigkeiten wie die Bedienung von Computerhardware beschränkt, ohne dass höherwertige Kompetenzen zur Reflexion und Gestaltung von Mediennutzungen entwickelt werden.

Ziel der *RANG-Kompetenzen* ist es zu verhindern, dass lediglich singuläre Kompetenzbereiche in Bildungsstandards und -maßnahmen berücksichtigt werden. Dabei wurde besonders darauf Wert gelegt, dass die *RANG-Kompetenzen* so offen formuliert sind, dass sie nicht nur für aktuelle Phänomene der Digitalisierung genutzt werden können, sondern zudem flexibel auf künftige Entwicklungen anwendbar sind. Gleichzeitig sollen sie durch die Formulierung von statischen Kompetenzbereichen verhindern, dass die hohe Dynamik der Phänomene in kindlichen Lebenswelten zu einer Beliebigkeit pädagogischer Vorgaben und Konzepte führt (Irion 2021).

Um eine universale Gültigkeit zu erreichen, wurde als Grundlage für die *RANG-Kompetenzbeschreibung* sowohl ein älteres, universales, medienpädagogisches Modell (Baacke 2001) als auch ein neueres, interdisziplinäres Modell zur Beschreibung von Bildungsprozessen in der Digitalisierung (Brinda et al. 2020) verwendet.

Genese der RANG-Kompetenzbereiche

Dieter Baacke hat ausgehend von seiner Habilitationsschrift (1975) das Phänomen der Medienkompetenz in den Fokus der Pädagogik gerückt und den Diskurs in der Medienpädagogik begründet. Für Baacke ist Medienkompetenz nicht einfach die Fähigkeit zur Bedienung von Medien, sondern vielmehr eine kommunikative Kompetenz. Sie ermöglicht es Menschen, sich in der mediatisierten Welt nicht nur zurechtzufinden, sondern auch aktiv an der Gestaltung der durch Medien geprägten Welt teilzunehmen. Dies spiegelt sich in Baackes vier Dimensionen der Medienkompetenz wider und ist auch heute noch relevant.

Im Zuge der Allgegenwärtigkeit digitaler Technologien und digitalen Dienste hat die Frage nach der Weiterentwicklung von Bildungszielen und -inhalten zu neuen interdisziplinären Diskursen zur Förderung geeigneter Kompetenzen und zur Weiterentwicklung des Bildungssystems geführt. In der interdisziplinär von Medienpädagogik, Informatikdidaktik und Schulpraxis entwickelten *Dagstuhl-Erklärung* werden drei Perspektiven auf die digitale vernetzte Welt unterschieden (GI 2016): Die technologische, gesellschaftlich-kulturelle sowie anwendungsbezogene Perspektive. Aus dem *Dagstuhl-Dreieck* und dessen Weiterentwicklung, dem *Frankfurt-Dreieck* (Brinda et al. 2020), lässt sich ableiten, dass im Zuge der digitalen Transformation nicht nur eine technologische Perspektive einzunehmen ist, sondern auch gesellschaftliche-kulturelle Perspektiven sowie eine Interaktionsperspektive zu berücksichtigen sind. Daraus lassen sich die vier Kompetenzbereiche *Reflexion*, *Analyse*, *Nutzung* und *Gestaltung* ableiten.

Die RANG-Kompetenzbereiche

Im Folgenden werden vier Kompetenzbereiche der Medienkompetenz erläutert, die sowohl in der Digitalisierung als auch in der Digitalität als Orientierungsrahmen dienen können (Irion et al. 2023). Die Kompetenzen sind nicht hierarchisch oder linear zu verstehen, sondern bedingen sich wechselseitig. Wie dargelegt, basieren sie auf der Medienkompetenzdimensionen von Baacke (1996) und dem *Frankfurter Dreieck* (Brinda et al. 2020):

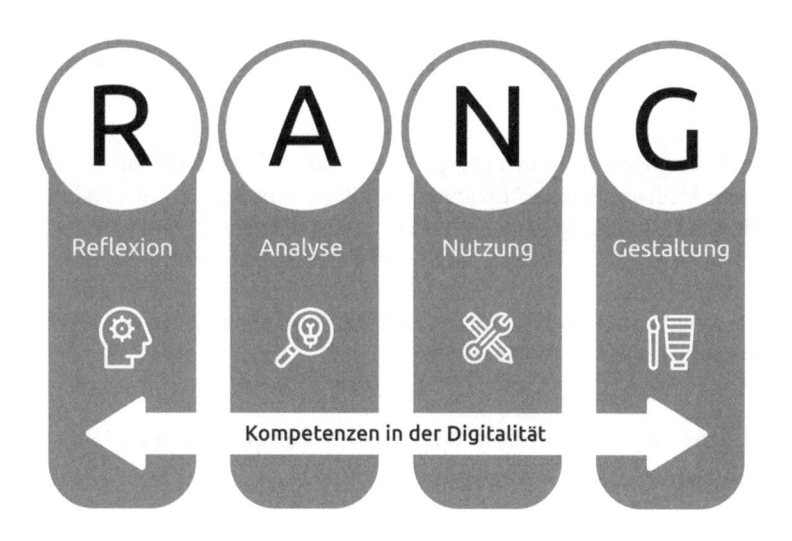

Abb. 1: RANG-Modell zur Entwicklung und Förderung notwendiger Kompetenzen in der Digitalität.

Die erste Kompetenz ist die *Reflexion*. Kinder benötigen grundlegende Fähigkeiten zur Reflexion von Phänomenen der Digitalisierung und zur verantwortungsvollen

Bewertung ihrer eigenen Handlungen mit digitalen Medien. Beispielsweise müssen Kinder in der Lage sein, technologische und mediale Entwicklungen sowie die dahinterstehenden wirtschaftlichen, kulturellen und politischen Interessen kritisch zu bewerten. Ebenso müssen sie lernen, Medien hinsichtlich der Auswirkungen auf sich selbst zu beurteilen.

Die zweite Kompetenz ist die *Analyse*. Kinder benötigen ein Verständnis für grundlegende Funktionsprinzipien und Strukturen der Digitalisierung und der Digitalität. Dazu müssen sie lernen, *unsichtbare* Algorithmen bzw. die Steuerungsfunktionen von digitalen Diensten zu erkennen, zu hinterfragen und ggf. zu analysieren. So können sie beispielsweise lernen, informatische Prozesse und Strukturen zu erkennen und zu verstehen, wie z. B. Empfehlungen und Wertungen von Suchmaschinen oder Youtube-Videos. Lernende können ferner erfassen, wie z. B. YouTube-Videos oder Instagram-posts entstehen und dass diese oft nicht die Realität abbilden, sondern eine inszenierte Wirklichkeit darstellen.

Die dritte Kompetenz ist die *Nutzung*. Kinder müssen grundlegende Kompetenzen entwickeln, die es ihnen ermöglichen, die Digitalisierung in ihrem eigenen Lebensumfeld selbstbestimmt und verantwortungsvoll zu nutzen. Dazu gehören die Fähigkeiten zur Rezeption, Produktion und Kommunikation in digitalen Formaten. Beispiele dafür sind der Umgang mit Erklärvideos für Lernprozesse, das Erstellen multimedialer Präsentationen oder die Formulierung von Beiträgen in sozialen Medien.

Die vierte und letzte Kompetenz ist die *Gestaltung*. Kinder benötigen Fähigkeiten, um digitale Technologien und Medien zur kreativen, aktiven Teilnahme an politischen, kulturellen und wirtschaftlichen Prozessen der Digitalisierung zu nutzen und auch die Digitalität aktiv mitzugestalten. Dazu gehört das Bewusstsein, dass das eigene Medienverhalten Auswirkungen auf die dargebotenen Inhalte hat und dass die Kinder durch ihr Nutzungsverhalten die Digitalität beeinflussen.

Zusammenfassend bilden diese RANG-Kompetenzen (*Reflexion*, *Analyse*, *Nutzung*, *Gestaltung*) einen Orientierungsrahmen für *digital literacy*. Sie helfen dabei, einseitige Ansätze zu identifizieren und zu überprüfen, ob möglicherweise wichtige Kompetenzen übersehen werden.

3 Bildung in der digitalen Welt in den Perspektiven des Sachunterrichts

Das transformative Potenzial von Digitalisierung erfasst die Weltaneignungsprozesse von Kindern und verändert gesellschaftliche Kulturtechniken so grundlegend, dass Lernen und Bildung und damit alle Fächer von diesen Entwicklungen erfasst werden. „Durch die Digitalisierung entwickelt sich eine neue Kulturtechnik – der kompetente Umgang mit digitalen Medien –, die ihrerseits die traditionellen Kulturtechniken Lesen, Schreiben und Rechnen ergänzt und verändert"

(KMK 2016, 13). Demzufolge hat die KMK die Bedeutung von *digital literacy* inzwischen als vierte Kulturtechnik anerkannt. Nahezu alle Fächer müssen entsprechende Konzepte entwickeln, die die bisherigen, tradierten Lehr-Lern-Kulturen im Ansatz oder auch grundlegend ändern (GFD 2018; Peschel 2021; Irion et al. 2023), was wiederum auf die Weiterentwicklung der Perspektiven des Sachunterrichts rückwirkt. Daher werden nachfolgend aktuelle Entwicklungen zur Förderung von *digital literacy* exemplarisch aus der geografischen und naturwissenschaftlichen Perspektive beschrieben und abschließend perspektivenübergreifende Folgerungen mit Bezug zum *RANG-Modell* gezogen.

3.1 Geografische Bildung und geografische Perspektive

Für die geografische Bildung und damit die geografische Perspektive im Sachunterricht der Grundschule zeigt sich die notwendige Weiterentwicklung in Hinblick auf digitale Phänomene in zahlreichen Aspekten. In einem für geografische Bildung generell konzipierten Modell von Pettig & Gryl (2023), werden drei Bereiche unterschieden: Kompetenzorientierte Dimensionen des Lernens *mit, über und durch digitale(n) Medien*, was den aus dem Sachunterricht bekannten Dualismus des Lernens *mit und über Medien* (Gervé & Peschel 2013) aufgreift. Hierbei wird das fachliche Lernen, gestützt durch Medien angesprochen *(mit)*, das Erlangen digitalisierungsbezogener und technischer Kompetenzen (*über*) sowie die Entwicklung von reflexiven und Selbstkompetenzen (*durch*). Die Dimension *Digitalisierung als Bildungsgehalt* betrachtet Beispiele digitaler Geografien wie Smart Cities als Unterrichtsthema bzw. -gegenstand (was stärker an die Konnotation von *über* durch Gervé & Peschel 2013 anschließt). Die Dimension *geografische Bildung in digitalen Medien* basiert auf bildungstheoretischen Überlegungen u. a. aus der strukturalen Medienbildung (Jörissen & Marotzki 2010) und bezeichnet die Befähigung zu einem möglichst mündigen Selbst-Welt-Verhältnis in einer Kultur der Digitalität.

Die beschriebene Einteilung wird mit einem Beispiel illustriert: Die Nutzung und Erstellung von virtuellen Exkursionen über Virtual Reality (VR) gilt als ein medienbasierter Zugang zu geografischer Bildung, etwa, um Distanzen zu überwinden oder den Klassenraum stärker mit der Lebenswelt zu vernetzen. Es werden bzgl. Lernen *über* Medien technische Bedien- und Designkompetenzen sowie Kenntnisse zu den Möglichkeiten und Gefahren erlangt (*über*), mit den Medien werden fachliche Kompetenzen zu den besuchten Orten erreicht (*mit*) und es werden dadurch weitere Kompetenzen der strukturierten Beobachtung erlangt (*durch*). In Bezug auf Medienbildung ist eine Reflexion über das Verhältnis von Materialität und Virtualität, von Gleichzeitigkeit und Aufzeichnung bzgl. des Erlebens von Orten ein mögliches Lernziel. Geht man über die geografische Perspektive hinaus, so kann mit der technischen Perspektive das Unterrichtsthema Erkundung geografischer Räume mit VR erschlossen werden und mit der sozialwissenschaftlichen

Perspektive eine Reflexion über das Miteinander sowie über Kommunikation in und durch VR stattfinden. Reflexionen über Darstellungsqualität, Ästhetik in VR und Körperlichkeit in der Virtualität bringen weitere Aspekte des Sachunterrichts (im Sinne der Denk-, Arbeits- und Handlungsweise (DAH) *Kulturelle Deutungen und Werte respektieren und tolerieren*, soziale Aspekte sowie DAH *Technik bewerten* aus der technischen Perspektive (GDSU 2013)) ein.

3.2 Naturwissenschaftliche Bildung und naturwissenschaftliche Perspektive

In der naturwissenschaftlichen Perspektive existieren vielfältige Möglichkeiten zum Lernen *mit* digitalen Medien im Fach: So lassen sich Unterstützungsmaßnahmen von Experimenten (z. B. interaktive und adaptive Lernumgebungen, Haider & Knoth 2021), digitale Messungen und insbesondere der Einsatz von Sensoren in verschiedenen digitalen Medien (z. B. Mobiltelefone zur Schallpegelmessung, Schallanalyse, Messung von Fallgeschwindigkeit, Verwendung von *phyphox*), Visualisierungshilfen (beim interaktiven und kollaborativen Arbeiten) gut umsetzen und unterstützen die naturwissenschaftlichen DAHs. Durch Hilfen zur Modellbildung wie z. B. mittels digitaler Simulationen, Animationen, VR, Augmented Reality (AR) kann das Lernen in der naturwissenschaftlichen Perspektive unterstützt werden.

Lernen *über* Medien nimmt aus Sicht der naturwissenschaftlichen Perspektive die Medien als Artefakte selbst in den Fokus, wie z. B. deren natürliches Vorkommen oder künstliche Erzeugung, Produktionsprozesse und Umweltverträglichkeit sowie Funktionalitäten von Materialien (Bezug zur technischen Perspektive). Auch aktuelle Entwicklungen in Navigationssystemen, autonomes Fahren, künstlicher Intelligenz, Smart Homesteuerungen u. a. können als Phänomene der Digitalisierung mit naturwissenschaftlichen Näherungsweisen in den Fokus genommen werden. So kann beispielsweise nach der notwendigen Anzahl an Satelliten, nach Datentransfer und -speicherung, nach Messverfahren zur Temperaturbestimmung, Signalen etc. recherchiert und auf dieser Grundlage verschiedene naturwissenschaftliche Fachmethoden durchgeführt werden. Die skizzierte naturwissenschaftliche Betrachtung erfordert die perspektivenvernetzende Sicht auf Phänomene, welche ein grundlegendes Prinzip des Sachunterrichts darstellt und die bildungswirksame Erschließung der Lebenswirklichkeit durch die Kinder ermöglicht (GDSU 2013).

3.3 Perspektivenübergreifende Folgerungen

Die Betrachtung von Phänomenen der Digitalisierung zeigt aus der geografischen und naturwissenschaftlichen Perspektive heraus, dass die Notwendigkeit einer vielperspektivischen Vernetzung trotz zahlreicher Lern- und Bildungsgelegenheiten innerhalb der Perspektiven offenkundig und notwendig ist, da einerseits die beiden exemplarischen Perspektiven gezeigt haben, dass soziale, technische, historische und weitere Perspektiven bei der *Begegnung mit den Sachen* (Köhnlein 2012) immer mitbedacht werden müssen. Andererseits ist die voranschreitende Digitalisierung hin zur Digitalität hinsichtlich Unterrichtsthematiken, Kompetenzentwicklung und Bildungspotenzial umfassend und komplex, sodass erst aus einer perspektivenvernetzenden Sicht heraus Auswirkungen der einzelnen Fragen bzgl. bestimmter Phänomene auf die Gesellschaft, auf historische Veränderungen, mit Bezug auf geographische Ressourcen oder technische bzw. naturwissenschaftliche Veränderungen und Errungenschaften bildungswirksam werden. Eine vielperspektivische Sichtweise ist die Grundlage des perspektivenvernetzenden Sachunterrichts.

Digitalisierung ist damit ein perspektivenvernetzender Themenbereich (PVT) und zeigt mit den hier skizzierten Vernetzungsbeispielen auf, wie Perspektiven im Sachunterricht im Sinne der Bildung in der digitalen Welt integrativ verstanden werden können. Dies erfordert eine Kombination der grundlegenden RANG-Kompetenzen mit Vermittlungsmodellen im Sachunterricht und zeigt so eine Kompatibilität von fachlichen, sachunterrichtlichen und medienbildenden Modellen auf. Das *RANG-Modell* lässt sich auf die sachunterrichtsdidaktische Logik von perspektivenübergreifenden DAHs (GDSU 2013) beziehen. Die medienbildungsbezogenen Kompetenzen weisen auf die Reflexion im *RANG-Modell* hin, während die Analyse an ein Lernen *über* Medien anschließt. Gleichzeitig zeigt sich die perspektivische Fachlichkeit der hier beispielhaft skizzierten geografischen und naturwissenschaftlichen Perspektive stärker im Kreismodell des Sachunterrichts (Peschel 2016) sowie die Überfachlichkeit als sachunterrichtliche Vielperspektivität in den zentral organisierten PVTs.

4 Digitalisierung im Sachunterricht

Das Kreismodell (Peschel 2016) bietet eine alternative grafische Auslegung des Perspektivrahmens (GDSU 2013) an und erzeugt damit ein erweitertes Verständnis des Kompetenzmodells. Zentrales Ziel dieser unterrichtsorientierten Modellierung ist es die PVTs so zu strukturieren, dass nicht direkt perspektiven- oder gar fachbezogene und damit isolierte Themen bearbeitet werden, sondern unmittelbar eine Vernetzung der vielperspektivischen Betrachtungen im Sachunterricht signalisiert wird. Die PVTs werden hier auf den Bereich Medien fokussiert (GDSU 2013), der sich seit der Publikation des Perspektivrahmens im Jahr 2013 deutlich weiterentwickelt und ausdifferenziert hat. Für den Sachunterricht sei dabei auf neuere Verständnisse der Beziehungen zwischen Medien, Digitalisierung und Digitalität (Irion et al. 2023; Peschel et al. 2023b) verwiesen sowie auf Überlegungen seitens der GDSU in der Überarbeitung des Perspektivrahmens 2013 den PVTs eine wichtige, zentrale Funktion bei der Konzeption des schulischen Sachunterrichts zu geben.

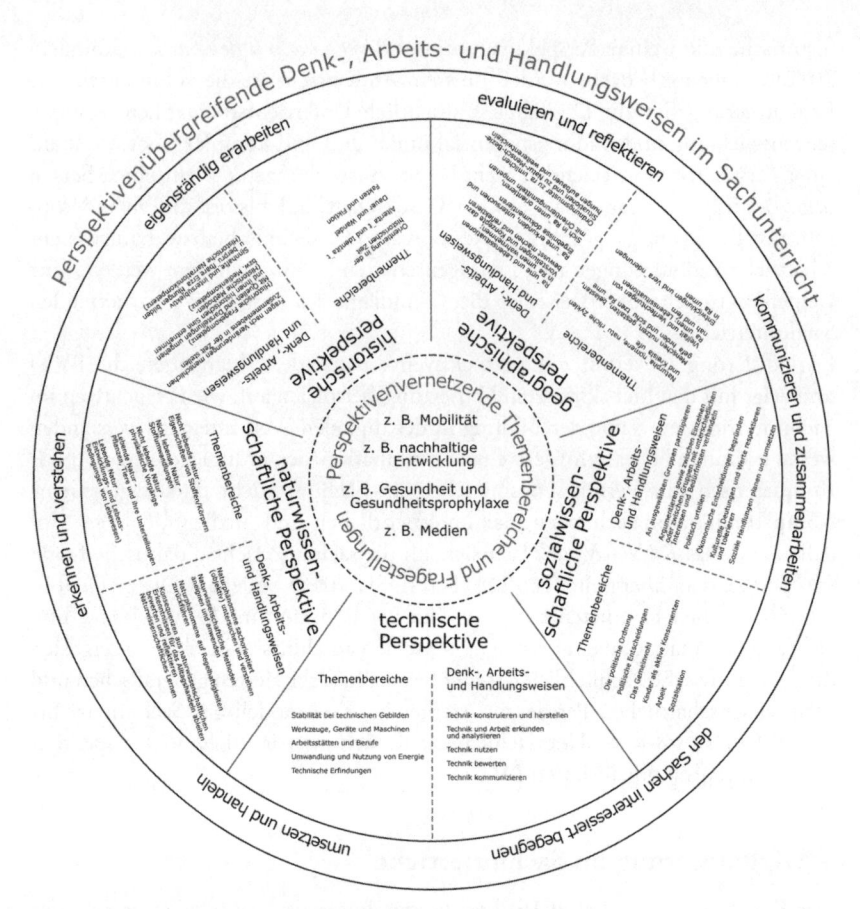

Abb. 2: Kreismodell des Sachunterrichts (Peschel 2016, erarbeitet von der AG Medien & Digitalisierung, Grafik: Borowski). Link zur Grafik:
https://gdsu.de/sites/default/files/docs/kreismodell_perspektivrahmen_2020-11-19.pdf

Die Inhalte des Perspektivrahmens der GDSU (2013) in Form eines Kreises als Modell erlauben organisierte Überlegungen bzgl. der Vernetzung von Perspektiven (Zentrum des Kreises); dies schafft ein neues Verständnis bzw. Fokussierungen und ermöglicht es, Begriffe und Vernetzung neu zu justieren. Insgesamt schafft das Kreismodell des Perspektivrahmens eine praktikable Grundlegung einer modernen Unterrichtsplanung, die eben nicht mehr einzelne, fachorientierte Bereiche des Sachunterrichts in den Mittelpunkt rückt, sondern Vielperspektivität und Vernetzung deutlicher adressiert – in den PVTs. Da Modelle immer spezifische Vorteile aber auch Beschränkungen aufweisen, ist es notwendig herauszustellen welche Aspekte der bislang skizzierten Überlegungen, Kompetenzen und Modelle nahe am Sachunterricht orientiert und welche eher grundschulübergreifend angelegt sind, um zukünftig ggf. ein umfassendes und übergreifendes Modell zu kreieren, welches die jeweiligen Prinzipien der Modelle integriert.

5 Transfer theoretischer Modelle in die Unterrichtspraxis

Die Frage, wie man von einem eher theoretisch-konzeptionell entwickelten Verständnis einer Didaktik des Sachunterrichts zu einem konkreten Sachunterricht an der Grundschule gelangt, ist nicht trivial. Die meisten Modelle betonen spezifische mediendidaktische oder fachdidaktische Aspekte oder laufen Gefahr Rezipienten mit ihrer Komplexität zu überfordern. Insofern muss für eine Praktikabilität der unterrichtlichen Nutzung das grundsätzliche Verständnis der dienenden Funktion der Perspektiven des Sachunterrichts für die PVTs eine Neuausrichtung in den Funktionalitäten der Modelle entwickelt werden. Dies erlaubt es, Wirkungen, Zusammenhänge und Herangehensweisen für einen vielperspektivischen Sachunterricht nicht nur konzeptionell, sondern vor allem für die Planung von Sachunterricht zu gestalten. Dazu müssen *Phänomene der Digitalisierung* als *Mittler* zwischen *Kind und Sache* (Fischer et al. 2023; Peschel et al. 2023a) für einen vielperspektivischen Sachunterricht identifiziert und spezifiziert werden – wie es hier für die beiden Perspektiven (geografisch und naturwissenschaftlich) bereits begonnen wurde. Phänomene stellen daher lebensweltbasierte Zugänge zu dem komplexen PVT Digitalisierung (GDSU 2024 i.V.) dar.

Vor dem Hintergrund, dass sich die Mediatisierung und Digitalisierung in Richtung Digitalität weiterentwickelt (Stalder 2016) und zunehmend intensiver die Lebenswelt der Kinder z. T. beeinflusst, muss der bisherige Themenkomplex Medien (GDSU 2013) um Aspekte der Digitalität und Digitalisierung weiterentwickelt werden. Dabei ist die benannte Digitalität in gesellschaftlichen Prozessen und in der kindlichen Lebenswelt mittlerweile *fassbar* und *unumgehbar* und erfordert neben einer didaktischen Modellierung eine Konkretisierung unter praxisorientierten Gesichtspunkten für den Sachunterricht.

Das Kreismodell ermöglicht dabei eine konkrete Unterrichtsplanung und erlaubt es, ausgehend von PVTs einen vielperspektivischen Sachunterricht zu planen. Statt aber *Medien* in den Mittelpunkt des Kreismodells zu stellen und damit den Fokus auf die technologischen Aspekte zu legen, scheint es sinnstiftender zu sein, *Digitalisierung* in den Mittelpunkt zu stellen. Durch die Betonung der Digitalisierung als übergeordnetes Konzept können die Auswirkungen, Chancen und Herausforderungen der digitalen Transformation umfassender betrachtet werden. Dazu wird im inneren Kreis entsprechend neu der PVT *Digitalisierung* (alt: *Medien*) modern interpretiert, um folglich die Digitalisierung mit perspektivischen DAHs bearbeiten zu können.

Noch ergiebiger als *Digitalisierung* scheint es in diesem Zusammenhang zu sein, von *Phänomenen der Digitalisierung* zu sprechen und diese als Konkretion für eine Unterrichtslegung als Frage in den Mittelpunkt des Kreises und der vielperspektivischen Bearbeitung zu stellen. Dies können z. B. auch Fragen der Kinder zu Digitalität sein, welche diskutiert werden oder die Auseinandersetzung mit Phänomenen der Digitalisierung erfolgt mittels einer didaktischen Frage. Ein Beispiel hierfür könnte die Kinder-Sachen-Welten-Frage (Peschel et al. 2021, 231f.) sein: „Sollten Handys erst ab 16 Jahren erlaubt sein?" Durch die Auseinandersetzung mit solchen Fragen können die Schülerinnen und Schüler nicht nur verschiedene Perspektiven bzgl. Digitalisierung kennenlernen und reflektieren, sondern auch ihre eigene Meinung bilden. Dabei werden nicht nur technologische Aspekte, sondern auch gesellschaftliche, historische, naturwissenschaftliche und geografische Fachbezüge und damit – sachunterrichtlich interpretiert – bildungsbezogene Dimensionen der Digitalisierung im Sinne des *RANG-Modells* adressiert.

7 Fazit

Im vorliegenden Beitrag wurde, ausgehend von zentralen Phänomenen der Digitalisierung, das *RANG-Modell* dargelegt sowie exemplarische Ableitungen in zwei Perspektiven des Sachunterrichts aufgezeigt. Wobei deutlich wurde, dass die umfassende Bearbeitung von Phänomenen der Digitalisierung mit dem Ziel der Förderung von *digital literacy* nur perspektivenvernetzend im Rahmen von PVTs erfolgen kann, welche im Kreismodell des Sachunterrichts an zentraler Stelle zu finden sind. Innerhalb nachfolgender Diskurse wird u. a. zu überprüfen sein, ob die Weiterführung des Kreismodells unter Berücksichtigung der *RANG-Kompetenzen* samt Nutzung von Phänomenen der Digitalisierung für die Schulpraxis eine nachhaltige Relevanz hat. Dies wird zukünftig eine notwendige und zentrale Leistung der Didaktik des Sachunterrichts in der Digitalität sein müssen.

Literatur

Baacke, D. (1975): Kommunikation und Kompetenz: Grundlegung einer Didaktik der Kommunikation und ihrer Medien. Weinheim.
Baacke, D. (1996): Medienkompetenz – Begrifflichkeit und sozialer Wandel. In: Von Rein, A. (Hrsg.): Medienkompetenz als Schlüsselbegriff. Bad Heilbronn. S. 112-124.
Baacke, D. (2001): Medienkompetenz als pädagogisches Konzept. In: Gesellschaft für Medienpädagogik und Kommunikationskultur GMK. (Hrsg.): Medienkompetenz in Theorie und Praxis. Broschüre im Rahmen des Projekts „Mediageneration – kompetent in die Medienzukunft".
Becher, A., Blumberg, E., Goll, T., Michalik, K. & Tenberge, C. (Hrsg.) (2022): Sachunterricht in der Informationsgesellschaft. Bad Heilbrunn.
Brinda, T., Brüggen, N., Diethelm, I., Knaus, T., Kommer, S., Kopf, C., Missomelius, P., Leschke, R., Tilemann, F. & Weich, A. (2020): Frankfurt-Dreieck zur Bildung in der digital vernetzten Welt.

Ein interdisziplinäres Modell. https://dagstuhl.gi.de/fileadmin/GI/Allgemein/PDF/Frankfurt-Dreieck-zur-Bildung-in-der-digitalen-Welt.pdf [14.9.23].

Brüggen, N. & Siller, F. (2003): Kinder- und Jugendmedienschutz. In: Kutscher, N., Ley, T., Seelmeyer, U., Siller, F., Tillmann, A. & Zorn, I. (Hrsg.): Handbuch Soziale Arbeit und Digitalisierung. Weinheim, S. 481-494.

Döbeli Honegger, B. (2016): Mehr als 0 und 1 – Schule in einer digitalisierten Welt. Bern.

Fischer, M., Peifer, P., Peschel, M. & Lauer, L. (2023): Phänomenbegegnungen als Mittler beim Experimentieren mit Grundschulkindern. In: Van Vorst, H. (Hrsg.): Lernen, Lehren und Forschen in einer medial geprägten Welt. Gesellschaft für Didaktik der Chemie und Physik. Jahrestagung in Aachen 2022. Band 43. Duisburg-Essen, S. 540-542.

Gervé, F. (2022): Sachunterricht in der Informationsgesellschaft. In: Becher, A., Blumberg, E., Goll, T., Michalik, K. & Tenberge, C. (Hrsg): Sachunterricht in der Informationsgesellschaft. Bad Heilbrunn, S. 17-29.

Gervé, F., Peschel, M., Haider, M., Gryl, I., Schmeinck, D. & Brämer, M. (2023): Herausforderungen und Zukunftsperspektiven eines Sachunterricht mit und über Medien. In: Schmeinck, D., Michalik, K. & Goll, T. (Hrsg.): Herausforderungen und Zukunftsperspektiven für den Sachunterricht. Bad Heilbrunn, S. 32-47.

Gervé, F. & Peschel, M. (2013): Medien im Sachunterricht. In: Gläser, E. & Schönknecht, G. (Hrsg.): Sachunterricht in der Grundschule: entwickeln – gestalten – reflektieren. Frankfurt am Main.

Gesellschaft für Didaktik des Sachunterricht GDSU (2013): Perspektivrahmen Sachunterricht. Bad Heilbrunn.

Gesellschaft für Didaktik des Sachunterricht GDSU (2021): Sachunterricht und Digitalisierung. https://gdsu.de/sites/default/files/PDF/GDSU_2021_Positionspapier_Sachunterricht_und_Digitalisierung_deutsch_de.pdf [14.9.23].

Gesellschaft für Didaktik des Sachunterrichts GDSU (in Vorbereitung): Perspektivrahmen Sachunterricht.

Gesellschaft für Fachdidaktik GFD (2018): Fachliche Bildung in der digitalen Welt. Positionspapier der Gesellschaft für Fachdidaktik. https://www.fachdidaktik.org/wordpress/wp-content/uploads/2018/07/GFD-Positionspapier-Fachliche-Bildung-in-der-digitalen-Welt-2018-FINAL-HP-Version.pdf [14.9.23].

Gesellschaft für Informatik GI (2016): Dagstuhl-Erklärung. Bildung in der digital vernetzten Welt. https://dagstuhl.gi.de/fileadmin/GI/Hauptseite/Aktuelles/Projekte/Dagstuhl/Dagstuhl-Erklaerung_2016-03-23.pdf [14.9.23]

Haider, M. & Knoth, S. (2021): Digitale Medien im Sachunterricht der Grundschule. Hamburg.

Irion, T. (2018): Wozu digitale Medien in der Grundschule? Sollte das Thema Digitalisierung in Grundschulen tabuisiert werden. In: Zeitschrift des Grundschulverbandes, 142, 3-7.

Irion, T. (2021): Digitale Grundbildung in der Grundschule: Nicht ob, sondern wie. In: Kinderschutz aktuell, 4, 10-12.

Irion, T., Peschel, M. & Schmeinck, D. (2023): Grundschule und Digitalität. Grundlagen, Herausforderungen, Praxisbeispiele. Frankfurt am Main.

Irion, T. & Sahin, H. (2018): Digitale Bildung und soziale Ungleichheit. Grundschule. Ideen, Erfahrungen, Konzepte (2), S. 33-35.

Jörissen, B. & Marotzki, W. (2010): Medienbildung in der digitalen Medienkultur. In: Hugger, K. (Hrsg.): Digitale Lernkulturen. Wiesbaden, S. 103-118.

Kahlert, J., Fölling-Albers, M., Götz, M., Hartinger, A., Miller, S. & Wittkowske, S. (2022): Handbuch Didaktik des Sachunterrichts. Bad Heilbrunn.

Kammerl, R., Irion, T., Böttinger, T. & Stephan, M. (2022): Professionalisierung für die Digitale Grundbildung in der Primarstufe. Überblick zum BMBF-Projekt „Grundsatzfragen und Gelingensbedingungen in der Professionalisierung von pädagogischen Akteurinnen und Akteuren für Kinder im Grundschulalter" (P3DiG). Medienimpulse, 60, 3.

Köhnlein, W. (2012): Sachunterricht und Bildung. Bad Heilbrunn.

Kultusministerkonferenz KMK (2012): Medienbildung in der Schule. https://www.kmk.org/fileadmin/veroeffentlichungen_beschluesse/2012/2012_03_08_Medienbildung.pdf [14.9.23].

Kultusministerkonferenz KMK (2016): Bildung in der digitalen Welt. Strategie der Kultusministerkonferenz. https://www.kmk.org/fileadmin/Dateien/veroeffentlichungen_beschluesse/2016/2016_12_08-Bildung-in-der-digitalen-Welt.pdf [14.9.23].

Kultusministerkonferenz KMK (2021): Lehren und Lernen in der digitalen Welt. Die ergänzende Empfehlung zur Strategie „Bildung in der digitalen Welt". https://www.kmk.org/fileadmin/veroeffentlichungen_beschluesse/2021/2021_12_09-Lehren-und-Lernen-Digi.pdf [14.9.23].

Lange, V. (2017): Achtung, Digital Gap! Lernen in einer digital geprägten Welt. https://library.fes.de/pdf-files/studienfoerderung/13683.pdf [14.9.23].

Peschel, M. (2016): Mediales Lernen – Eine Modellierung als Einleitung. In: Peschel, M. (Hrsg.): Mediales Lernen. Beispiele für eine inklusive Mediendidaktik. Dimensionen des Sachunterrichts – Kinder.Sachen.Welten. Band 7. Baltmannsweiler, S. 7-16.

Peschel, M. (2022): Digital literacy – Medienbildung im Sachunterricht. In: Kahlert, J., Fölling-Albers, M. & Götz, M. (Hrsg.): Handbuch Didaktik des Sachunterrichts. Bad Heilbrunn, S. 188-197.

Peschel, M. & Irion, T. (2016): Neue Medien in der Grundschule 2.0. Grundlagen – Konzepte – Perspektiven. Frankfurt am Main.

Peschel, M., Fischer, M., Kihm, P. & Liebig, M. (2021): Fragen der Kinder – Fragen der Schule – Fragen an die Sache. Die Kinder-Sachen-Welten-Frage (KSW-Frage) als Element einer neuen Lernkultur im Sinne der didaktischen Inszenierung eines vielperspektivischen Sachunterrichts. Kindern lernen Zukunft: Didaktik der Lernkulturen. Frankfurt am Main, S. 231-250.

Peschel, M., Billion-Kramer, T., Lauer, L., Peifer, P., Fischer, M. & Bühler, E. (2023a): Phänomen und/oder Lehrperson als Mittler zwischen Kind und Sache. In: Van Vorst, H. (Hrsg.): Lernen, Lehren und Forschen in einer medial geprägten Welt. Gesellschaft für Didaktik der Chemie und Physik. Jahrestagung in Aachen 2022. Band 43. Duisburg-Essen, S. 518-521.

Peschel, M., Schmeinck, D. & Irion, T. (2023b): Lernkulturen und Digitalität. Konzeptionalisierungen aus grundschul- und sachunterrichtsdidaktischer Sicht. In: Irion, T., Peschel, M. & Schmeinck, D. (Hrsg.) (2023): Grundschule und Digitalität. Grundlagen, Herausforderungen, Praxisbeispiele. Frankfurt am Main.

Pettig, F. & Gryl, I. (2023): Kompetenzen – Bildung – Fachlichkeit: Geographiedidaktische Orientierungen in der Kultur der Digitalität? In: Pettig, F. & Gryl, I. (Hrsg.): Geographische Bildung in digitalen Kulturen. Heidelberg.

Schmeinck, D. (2022): Digitalisierung im Sachunterricht der Grundschule – Bildungspolitischer Rahmen und notwendige digitalbezogene Kompetenzen von Schülerinnen und Schülern. In: Haider, M. & Schmeinck, D. (Hrsg.): Digitalisierung in der Grundschule. Grundlagen, Gelingungsbedingungen und didaktische Konzeptionen am Beispiel des Fachs Sachunterricht. Bad Heilbrunn, S. 27-40.

Stalder, F. (2016): Kultur der Digitalität. Berlin.

Autor:innenangaben

Katja Würfl, M.Ed.
Grundschulpädagogik Sachunterricht
Universität Potsdam
https://orcid.org/0000-0002-5070-6947
katja@wuerfl.io

Prof. Dr. Daniela Schmeinck
Institut für Didaktik des Sachunterrichts
Universität zu Köln
Daniela.Schmeinck@uni-koeln.de

Prof. Dr. Markus Peschel
https://orcid.org/0000-0002-1334-2531
Didaktik des Sachunterrichts
Universität des Saarlandes
markus.peschel@uni-saarland.de

Prof. Dr. Thomas Irion
Erziehungswissenschaft/Grundschulpädagogik
Pädagogische Hochschule Schwäbisch Gmünd
thomas.irion@ph-gmuend.de

PD Dr. Michael Haider
Akademischer Rat am Lehrstuhl für Pädagogik (Grundschulpädagogik)
Universität Regensburg
michael.haider@ur.de

Prof. Dr. Inga Gryl
https://orcid.org/0000-0001-9210-3514
Didaktik des Sachunterrichts – Schwerpunkt Gesellschaftswissenschaften
Universität Duisburg-Essen
inga.gryl@uni-due.de

Saskia Knoth

Alternativen beim Experimentieren – Transformation von Hilfestellungen durch den Einsatz digitaler Medien

> The study focuses on the conditions for the successful use of digital media in the context of the experimental process. It examines the extent to which differently varied, medially implemented learning support has a lasting influence on content-related knowledge growth and experimental competence. The implementation of the support varies at the different levels of the SAMR model (Puentedura 2006).

1 Einleitung

Für den naturwissenschaftlichen Unterricht in der weiterführenden Schule konnte bereits ein positiver Effekt des Einsatzes digitaler Werkzeuge auf die Lernleistung der Schülerinnen und Schüler nachgewiesen werden (Hillmayr, Ziernwald, Reinhold, Hofer & Reiss 2020). Inwiefern dieser positive Effekt digitaler Werkzeuge auf die Lernleistung auch für das naturwissenschaftliche Lernen von Grundschülerinnen und Grundschülern angenommen werden kann, wurde bisher kaum systematisch erhoben (Stegmann 2020). Dabei kommt dem Einsatz digitaler Lernwerkzeuge in verschiedener Weise eine positive Auswirkung zu, bspw. hinsichtlich der kognitiven Aktivierung oder durch das Anregen problemlösender, konstruktiver und kooperativer Prozesse zu (ebd.).

2 Digitale Medien als unterstützendes System beim Experimentieren im naturwissenschaftlichen Sachunterricht

Experimentieren gilt als eine der zentralen Methoden der Erkenntnisgewinnung und -vermittlung im Sachunterricht der Grundschule (GDSU 2013). Experimentieren kann aber als Methode verschiedene Schwierigkeiten für Grundschülerinnen und -schüler aufweisen (u. a. Baur 2018; Grube 2010; Hammann, Phan, Ehmer & Bayrhuber 2006). Diese Schwierigkeiten, welche sich den unterschiedlichen Phasen des Experimentierens zuordnen lassen (s. u. a. Hammann et al. 2006), bedürfen verschiedener Unterstützungen im Unterricht. Potential für eine solche Lernunterstützung bietet unter anderem der Einsatz digitaler Medien. Der Einsatz digitaler Medien zur Unterstützung des Lernens muss dabei ebenso wie der Einsatz analoger Medien auf die Wirksamkeit hinsichtlich des Zuwachses von Wissen und weiteren Kompetenzen untersucht werden. Es ist nicht grundsätzlich davon auszugehen, dass sich durch den Einsatz digitaler Medien bspw. ein adaptiverer Unterricht erreichen lässt als mit analogen Medien. „Vielmehr dürfte es auf die Funktionen und Möglichkeiten ankommen, die die digitalen Werkzeuge bieten, und auf deren Nutzung durch Lernende und Lehrkräfte." (Lipowsky 2020, 99). Die Einordnung des Einsatzes digitaler Medien hinsichtlich der verschiedenen Möglichkeiten und Funktionen ist dabei auch für Lehrkräfte aufgrund der Komplexität nicht trivial. Ein Modell, welches sich aus diesem Grund in den Schulen großer Popularität erfreut, ist das SAMR-Modell (Puentedura 2006). Dieses ermöglicht eine erste Einordnung hinsichtlich eines funktionalen Mehrwerts der digitalen Medien für den Unterricht (Baz, Balçıkanlı, & Cephe 2018). Die Abkürzung SAMR steht dabei für die einzelnen Stufen (Substitution, Augmentation, Modification, Redefinition). Mit Steigerung der Stufe von S bis R verbindet Puentedura auch die Annahme, dass der pädagogische Nutzen und die Qualität des Einsatzes digitaler Medien erhöht wird (Puentedura 2006). Während auf der Stufe der Substitution noch die reine „Ersetzung" des analogen Mediums durch ein digitales Äquivalent erfolgt, geht Puentedura (2006) in der höchsten Stufe, der Redefinition, von einem neuartigen Medieneinsatz aus, der analog nicht umsetzbar ist.

Einfluss könnten die unterschiedlichen Umsetzungen in den verschiedenen Potenzialen digitaler Medien haben, also auf den Ebenen der Lernmotivation, des Erkenntnisgewinns und des Lernergebnisses.

Nach konstruktivistischer Auffassung stellt die *Motivation* einen besonders bedeutsamen Faktor des Lernens dar (Krapp 1993). Intrinsische Lernmotivation ist dabei besonders förderlich und kann durch die Befriedigung der grundlegenden menschlichen Bedürfnisse („basic human needs") „Autonomie oder Selbstbestimmung, Kompetenz oder Wirksamkeit, soziale Eingebundenheit" erreicht werden (Deci & Ryan 1993). Gerade das Experimentieren an sich motiviert die Lernenden bereits stark intrinsisch (Waldenmaier, Müller, Köster & Körner 2015), wobei insbesondere das selbstbestimmte Experimentieren das Interesse erhöhen kann (ebd.). Die Motivation, welche die Lernenden beim Experimentieren empfinden, scheint durch die Herausforderung zu entstehen, das Experiment erfolgreich zu bewältigen; der naturwissenschaftliche Hintergrund hingegen scheint irrelevant („Leistungsmotivation statt Sachinteresse", Mézes 2016).

Es zeigte sich, dass beim Einsatz digitaler Medien eine erhöhte Motivation und Konzentrationsfähigkeit nachgewiesen werden konnte (BITKOM 2011; Herzig 2014) die jedoch nur durch eine veränderte Lernkultur (u. a. Steigerung der

Adaptivität des Unterrichts, individuelle Rückmeldungen, Unterstützung des selbstgesteuerten Lernens) auch über einen längeren Zeitraum verbleibt (siehe BITKOM 2011; Eickelmann, Schulz-Zander & Gerick 2009). Für den Einsatz digitaler Medien im naturwissenschaftlichen Unterricht konnte gezeigt werden, dass die Schülerinnen und Schüler bessere Leistungen aufweisen und motivierter sind (Hillmayr, Reinhold, Ziernwald, & Reiss 2017). Als Nebeneffekt zeigt sich eine Verbesserung der generellen Einstellung der Schülerinnen und Schüler zu MINT-Fächern, die Arbeit mit iPads fördert zudem die intrinsische Motivation (Genz & Bresges 2017). Da die Motivationssteigerung durch digitale Medien maßgeblich von der Gestaltung des Unterrichts mit diesen digitalen Medien abhängt (Hillmayr et al. 2017), stellt sich die Frage, welchen Einfluss der unterschiedliche Medieneinsatz auf den verschiedenen Stufen des SAMR-Modells (Puentedura 2006) hat.

Auf der Ebene der *Erkenntnisgewinnung* im Lernprozess zeigt sich, dass Experimentieren keinesfalls selbsterklärend ist und es vielfältiger Kompetenzen und zentraler Arbeitsweisen auf Seiten der Schülerinnen und Schüler bedarf (Haider & Fölling-Albers 2013; Haider & Munser-Kiefer 2019). Beim Experimentieren baut sich experimentelle Kompetenz auf (Schecker, Neumann, Theyßen, Eickhorst & Dickmann 2016). Eine Förderung experimenteller Kompetenzen ist bereits im Grundschulalter sinnvoll und wird für möglich erachtet (Chen & Klahr 1999; Lawson & Wollman 1976). Zu klären bleibt die Frage, inwieweit experimentelle Kompetenz gefördert werden kann.

Auf der Ebene der *Lernergebnisse* dient Unterricht unter anderem dem Aufbau von Wissen (Terhart 2004). Gemessen wird dies am Wissenszuwachs. Dieser lässt sich durch kognitive Aktivierung und inhaltliche Strukturierung unterstützen (Hardy & Einsiedler 2010). Daraus ergibt sich die Frage, inwiefern der Erkenntnisgewinn beim Experimentieren durch den Einsatz digitaler Medien unterstützt werden kann.

3 Methode

Im Rahmen dieses Artikels sollen die Fragestellungen beantwortet werden, *inwiefern unterschiedliche digitale Umsetzungen Schülerinnen und Schüler der dritten Jahrgangsstufe beim Experimentieren hinsichtlich des Wissenszuwachses, der motivationalen Ausprägung und des Zuwachses der experimentellen Kompetenz unterstützen können.* Außerdem wird geklärt, *inwiefern durch das Aufsteigen der Unterstützungsmaßnahmen in den Ebenen des SAMR-Modells eine Verbesserung hinsichtlich des Erfolgs der Lernunterstützung erreicht* werden kann.

3.1 Design und Stichprobe

Zur Beantwortung der Fragestellungen wird ein Teil einer Studie ausgewertet, die als quantitative Interventionsstudie mit quasiexperimentellem Cross-Over-Design (Wirtz 2020) mit Kontrollgruppe angelegt wurde. Erhoben wurden die abhängigen Variablen Wissenszuwachses, motivationale Ausprägung und Zuwachs der experimentellen Kompetenz sowie deren Veränderung durch einen digital unterstützten Unterricht. Für die Fragestellungen wird der Einfluss dieser Variation auf die abhängigen Variablen geprüft.

Insgesamt haben an der Studie 243 Schülerinnen und Schüler des dritten Schuljahrs teilgenommen. Nach einer Vorentlastung des Medieneinsatzes arbeiteten die Teilnehmenden in vier Unterrichtseinheiten mit je einem Experiment zum Themenkomplex Hebel. Thematisch wurden die Experimente so gewählt, dass sie zwar inhaltlich eng beieinander liegen, die Inhalte aber dennoch deutlich voneinander unabhängig abgebildet werden können. Die Unterrichtsphasen der gemeinsamen Einführung und Zusammenführung am Ende wurden bewusst kurzgehalten, sodass die zentrale und dominante Unterrichtsphase die Arbeit am Experiment darstellt. Für die vorliegende Fragestellung wurde die digitale Lernumgebung orientiert am SAMR-Modell variiert. Zusätzlich wurden Daten einer Kontrollgruppe erhoben, welche mit einer rein-analogen Lernumgebung gearbeitet hat.

Das Cross-Over-Design bietet die Möglichkeit der Stichprobenvergrößerung: so arbeiteten die Schülerinnen und Schüler in jeder Unterrichtsstunde mit einer anderen digitalen oder auch analogen Lernumgebung. Dadurch ergibt sich für jeden Schüler, jede Schülerin in jeder Unterrichtsstunde ein anderer Wert der abhängigen Variable, mit welcher im Folgenden gerechnet werden kann.

Zur Beantwortung der Fragestellung wurden die unabhängigen Variablen Unterrichtsstunde und Medium dummykodiert, sodass mit folgender Stichprobengröße gerechnet werden konnte.

Tab. 1: Stichprobengröße der unabhängigen Variablen

Unabhängige Variablen			
Experiment		Medium	
	N		N
Unterrichtsstunde 1	243	Stufe S	183
Unterrichtsstunde 2	243	Stufe A	194
Unterrichtsstunde 3	243	Stufe M	211
Unterrichtsstunde 4	243	Stufe R	187
		analog	197

3.2 Messinstrumente

Für die Betrachtung der hier dargestellten Fragestellung wurden folgende Messinstrumente adaptiert, validiert und schließlich verwendet:
- Vier unabhängige Wissenstests zu den Themen der einzelnen Unterrichtsstunden („einarmiger Hebel", „zweiarmiger Hebel", „Gleichgewicht" und „Schwerpunkt", adaptiert aus dem DFG-Projekt von Lohrmann & Hartinger nach Schwelle 2016)
- Tests zur Erhebung der experimentellen Kompetenz (adaptiert nach Konsortium HarmoS Naturwissenschaften+ 2010, demnach wird experimentelle Kompetenz immer in konkreten inhaltlichen Situationen gezeigt und kann daher nicht losgelöst von den Inhalten erhoben werden)
- Erhebung der intrinsischen Motivation durch die Kurzskala Intrinsische Motivation (KIM-Skala – Wilde, Bätz, Kovaleva, & Urhahne 2009)

4 Ergebnisse

Um die Ergebnisse der hier zu beantwortenden Fragestellungen einschätzen zu können, soll kurz auf die Ergebnisse einer vorhergehenden Auswertung im Rahmen des Gesamtprojekts Bezug genommen werden: So konnte bereits festgestellt werden, dass alle Schülerinnen und Schüler unabhängig von einer digitalen oder analogen Unterstützung hinsichtlich des Zuwachses von Wissen in allen vier Unterrichtsstunden profitieren konnten (Knoth 2023). Für den Zuwachs der experimentellen Kompetenz ergab sich in den einzelnen Unterrichtsstunden, unabhängig einer Zuordnung zu analoger und digitaler Unterstützung, ein weniger homogenes Bild, sodass hier eine weitere Untersuchung der Daten notwendig war (ebd.).

Für die erste formulierte Fragestellung wurde nach der Prüfung der Voraussetzungen multiple lineare Regressionen mit den unabhängigen Variablen Unterrichtsstunde und Medium berechnet.

Im Rahmen der Ergebnisse dieser Interventionsstudie kann nicht von einem einheitlichen Bild bezüglich der Umsetzung von Lernunterstützungen mit digitalen Medien ausgegangen werden. Stattdessen muss aufgrund der teilweise nicht signifikanten Interaktions- und auch Haupteffekte von einem heterogenen Bild der Ergebnisse ausgegangen werden. Für die fünf unterschiedlichen medialen Umsetzungen (SAMR-Stufen + analoge Umsetzung der Kontrollgruppe) zeigt sich nur für die Umsetzung auf Stufe R ein signifikanten Haupteffekt für alle drei abhängigen Variablen (Wissenszuwachs, motivationale Ausprägung, Zuwachs an experimenteller Kompetenz). Dieser wird jedoch durch die jeweiligen Interaktionseffekte etwas abgeschwächt.

Die infolgedessen für die erste Fragestellung berechnete mehrfaktorielle Varianzanalyse für die unabhängige Variable der medialen Ausprägung ergibt ein signifikantes Ergebnis ($F(12, 1706.8)=2.722$, $p=0.001$, Wilk's $\Lambda =0.951$). Die einzelnen abhängigen Variablen können unterschiedlich gut durch die mediale Ausprägung erklärt werden:
Für den *Wissenszuwachs* lässt sich jeweils ein signifikanter Haupteffekt zwischen der analogen Umsetzung und der Umsetzung auf den Stufen A, M und R feststellen. Somit ist der Wissenszuwachs auf den digitalen Umsetzungen der Stufen A, M und R höher als bei der analogen Umsetzung. Auch der Unterschied zwischen der Umsetzung auf Stufe S und den nachfolgenden Stufen A, M und R ist signifikant. Der Unterschied zwischen Stufe S und der Kontrollgruppe ist jedoch nicht signifikant. Das adjustierte R^2 liegt hier bei 0.081.
Hinsichtlich der *motivationalen Ausprägung* lassen sich im Unterschied nur leichte Unterschiede für die einzelnen medialen Ausprägungen feststellen. Die Motivation ist aufgrund eines signifikanten Haupteffekts zwischen Stufe R und der analogen Umsetzung auf Stufe R höher als auf den anderen Stufen, jedoch verringern die Interaktionseffekte den Haupteffekt signifikant. Das adjustierte R^2 liegt bei 0.174.
Zuletzt wurde der *Zuwachs der experimentellen Kompetenz* ausgewertet: Hierbei ist in allen vier Unterrichtsstunden auf allen Umsetzungsstufen dieser Zuwachs signifikant höher als bei der Umsetzung auf Stufe M. Der positive Haupteffekt zwischen Stufe R und den anderen medialen Umsetzungen lässt darauf schließen, dass der Zuwachs der experimentellen Kompetenz hier höher ist als auf den anderen medialen Umsetzungen. Das adjustierte R^2 liegt hier bei 0.290.
Die zweite formulierte Fragestellung, welche die Modellimplikation des SAMR-Modells hinsichtlich der Lernunterstützung empirisch prüft, wurden paarweise t-Tests berechnet. Dabei wurden die einzelnen abhängigen Variablen immer hinsichtlich zweier Stufen des SAMR-Modells miteinander vergleichen. Somit sind jeweils drei Teilrechnungen notwendig.
Bezüglich des *Wissenszuwachs* ist nur der Vergleich zwischen Stufe S und Stufe A (95% - CI [-0.09, -0.01]), (t (308.51) = –2.56, p = 0.01, d = 0.18) signifikant. Die Schülerinnen und Schüler, welche eine Lernunterstützung auf der Stufe A bekommen haben, hatten somit einen leicht höheren Wissenszuwachs als jene, die eine Lernunterstützung auf der Stufe S bekamen. Die anderen Stufen unterscheiden sich hinsichtlich des Wissenszuwachs nicht signifikant voneinander.
Für die *motivationale Auswirkung* kann der aufsteigende Modellcharakter des SAMR-Modells für keine der abhängigen Variablen bestätigt werden. Es lassen sich keine statistisch signifikanten Unterschiede mithilfe der berechneten t-Tests feststellen.
Zuletzt wird wieder *der Zuwachs der experimentellen Kompetenz* betrachtet: hierbei werden zwei der geprüften Mittelwertvergleiche signifikant. Dies betrifft den Zuwachs der experimentellen Kompetenz auf den Stufen A und M, zugunsten

eines höheren Mittelwerts des Zuwachses der experimentellen Kompetenz auf Stufe A (t (332) = 2.48, p < 0.05, d = 0.20). Auch der Vergleich des Zuwachses der experimentellen Kompetenz zwischen Stufe M und Stufe R zeigt einen signifikanten Mittelwertvergleich, nun zugunsten der Stufe R (t (322) =-2.41, p = 0.008, d = 0.21).
Es zeigt sich, dass die aufgestellte Hypothese verworfen werden muss. Durch die besser umsetzbaren Hilfestellungen – inklusive der Ergänzung um Bild- und Tonunterstützung mit Aufsteigen der Modellebenen – zeigt sich keine Verbesserung der Lernunterstützung mit Folge einer höheren Ausprägung der einzelnen abhängigen Variablen.

5 Zusammenfassung

Die Hypothesen der einzelnen abhängigen Variablen, nämlich, dass die Lernunterstützungen auf den Stufen M und R des SAMR-Modells aufgrund der erweiterten digitalen Möglichkeiten einen größeren Effekt auf die unterschiedlichen abhängigen Variablen haben, können für keine der drei abhängigen Variablen verifiziert werden. Dementsprechend kann auch für keine der drei abhängigen Variablen der aufsteigende Modellcharakter verifiziert werden. Somit zeigt sich auch, dass die beschriebenen Annahmen des SAMR-Modells von Puentedura (hinsichtlich des steigenden pädagogischen Nutzens und der Qualität) nicht bestätigt werden können. Einschränkend muss erwähnt werden, dass sich Puenteduras Modell jedoch auf einen generellen Medieneinsatz und nicht spezifisch auf die Arten digitaler Lernunterstützung beziehen.

Dennoch gibt es einige interessante Effekte, welche sich anhand der hier dargestellten Ergebnisse bestätigen lassen. So zeigt sich die Stufe R für den Wissenszuwachs, die motivationale Ausprägung und den Zuwachs der experimentellen Kompetenz gewinnbringender als einzelne niedrigere mediale Umsetzungen. Ein komplett neu entworfener Einsatz digitaler Medien, welcher neue Möglichkeiten eröffnet, zahlt sich demnach also für die Unterrichtsqualität, gemessen am inhaltlichen und methodischen Lernfortschritt sowie an der Variable der intrinsischen Motivation aus.

Es bleibt die Frage offen, welche anderen Faktoren die eher unsystematische Befundlage aufklären können und Aufschluss über die sinnvolle Transformation von Hilfestellungen durch den Einsatz digitaler Medien geben können. Dafür wurden im Rahmen der hier nur ausschnittsweise vorgestellten Studie weitere Daten erhoben, die in naher Zukunft ausgewertet werden. Die Befunde deuten auch an, dass es einer guten didaktischen Reflexion bedarf und weitere Studien zu inhaltlich unterschiedlichen Themen sowie andersartigen Auslegungen des SAMR-Modells notwendig sind, um empirisch begründete Aussagen bzgl. eines spezifischen Einsatzes digitaler Medien zur Lernunterstützung treffen zu können.

Literatur

Baur, A. (2018): Fehler, Fehlkonzepte und spezifische Vorgehensweisen von Schülerinnen und Schülern beim Experimentieren. In: Zeitschrift für Didaktik der Naturwissenschaften, 24, Nr. 1, 115–129. https://doi.org/10.1007/s40573-018-0078-7.

Baz, E. H., Balçıkanlı, C. & Cephe, P. T. (2018): Introducing an innovative technology integration model: Echoes from EFL pre-service teachers. In: Education and Information Technologies, 23, No. 5, 2179-2200. https://doi.org/10.1007/s10639-018-9711-9.

BITKOM (2011): Schule 2.0—Eine repräsentative Untersuchung zum Einsatz elektronischer Medien an Schulen aus Lehrersicht. https://www.bitkom.org/Bitkom/Publikationen/Studie-Schule-20.html [17.11.2023].

Chen, Z. & Klahr, D. (1999): All Other Things Being Equal: Acquisition and Transfer of the Control of Variables Strategy. Child Development, 70, No. 5, 1098-1120. https://doi.org/10.1111/1467-8624.00081.

Deci, E. L. & Ryan, R. M. (1993): Die Selbstbestimmungstheorie der Motivation und ihre Bedeutung fuer die Paedagogik. In: Zeitschrift für Pädagogik, 39, Nr. 2, 223-238.

Eickelmann, B., Schulz-Zander, R. & Gerick, J. (2009): Erfolgreich Computer und Internet in Grundschulen integrieren—Eine empirische Analyse aus Sicht der Schulentwicklungsforschung. In: Röhner, C., Henrichwark, C. & Hopf, M. (Hrsg.): Europäisierung der Bildung. Konsequenzen und Herausforderungen für die Grundschulpädagogik. S. 236-240. https://doi.org/10.1007/978-3-531-91721-4_35.

Gesellschaft für Didaktik des Sachunterrichts (Hrsg.) (2013): Perspektivrahmen Sachunterricht. Vollständig überarbeitete und erweiterte Ausgabe. Klinkhardt.

Genz, F. & Bresges, A. (2017): Projektbeispiele für Design-Based Research im naturwissenschaftlichen Unterricht. In: Bastian, J. & Aufenanger, S. (Hrsg.): Tablets in Schule und Unterricht: Forschungsmethoden und -perspektiven zum Einsatz digitaler Medien. S. 63-86 https://doi.org/10.1007/978-3-658-13809-7_4.

Grube, C. R. (2010): Kompetenzen naturwissenschaftlicher Erkenntnisgewinnung. Kassel.

Haider, M. & Fölling-Albers, M. (2013): Anschlussfähiges Lernen im naturwissenschaftlichen Sachunterricht der Grundschule. In: Schulverwaltung. Bayern, 36, Nr. 12, 324-328.

Haider, M. & Munser-Kiefer, M. (2019): Elaborierende Strategien—Hypothesen bilden und prüfen. In: Praxis Grundschule, 4, 28-35.

Hammann, M., Phan, T. T. H., Ehmer, M. & Bayrhuber, H. (2006): Fehlerfrei Experimentieren. In: Der mathematische und naturwissenschaftliche Unterricht, 59, 292-299.

Einsiedler, W. & Hardy, I. (2010): Kognitive Strukturierung im Unterricht. Einführung und Begriffsklärungen. In: Unterrichtswissenschaft, 38, Nr. 3, 194-209.

Herzig, B. (2014): Wie wirksam sind digitale Medien im Unterricht? Bertelsmann Stiftung. https://www.bertelsmann-stiftung.de/fileadmin/files/BSt/Publikationen/GrauePublikationen/Studie_IB_Wirksamkeit_digitale_Medien_im_Unterricht_2014.pdf [17.1.2023].

Hillmayr, D., Reinhold, F., Ziernwald, L. & Reiss, K. (2017): Digitale Medien im mathematisch-naturwissenschaftlichen Unterricht der Sekundarstufe: Einsatzmöglichkeiten, Umsetzung und Wirksamkeit. Zentrum für Internationale Bildungsvergleichsstudien. Münster.

Hillmayr, D., Ziernwald, L., Reinhold, F., Hofer, S. I. & Reiss, K. M. (2020): The potential of digital tools to enhance mathematics and science learning in secondary schools: A context-specific meta-analysis. In: Computers & Education, 153, 103897. https://doi.org/10.1016/j.compedu.2020.103897.

Konsortium HarmoS Naturwissenschaften+. (2010): Kompetenzmodell und Vorschläge für Basisstandards Naturwissenschaften. Kurzbericht. https://www.phbern.ch/nawiplus/kompetenzmodell [17.1.2023].

Knoth, S. (2023): Einfluss digitaler Lernumgebungen auf den Experimentierprozess. In: Haider, M., Böhme, R., Gebauer, S., Gößinger, C., Munser-Kiefer, M. & Rank, A. (Hrsg.): Nachhaltige Bildung in der Grundschule. Bad Heilbrunn.

Knoth, S. (2023): Unterstützung des Experimentierprozesses im naturwissenschaftlichen Sachunterricht durch den Einsatz digitaler Medien. Inaugural-Dissertation zur Erlangung der Doktorwürde der Fakultät für Humanwissenschaften der Universität Regensburg.

Krapp, A. (1993): Die Psychologie der Lernmotivation. Perspektiven der Forschung und Probleme ihrer pädagogischen Rezeption. In: Zeitschrift für Pädagogik, 39, Nr. 2, 187-206.

Lawson, A. E. & Wollman, W. T. (1976): Encouraging the transition from concrete to formal cognitive functioning-an experiment. In: Journal of Research in Science Teaching, 13, No. 5, Article 5. https://doi.org/10.1002/tea.3660130505.

Lipowsky, F. (2020): Unterricht. In: Wild, E. & Möller, J. (Hrsg.): Pädagogische Psychologie. Berlin, Heidelberg. S. 69-118. https://doi.org/10.1007/978-3-662-61403-7_4.

Mézes, C. (2016): Zur Motivation beim Experimentieren im Physikunterricht. PH Schwäbisch Gmünd.

Puentedura, R. R. (2006): Transformation, Technology, and Education. http://hippasus.com/resources/tte/ [17.11.2023].

Schecker, H., Neumann, K., Theyßen, H., Eickhorst, B. & Dickmann, M. (2016): Stufen experimenteller Kompetenz. In: Zeitschrift für Didaktik der Naturwissenschaften, 22, Nr. 1, 197-213. https://doi.org/10.1007/s40573-016-0050-3.

Schwelle, V. (2016): Lernen mit (un-)ähnlichen Beispielen. Münster.

Stegmann, K. (2020): Effekte digitalen Lernens auf den Wissens- und Kompetenzerwerb in der Schule. Eine Integration metaanalytischer Befunde. In: Zeitschrift für Pädagogik, 66, Nr. 2, 174-190. https://doi.org/10.25656/01:25790.

Terhart, E. (2004): Unterricht. In: Lenzen, D. (Hrsg.): Erziehungswissenschaft: Ein Grundkurs. Reinbek, S. 133-158.

Waldenmaier, C., Müller, B., Köster, H. & Körner, H.-D. (2015): Engagiertheit und Motivation in unterschiedlichen Experimentiersituationen im Sachunterricht. In: Fischer, H.-J., Giest, H. & Michalik, K. (Hrsg.): Bildung im und durch Sachunterricht. Bad Heilbrunn, S. 87-92.

Wilde, M., Bätz, K., Kovaleva, A. & Urhahne, D. (2009): Überprüfung einer Kurzskala intrinsischer Motivation (KIM). In: Zeitschrift für Didaktik der Naturwissenschaften, 15, 31-45.

Wirtz, M. A. (Hrsg.) (2020): Dorsch - Lexikon der Psychologie. 19. überarb. Aufl. Bern.

Autorinnenangaben

Saskia Knoth
https://orcid.org/ 0000-0002-4913-1904
Lehrstuhl für Pädagogik (Grundschulpädagogik)
Universität Regensburg
saskia.knoth@ur.de

Brigitte Neuböck-Hubinger und Markus Peschel

Der Wandel von Schulbuchbildern – Eine Analyse am Beispiel von österreichischen Schulbüchern

Primary school textbooks are hardly imaginable without pictorial representations. Textbook images enable students to grasp facts and communicate with one another in a subject-related manner. This article addresses the research question to what extent Austrian textbooks have changed in the period from 1972 to 2022. In the qualitative study, a catalog of criteria was created by means of deductive-inductive category formation and 233 pictorial representations from 46 textbooks on the learning content of magnetism were analyzed. The results of the study show a significant increase in the use of graphics in the 1990s and illustrate evolving trends in the presentation of experiments.

1 Zielsetzung des Beitrags

Obwohl sich im schulischen Alltag verschiedene Medienarten und -einsatzformen stark verändern (Krotz 2017), existiert weiterhin das Unterrichtsmedium „Schulbuch" im Sachunterricht in nahezu unveränderter Medienform. Wenngleich nur wenige Studien zur Schulbuchnutzung und -verwendung vorliegen (Martin, Mullis, Foy & Stanco 2012; Neumann 2015), nimmt das approbierte Schulbuch in allen neun österreichischen Bundesländern aufgrund der „Gratis-Schulbuch-Aktion"[1] bis heute eine Sonderstellung in den Lehrmitteln insgesamt ein. Schulbücher, die in direktem Zusammenhang mit den curricularen Vorgaben stehen, bieten den Lehrpersonen u. a. Unterstützung bei der Unterrichtsplanung und -gestaltung (Bölsterli Bardy, Scheid & Hoesli 2019; Bolte & Streller 2007). Entsprechend lässt sich erwarten, dass in Schulbüchern fachlich korrektes und lernförderliches Unterrichtsmaterial in Form depiktionaler und deskriptionaler Repräsentationen[2] in fachdidaktischer und bildsprachlich-didaktischer Aktualität

---
1 Vergleichbar der Lehrmittelfreiheit in Deutschland.
2 Schnotz und Bannert (1999) unterscheiden zwischen depiktionalen (bildlichen) und deskriptionalen (verbal-sprachlichen) Repräsentationen in Schulbüchern. Bildliche Repräsentationen, bestehend aus Ikonen (Peirce 1906), können weiter differenziert in Grafiken, Tabellen, Bildern, Zeichnungen usw. werden.

doi.org/10.35468/6077-14

publiziert wird und durch den *Mittler* Schulbuch (Stein 2001) in den Sachunterricht der Grundschulen zum Einsatz kommt.

Um die vorhandenen und ggf. lernwirksamen depiktionale Repräsentationen im Sachunterricht analysieren zu können, bedarf es einer intensiven Analyse auf formaler und funktionaler Ebene, mit dem Ziel, forschungsorientiert und differenziert Repräsentationen unter fachlichen und didaktischen Gesichtspunkten zu erforschen.

Im Rahmen des Beitrags wird der Frage nachgegangen, wie sich naturwissenschaftlich-orientierte depiktionale Repräsentationen in österreichischen Schulbüchern des Sachunterrichts im Zeitraum von 1972 bis 2022 entwickelt haben – hier bezogen auf das Fachthema „Magnetismus".

2 Theoretischer Hintergrund

Unterschiedlichste Repräsentationen spielen beim Aufbau von Lerninhalten eine zentrale Rolle in der Primarstufe. Neben gegenständlich-materialisierten, didaktisierten und deskriptionalen Repräsentationen ist die Verwendung von depiktionalen Repräsentationen seit jeher im Sachunterricht allgegenwärtig (z. B. Comenius 1658[3]). Ohne Fotos, Tabellen, Grafiken, Bilder, usw. sind Schulbücher kaum vorstellbar (Lieber 2013), wobei besonders das Fach Sachunterricht eine Unzahl unterschiedlich gestalteter Bildtypen aufweist (Fingeret 2012). Erschwerend für ein Lernen mit den Inhalten kommt für Schüler*innen eine Vielfalt an äußeren Gestaltungsmerkmalen und Techniken (wie z. B. Figur-Grund-Unterscheidung, Blickwinkel, Pfeile, farbliche Hervorhebungen) hinzu. Darüber hinaus sind bildliche Darstellungen in Schulbüchern in der Regel nicht alleinige Informationsträger, sondern stehen in einem komplexen Text-Bild-Verhältnis, wie z. B. kontradiktiv, verstärkend, beifügend, substituierend (Astleitner, Sams & Thonhauser 1998). Schüler*innen sind somit stets gefordert, die unterschiedlichen Text-Bild-Sprachen zu rekodieren, um mit den depiktionalem Angebot lernen zu können. Weitere Erschwernisse sind z. B. zentrale von nebensächlichen Informationen zu sondieren, zentrale Informationen zu identifizieren und diese aktiv für den Lernprozess zu nutzen (Weidenmann 1991).

Abhängig von der Zielsetzung des Lerninhalts nehmen depiktionale Repräsentationen sehr heterogene und zum Teil doppelt oder mehrfach besetzte Funktionen ein, abhängig von themenspezifischen Vorerfahrungen und Vorwissen der jeweiligen Lernenden. So erscheint die bildliche Darstellung für Schüler*in A ohne Mehrwert, d. h. rein dekorativ. Für Schüler*in B kann das idente Bild neue Inhalte darstellen und konkretisieren. Bildliche Darstellungen adressieren

---

3 Das gesamte „Wissen der Welt" wird erstmals von Johann Comenius dargestellt und gilt historisch als erstes Sachbuch, ehe Realien tatsächlich im Unterricht aufgenommen wurden (Kaiser 2019).

zudem Schüler*innen mit ihren individuellen Zugängen, Wahrnehmungen und Kompetenzen, sodass nicht davon ausgegangen werden kann, dass depiktionale Repräsentationen allgemein adäquat codiert, verstanden und von *allen* Schülerinnen und Schülern gleichwertig genutzt werden (können) (Berger 2012). Depiktionale Repräsentationen ergänzen (Sach)Texte und Aufgaben und schaffen zugleich neue Lerninhalte und -situationen, sodass die Funktionalität einer bildlichen Darstellung unseres Erachtens in ihren *fachdidaktisch beabsichtigten Funktionen* analysiert werden muss. Neben der allgemeinen Klassifikation von externen depiktionalen Repräsentationen finden sich auch spezifische Klassifizierung mit Bezug zum Sachunterricht, z. B. die Einteilung nach Martschinke 2001; Fingeret 2012; Guo, Wright & Mc Tigue 2018.

3 Fragestellung und methodisches Vorgehen

In dem hier skizzierten Forschungsprojekt wurde analysiert, inwiefern eine Entwicklung der naturwissenschaftlich-orientierten Repräsentationen in österreichischen Sachunterrichtsbüchern[4] im Zeitraum 1972 bis 2022[5] stattgefunden hat. Der Fokus lag auf folgenden Fragen:

- Welche Gemeinsamkeiten und welche Modifikationen von Bildtypen lassen sich im Verlauf des Untersuchungszeitraums feststellen? (F1)
- Inwiefern zeichnet sich eine Kontinuität und / oder Veränderung der Verortung depiktionaler Repräsentationen ab? (F2)

Um depiktionale Repräsentationen in Schulbüchern des Sachunterrichts einer Analyse zuführen zu können, wurde unter Rückgriff auf die Repräsentationsforschung (u. a. Martschinke 2001; Levie & Lentz 1982; Weidenmann 1991) ein Kategoriensystem (Neuböck-Hubinger & Peschel 2023) entwickelt, das den Fokus auf naturwissenschaftlich-orientierte Repräsentationen legt. Der Fokus des Kategoriensystems lag auf dem Lerninhalt Ferromagnetismus mit dem Ziel, Gemeinsamkeiten, Unterschiede und Modifikationen der Repräsentationen im Wandel analysieren zu können. Ausgangspunkt für den Fachbezug Magnetismus war es, einen Lerninhalt zu finden, der a) curricular über Jahrzehnte als wiederkehrendes Thema verankert ist, b) fach- und (fach)sprachlich nicht unproblematisch ist (Neuböck-Hubinger & Peschel 2021) und c) bildliche Modelldarstellungen unmittelbar nutzt (Kahlert & Demuth 2010; Möller, Bohrmann, Hirschmann, Wilke & Wyssen 2013; Rachel 2013; Ziegler, Tretter, Hartinger & Grygier 2011).

---

4 Schulbücher der Grundstufe 1 (Klasse 1, 2) sowie Grundstufe 2 (Klasse 3, 4).
5 Der Zeitraum wurde bewusst gewählt, da ab 1972 gratis Schulbücher für alle Schüler*innen angeboten wurden. Zudem stieg die Anzahl an publizierten Schulbüchern des Sachunterrichts massiv an.

Angelehnt an Mayrings qualitativ-inhaltsanalytisches Verfahren deduktiv-induktiver Kategorienbildung (Mayring 2015) erfolgte eine Vorerhebung und Interreliabilitätsprüfung von 40 approbierten österreichischen Schulbüchern mit insgesamt 135 depiktionalen Repräsentationen zum Themenfeld Magnetismus (Phase 1). Um für die Haupterhebung (Phase 2) valide Schulbuchkriterien herausarbeiten und differenzierte Subkategorien entwickeln zu können, wurde in Phase 1 auf einen breitgefächerten Datenkorpus (Haupt- und Nebenbände österreichischer Schulbücher für den Sachunterricht) zurückgegriffen. Die Ergebnisse der Vorerhebung führten zu einer Revision des Kategoriensystems in der Phase 2), sodass ein Kategoriensystem mit sechs Hauptkategorien samt 32 Subkategorien (Tab. 1) für die Haupterhebung definiert werden konnte.

Tab. 1: Kategoriensystem der Haupterhebung (Phase 2)

	Hauptkategorie	Subkategorie
I	Allgemeine Angaben	Schulbuch, Erscheinungsjahr, Grundstufe, Schulstufe
II	Repräsentationseinheit	depiktionale Repräsentation, Seitenanzahl, depiktionale Repräsentation pro Schulbuchseite, Wortanzahl, Wortanzahl pro Seitenanzahl, Verhältnis depiktionale Repräsentation / Wortanzahl
III	Repräsentationstyp	Allgemeines Bild, Foto, Diagramm, Tabelle, Hybrid
IV	Verortung	(Sach)text, allgemeine Aufgabe, Versuch, Hybrid
V	Bild-Text-Verbindung	Verstärkung, Substitution, Kontradiktion, Beifügung
VI	Repräsentationsfunktion	Kompensations-, Anleitungs-, Detail-, Darstellungs- und Konkretisierungs-, Konstruktions-, Aktivierungs-, Dokumentations-, Physikalische Visualisierungs-, dekorative Funktion

Insgesamt wurden 46 Schulbücher mit 233 depiktionalen Darstellungen (Vollerhebung aller 1. Auflagen in Österreich) mit dem entwickelten Kategoriensystem analysiert. Dazu wurde der Gesamtbestand der analogen Schulbuchhauptbände des österreichischen Sachunterrichts zum Thema Ferromagnetismus in Form der Erstausgabe im Zeitraum von 1972 bis 2022 als Datensatz erfasst, gesichtet und in einem ersten Schritt in zehn Zeitblöcke zu je fünf Jahren unterteilt (Tab. 2), um punktuelle Entwicklungstendenzen innerhalb klar definierter Zeiträume auswerten zu können. Der Datenkorpus bildet sich aus Schulbüchern der Grundstufe 1 (GS 1) bestehend aus Schulstufe / Klasse 1 bzw. 2 ($n=16$) und Grundstufe 2 (GS 2) bestehend aus Schulstufe / Klasse 3 bzw. 3 / 4 ($n=30$) in unregelmäßiger Verteilung innerhalb der Zeitblöcke.

Tab. 2: Bezeichnung der Zeitblöcke und der von ihnen erfassten Jahre

Zeitblock A: 1972 – 1976	Zeitblock B: 1977 – 1981
Zeitblock C: 1982 – 1986	Zeitblock D: 1987 – 1991
Zeitblock E: 1992 – 1996	Zeitblock F: 1997 – 2001
Zeitblock G: 2002 – 2006	Zeitblock H: 2007 – 2011
Zeitblock I: 2012 – 2016	Zeitblock J: 2017 – 2021[6]

4 Ergebnisse

Die Vollerhebung österreichischer Schulbücher über den Zeitraum von 50 Jahren zeigt eine Varianz an depiktionalen Repräsentationen von einem bis 16 depiktionalen Repräsentationen pro Schulbuch zum Lerninhalt Ferromagnetismus. Die bildlichen Darstellungen pro Schulbuchseite um 1972 (Zeitblock A, 1972 bis 1976) kann mit einem Mittelwert von 3.17 (SD=1.70) angegeben werden und steigt in Folge der Jahre an. Der Höchstwert in der Verwendung von bildlichen Darstellungen wird im Zeitblock C (M=4.17; SD=1.61) erfasst und setzt sich in den weiteren zwei Blöcken D und F fort. Insgesamt kann vor allem nach 2001 eine Reduktion von bildlichen Darstellungen zum Thema attestiert werden. Es zeigt sich jedoch sehr deutlich, dass trotz der Varianz der Schulbücher eine Reduktion an bildlichen Darstellungen festgestellt werden kann.

Im diachronen Vergleich aller Schulbücher dominieren in Summe die Bildtypen allgemeines Bild sowie Foto. Der Bildtyp „Foto" findet sich ab 1972 durchgängig in österreichischen Schulbüchern des Sachunterrichts, wird jedoch im Zusammenhang mit dem Lerninhalt Ferromagnetismus erst im Zeitblock C in einem Schulbuch genutzt und dominiert schlussendlich im Zeitblock H. Wenngleich nur vier Schulbücher im Zeitblock H herangezogen werden konnten, werden im naturwissenschaftlich-orientierten Schulbuchteil (unbelebte Natur) neben allgemeinen Bildern auch Fotos verwendet, was darauf hindeutet, dass mit Fotos versucht wird, den Versuchsaufbau realitätsnah zu vermitteln.

Ein Schulbuchverlag kombiniert generell allgemeine Bilder und Fotos; dieser Bildtyp (Hybrid) lässt sich den Zeitblöcken F und G zuordnen. Das Unterrichtsthema Ferromagnetismus wird ab Zeitblock A bis I, unabhängig von der Schulstufe, mit dem Bildtyp „Tabelle" in den Schulbüchern dargestellt. Wenngleich der Bildtyp „Diagramm" mit vier Nennungen im Zeitblock A erfasst werden kann, wird dieser Bildtyp mit jeweils einer Nennung nur noch in den Zeitblöcken B und H erfasst (F1). Das zeigt, dass der Bildtyp Diagramm im Zusammenhang mit dem Lerninhalt Magnetismus wenig Einsatz findet und im Zeitverlauf gar nicht mehr

---

6   Der Zeitblock J umfasst das Schuljahr 2017/2018 bis 2021/2022.

doi.org/10.35468/6077-14

in den Schulbüchern verwendet wird. Auffallend erscheint, dass bildliche Modellvorstellungen in den Schulbüchern zur Gänze fehlen, und somit keine breitere inhaltliche Erweiterung zwischen GS 1 und GS 2 festgestellt werden kann. Zudem wird sichtbar, dass depiktionale Repräsentationen in allen Zeitblöcken vorrangig zur Visualisierung von Versuchen eingesetzt werden. Der Anteil an depiktionalen Repräsentationen dominiert in den Zeitblöcken A, C und D und lässt sich dabei der Visualisierung von Versuchen zuordnen. Nach 1997 reduziert sich der Anteil, bleibt jedoch weiter der dominante Typus.

Ergänzt man die Subkategorien „Versuch" und „Hybrid"[7], finden depiktionale Repräsentationen einen wesentlichen Einsatz in den Zeitblöcken A, C und D (MW=4; MW=4.5 und MW=4.6) und reduzieren sich in Folge (MW_{Max}=3.2 bis MW_{Min}=1.50). Dies deutet darauf hin, dass Schulbuchautor*innen bildliche Darstellungen vor allem als Ergänzung zu den Versuchsanleitungen als wichtigen Zusatz erachten.

Interessanterweise nehmen depiktionale Repräsentationen insgesamt einen schulstufenunabhängig geringen Anteil im Zusammenhang mit (Sach)texten in Schulbüchern ein. Österreichs Schulbücher beinhalten relativ wenige (Sach)texte und vorrangig Versuchsanleitungen – in der Kombination mit bildlichen Darstellungen (Typus „Hybrid"). Der Anteil an allgemeinen Aufgaben, wie z. B. „Trage die Namen ein! Stabmagnet, U-Magnet, Rundmagnet, Magnetknöpfe" (Koch & Kristoferitsch 2011, 31), hat in Bezug auf den Typus „(Sach)Text", „Versuch" und „Hybrid" relativ wenig Bedeutung in den Schulbüchern, außer im Zeitblock D. Der Zeitraum 1987 bis 1991 erscheint auffallend, da depiktionale Repräsentationen ebenso in der Kombination mit Versuch und Hybrid die höchsten Werte aufweisen (F2). Aus sachunterrichtsdidaktischem Verständnis wird der Fokus im Schulbuch auf eigenständiges Experimentieren und Handeln gelegt. Im Typus „Aufgaben" kann folgendermaßen zudem interpretiert werden: Das Experimentieren soll über das Schulbuch mit entsprechenden „Aufgaben" erfolgen. Kritisch muss angemerkt werden, dass Österreichs Schulbücher insgesamt wenig „(Sach)texte" beinhalten und der Zugang zum Thema Ferromagnetismus eher handlungsorientiert erfolgt.

---

7 Allgemein formulierte Aufgabe, die jedoch einer experimentellen Handlung vorausgeht wie z. B. "Kreuze durch (X), was der Magnet nicht anzieht" (Lanzelsdorfer, Pacolt, Fischer & Boyer 1976, 96).

5 Diskussion und Ausblick

Depiktionale Repräsentationen im Zusammenhang mit „Aufgaben" bzw. Versuchsanleitungen nehmen in den erhobenen fünf Jahrzehnten einen wesentlichen Anteil in Schulbüchern ein. Es zeigt sich, dass österreichische Schulbücher generell eher wenig (Sach)texte mit bildlichen Darstellungen beinhalten und der Fokus vermehrt auf Versuchsanleitungen liegt.

Die Ergebnisse des diachronen Analysedurchgangs zeigen, dass der Einsatz von depiktionalen Repräsentationen in den Schulbüchern im Laufe der Jahrzehnte stark variiert. Der „pictural turn" (Michell 1992, 89) – die Hervorhebung depiktionaler Repräsentationen als zentrales Element der Kommunikation, Bedeutungsgebung und des Wissenserwerbs in und durch Schulbücher (ebd.) – kann nur teilweise bestätigt werden.

Wenngleich nur fünf unterschiedliche Bildtypen dem Lerninhalt Ferromagnetismus zugewiesen werden konnten, dominieren allgemeine Bilder und Fotos. Ähnlich ausgerichtete Studien (Coleman & Dantzler 2016; Fingeret 2012; Guo et al. 2018) weisen auf die Dominanz von Bild und Foto hin. Die Arbeit mit Tabellen erscheint nicht unwesentlich, da diese seit 1972 in allen Schulstufen Verwendung finden. Diagramme hingegen werden vor allem im Zeitblock A verwendet und kommen in Folge (ab Zeitraum B) kaum mehr vor. Einsiedler & Martschinke (1998) bestätigen dies für den von ihnen untersuchten Zeitraum von 1970 bis 1980. Die Verwendung bestimmter Bildtypen (wie z. B. Diagramme) im naturwissenschaftlich-orientierten Unterricht kann mit der Studie von Coleman & Dantzler (2016) belegt werden, wenngleich erwartete bildliche Darstellungen, wie z. B. Modellabbildungen, gänzlich fehlen.

Depiktionale Schulbuch-Repräsentationen sind vielfältig, sodass der Einsatz von bildlichen Darstellungen als Denk-, Arbeits- und Handlungsweise in der Sachunterrichtsdidaktik sorgsam konzipiert werden muss und folglich ein differenzierter Blick auf bildliche Darstellungen insgesamt und speziell auf die Funktionen und Fachlichkeit (hier: Ferromagnetismus) frühzeitig in der universitären Lehre fokussiert werden sollte.

Die exemplarische Analyse zeigt ein Spektrum an bildlichen Darstellungen zum Thema Ferromagnetismus in Form von unterschiedlichen Bildtypen und Verortungen in Schulbüchern des Sachunterrichts. Um ein Gesamtbild depiktionaler Repräsentationen im naturwissenschaftlich-orientierten Sachunterricht erhalten zu können, bedarf es weiterer Analysen, die weitere Lerninhalte des Sachunterrichts mit Hilfe des Kategoriensystems erfassen und in Bezug auf die intendierten Lernziele auswerten.

doi.org/10.35468/6077-14

Literatur

Astleitner, H., Sams, J. & Thonhauser, J. (1998): Womit werden wir in Zukunft lernen? Schulbuch und CD-ROM als Unterrichtsmedien. Ein kritischer Vergleich. Wien.

Berger, K. (2012): Bilder, Animationen und Notizen. Empirische Untersuchung zur Wirkung einfacher visueller Repräsentationen und Notizen auf den Wissenserwerb in der Optik. Berlin.

Bolte, C. & Streller, S. (2007): „Unverhofft kommt oft!" – Wenn Grundschullehrerinnen und -lehrer Naturwissenschaften für ihre Unterrichtspraxis entdecken (müssen). In: Lauterbach, R., Hartinger, A., Feige, B., Cech, D. & Thomas, B. (Hrsg.): Kompetenzerwerb im Sachunterricht fördern und erfassen. Bad Heilbrunn, S. 139-150.

Bölsterli Bardy, K., Scheid, J. & Hoesli, M. (2019): Wie können kompetenzorientierte Schulbücher den Theorie-Praxis-Bezug in der Lehrerbildung unterstützen? In: Christophel, E., Hemmer, M., Korneck, F., Leuders, T. & Labudde, P. (Hrsg.): Fachdidaktische Forschung zur Lehrerbildung. Münster, S. 51-62.

Colemann, J. & Dantzler, J. (2016): The frequency and type of graphical representations in science trade books for children. In: Journal of Visual Literacy, 35, No. 1, 24-41.

Comenius, J.A. (1658): Orbis sensualium pictus. Nürnberg.

Einsiedler, W. & Martschinke, S. (1998): Elaboriertheit und Strukturiertheit in Schulbuchillustrationen. In: Dörr, G. & Jüngst, K. (Hrsg.): Lernen mit Medien. Ergebnisse und Perspektiven zu medial vermittelten Lehr- und Lernprozessen. Weinheim, S. 45-65.

Fingeret, L. (2012): Graphics in children's informational texts: a Content Analysis. Dissertation. Michigan.

Guo, D., Wright, K. & Mc Tigue, E. (2018): A Content Analysis of Visuals in Elementary School Textbooks. In: The Elementary School Journal, 119, No. 2, 244-269.

Kahlert, J. & Demuth, R. (2010): Wir experimentieren in der Grundschule. Freising.

Kaiser, A. (2019): Neue Einführung in die Didaktik des Sachunterrichts. 7. Aufl. Baltmannsweiler.

Koch, W. & Kristoferitsch, I. (2011): Schatzkiste 3/4. Wien.

Krotz, F. (2017): Sozialisation in mediatisierten Welten. Mediensozialisation in der Perspektive des Mediatisierungsansatzes. In: Hoffmann, D., Krotz, F. & Reißmann, W. (Hrsg.): Mediatisierung und Mediensozialisation. Prozesse – Räume – Praktiken. Wiesbaden, S. 21-40.

Lieber, G. (2013): Lehren und Lernen mit Bildern. Ein Handbuch zur Bilddidaktik. 2. Aufl. Baltmannsweiler.

Lanzelsdorfer, F., Pacolt, E., Fischer, W. & Boyer, L. (1976): Sachen suchen 2. Wien.

Levie, W. H. & Lenz, R. (1982): Effects of text illustrations: A review of research. In: ECTJ, 30, No. 4, 195-232.

Martin, M., Mullis, I., Foy, P. & Stanco, G. (2012): TIMSS 2011 International results in science. TIMSS & PIRLS. Chestnut Hill.

Martschinke, S. (2001): Aufbau mentaler Modelle durch bildliche Darstellungen. Studie über die Bedeutung der Merkmalsdimensionen Elaboriertheit und Strukturiertheit im Sachunterricht der Grundschule. Münster.

Mayring, P. (2015): Qualitative Inhaltsanalyse. Grundlagen und Techniken. 12. Aufl. Weinheim.

Mitchell, W. (1992): The Pictorial Turn. In: Artforum, 30, 89-94.

Möller, K., Bohrmann, M., Hirschmann, A., Wilke, T. & Wyssen H.-P. (2013): Spiralcurriculum Magnetismus. Naturwissenschaftlich arbeiten und denken. Seelze.

Neuböck-Hubinger, B. & Peschel, M. (2021): Das Schulbuch im Sachunterricht. Notwendige Änderungen für die Zukunft eines vielperspektivischen Sachunterrichts. In: Erziehung & Unterricht, 171, Nr. 7+8, 703-708.

Neuböck-Hubinger, B. & Peschel, M. (2023): Lernen mit Bildern aus Schulbüchern des Sachunterrichts. In: Haider, M., Böhme, R., Gebauer, S., Gößinger, C., Munser-Kiefer, M. & Rank, A. (Hrsg.): Nachhaltige Bildung in der Grundschule. Bad Heilbrunn, S. 267-272.

Neumann, D. (2015): Bildungsmedien Online. Kostenloses Lehrmaterial aus dem Internet; Marktsichtung und Nutzungsanalyse. Bad Heilbrunn.

Peirce, C.S.S. (1906): Prolegomena to an Apology for Pragmaticism. The Monist, 16, Nr. 3, 492–546.

Rachel, A. (2013): Auswirkungen instruktionaler Hilfen bei der Einführung des (Ferro)Magnetismus. Eine Vergleichsstudie in der Primar- und Sekundarstufe. Berlin.

Schnotz, W. & Bannert, M. (1999): Einflüsse der Visualisierungsform auf die Konstruktion mentaler Modelle beim Bild- und Textverstehen. In: Zeitschrift für experimentelle Psychologie, 46, Nr. 3, 216-235.

Stein, G. (2001): Schulbücher in berufsfeldbezogener Lehrerbildung und pädagogischer Praxis. In: Roth, L. (Hrsg.): Pädagogik. Handbuch für Studium und Praxis. München, S. 839-845.

Weidenmann, B. (1991): Lernen mit Bildmedien. Psychologische und didaktische Grundlage. Weinheim.

Ziegler, F., Tretter, T., Hartinger, A. & Grygier, P. (2011): Individuelles Lernen im Sachunterricht – Strom und Magnetismus. Berlin.

Autor:innenangaben

Mag. Brigitte Neuböck-Hubinger, BEd
https://orcid.org/0000-0002-3916-5369
Sachunterricht mit Schwerpunkt Naturwissenschaft
Pädagogische Hochschule Oberösterreich
brigitte.neuboeck-hubinger@ph-ooe.at

Prof. Dr. Markus Peschel
https://orcid.org/0000-0002-1334-2531
Didaktik des Sachunterrichts
Universität des Saarlandes
markus.peschel@uni-saarland.de

Autorinnen und Autoren

Prof. Dr. Katja Andersen
https://orcid.org/0000-0002-7072-363X
Institute for Teaching and Learning
Department of Education and Social Work
(DESW)
Faculty of Humanities, Education and
Social Sciences
Université du Luxembourg
katja.andersen@uni.lu

Prof. Dr. Beate Blaseio
Institut für Sachunterricht
Europa-Universität Flensburg
blaseio@uni-flensburg.de

Prof. Dr. Eva Blumberg
https://orcid.org/0009-0004-1651-541X
Didaktik des naturwissenschaftlichen
Sachunterrichts
Universität Paderborn
eva.blumberg@uni-paderborn.de

Prof. Dr. Claus Bolte
Didaktik der Chemie
Freie Universität Berlin
claus.bolte@fu-berlin.de

Julia Elsner
https://orcid.org/0009-0001-1665-6165
Universität Paderborn
julia.elsner@uni-paderborn.de

Christian Elting
https://orcid.org/0000-0003-1409-6712
Otto-Friedrich-Universität Bamberg
christian.elting@uni-bamberg.de

Prof. Dr. Sabine Fechner
https://orcid.org/0000-0001-5645-5870
Chemiedidaktik
Universität Paderborn
sabine.fechner@upb.de

Jun.-Prof. Dr. Sarah Gaubitz
https://orcid.org/0009-0004-8862-0550
Junior-Professorin für Interdisziplinäre
Sachbildung
(Erziehungswissenschaftliche Fakultät)
Universität Erfurt
sarah.gaubitz@uni-erfurt.de

Prof. Dr. Inga Gryl
https://orcid.org/0000-0001-9210-3514
Didaktik des Sachunterrichts – Schwerpunkt Gesellschaftswissenschaften
Universität Duisburg-Essen
inga.gryl@uni-due.de

PD Dr. Michael Haider
Akademischer Rat am Lehrstuhl für Pädagogik (Grundschulpädagogik)
Universität Regensburg
michael.haider@ur.de

Prof. Dr. Thomas Irion
Erziehungswissenschaft/Grundschulpädagogik
Pädagogische Hochschule Schwäbisch Gmünd
thomas.irion@ph-gmuend.de

Apl. Prof. Dr. Johannes Jung
Julius-Maximilians-Universität Würzburg
johannes.jung@uni-wuerzburg.de

Autorinnen und Autoren

Dr. Julia Kantreiter
https://orcid.org/0000-0001-9202-3004
Lehrstuhl für Grundschulpädagogik und Grundschuldidaktik
Ludwig-Maximilians-Universität München
julia.kantreiter@edu.lmu.de

Pascal Kihm
https://orcid.org/0009-0004-3859-0373
Didaktik des Sachunterrichts
Universität des Saarlandes
pascal.kihm@uni-saarland.de

Saskia Knoth
https://orcid.org/ 0000-0002-4913-1904
Lehrstuhl für Pädagogik (Grundschulpädagogik)
Universität Regensburg
saskia.knoth@ur.de

Prof. Dr. Thorsten Kosler
https://orcid.org/0009-0002-7206-9085
Pädagogische Hochschule Tirol
thorsten.kosler@ph-tirol.ac.at

Günther Laimböck
https://orcid.org/0009-0004-3533-5633
Pädagogische Hochschule Tirol
guenther.laimboeck@ph-tirol.ac.at

Jun.-Prof. Dr. Barbara Lenzgeiger
https://orcid.org/0009-0005-8670-6542
Juniorprofessur für Grundschulpädagogik und Grundschuldidaktik
Katholische Universität Eichstätt-Ingolstadt
barbara.lenzgeiger@ku.de

Prof. Dr. Katrin Lohrmann
https://orcid.org/0000-0001-5780-6193
Inhaberin des Lehrstuhls für Grundschulpädagogik und Grundschuldidaktik
Ludwig-Maximilians-Universität München
katrin.lohrmann@lmu.de

Dr. Nils Machts
https://orcid.org/0000-0001-6829-3602
Institut für Pädagogisch-Psychologische Lehr- und Lernforschung
Christian-Albrechts-Universität zu Kiel
nmachts@ipl.uni-kiel.de

Lena Magdeburg
https://orcid.org/0009-0005-1631-2273
Universität Paderborn
lena.magdeburg@uni-paderborn.de

Dr. Katharina von Maltzahn
Professur für Sachunterrichtsdidaktik
Martin Luther-Universität Halle-Wittenberg
katharina.von-maltzahn@paedagogik.uni-halle.de

Dr. Simon Meyer
https://orcid.org/ 0000-0002-7095-4649
Friedrich-Alexander-Universität Erlangen-Nürnberg
simon.meyer@fau.de

Prof. Dr. Kerstin Michalik
https://orcid.org/0000-0003-0258-7688
Didaktik der Sachunterrichts, Universität Hamburg
kerstin.michalik@uni-hamburg.de

Prof. Dr. Susanne Miller
https://orcid.org/0000-0002-7925-4323
Fakultät für Erziehungswissenschaft
Universität Bielefeld
susanne.miller@uni-bielefeld.de

Prof. Dr. Jens Möller
https://orcid.org/0000-0003-1767-5859
Institut für Pädagogisch-Psychologische Lehr- und Lernforschung
Christian-Albrechts-Universität zu Kiel
jmoeller@ipl.uni-kiel.de

Autorinnen und Autoren

Mag. Brigitte Neuböck-Hubinger, BEd
https://orcid.org/0000-0002-3916-5369
Sachunterricht mit Schwerpunkt Naturwissenschaft
Pädagogische Hochschule Oberösterreich
brigitte.neuboeck-hubinger@ph-ooe.at

Anja Omolo
Humboldt-Universität zu Berlin
anja.omolo@hu-berlin.de

Prof. Dr. Detlef Pech
https://orcid.org/ 0000-0002-5491-0021
DNB 123232562
Grundschulpädagogik mit dem Schwerpunkt Sachunterricht
Humboldt-Universität zu Berlin
detlef.pech@hu-berlin.de

Prof. Dr. Markus Peschel
https://orcid.org/0000-0002-1334-2531
Didaktik des Sachunterrichts
Universität des Saarlandes
markus.peschel@uni-saarland.de

Dr. Anne Reh
https://orcid.org/0000-0001-6568-0797
Fakultät für Erziehungswissenschaft
Universität Bielefeld
anne.reh@uni-bielefeld.de

Prof. Dr. Daniela Schmeinck
Institut für Didaktik des Sachunterrichts
Universität zu Köln
Daniela.Schmeinck@uni-koeln.de

Prof. Mag. Kerstin Schmidt-Hönig
https://orcid.org/0009-0006-4449-2491
Kirchliche Pädagogische Hochschule Wien/Krems
kerstin.schmidt-hoenig@kphvie.ac.at

Univ.-Prof. Dr. René Schroeder
https://orcid.org/ 0000-0001-5200-6904
Humanwissenschaftliche Fakultät
Didaktik des inklusiven Unterrichts
Universität zu Köln
rene.schroeder@uni-koeln.de

Dr. Nina Skorsetz
https://orcid.org/0000-0002-2467-8719
Goethe Universität Frankfurt am Main
skorsetz@em.uni-frankfurt.de

Jurik Stiller
https://orcid.org/0000-0001-5650-7167
Humboldt-Universität zu Berlin
jurik.stiller@hu-berlin.de

Prof. Dr. Claudia Tenberge
Sachunterrichtsdidaktik mit sonderpädagogischer Förderung
Universität Paderborn
claudia.tenberge@uni-paderborn.de

Max Thevißen
https://orcid.org/0009-0006-7946-9881
Universität Paderborn
maxthe@mail.uni-paderborn.de

Sascha Wittchen
Freie Universität Berlin (bis 30.06.2023)

Katja Würfl, M.Ed.
Grundschulpädagogik Sachunterricht
Universität Potsdam
https://orcid.org/0000-0002-5070-6947
katja@wuerfl.io

Johanna Zelck
Martin-Luther-Universität Halle-Wittenberg
johanna.zelck@paedagogik.uni-halle.de